슬픔의 사회학 :
슬픔의 미학과 치유

우 정 지음

JMG

슬픔의 사회학 :
슬픔의 미학과 치유

우　정　지음

우리는 어떤 사회에서 살고 있는가?

　현대사회를 갈등사회, 위험사회, 피로사회, 불안사회, 분노사회라고 한다. 이러한 우리의 삶 속에는 기분 나쁜 일, 슬픈 감정, 상실감 등 부정적인 감정들이 지배한다. 빠르게 변화하는 시대상을 익히고 따라간다는 사실이 고통이다. 우리나라가 경제적으로 성공했지만 절망적이고 부정적인 사회를 넘어 눈물과 한탄, 불안이 오버랩 되는 '슬픈 사회'(Sad society)로 변하는 듯하다. "산업화, 민주화를 동시에 이룩한 나라"라는 찬사가 있다. 그렇지만 그 부(富)의 힘을 행복으로 바꾸는 데는 부족했다. 오히려 슬픔이 사회 곳곳에 암적인 존재로 널리 퍼져 있다. 신종 코로나팬더믹(대유행)을 거치면서 많은 사람들이 '눈물증후군'에 시달리는 모습이다.

　주위를 돌아보자. 배우자를 잃고, 자식을 잃고, 재산을 잃고, 치명적인 질병 등으로 인해 '통곡하는 사람'이 얼마나 많은가? 말인즉 그러나 슬픔을 느끼는 것은 인간만의 특권이다. 뭔가 슬퍼하고 눈물을 흘리는 것은 살아있는 자기 존재의 징표다. 일상적 감정 표출은 다양하지만 그중에서도 슬픔은 뭔가를 잃고 빼앗긴 상태다. 슬픔은 불행한 정신적 고통으로써 어떤 것의 손실로 인한 우울, 비통 등의 어두운 측면을 담고 있다. 정신적으로 불안정한 상태의 감정 표현이 슬픔이다. 말로는 우리들 슬픔의 깊이를 표현할 수 있다. 실존적으로 존재하는 그 순간에 만족이 채워지지 않을 때 마음에 상처를 받게 되고 불안감을 느끼고 슬픔을 경험하게 된다. 국민들의 얼굴에 흐르는 슬픈 눈물로 그 나라의 일상적 불행과 행복감을 평가할 수 있다.

하지만 그동안 행복에 관한 담론들은 많았으나 슬픔에 대한 사회과학적 분석 평가는 거의 없었다. 슬픔이 우리 사회에 만연돼 있는 데도 말이다. 그렇지만 놀랍게도 슬픔은 철학자, 인문학자, 심리학자에 의해 크게 이론화되지 않았거나 무시되었다. 이제는 슬픔을 진지하게 다뤄보아야 할 때라고 생각한다. "울고 싶다."라며 눈시울을 적시는 사람이 얼마나 많은가? 슬픔은 고통의 현실을 냉정하게 돌아보게 하는 몸의 반응이다. 단순한 느낌이나 감정이 아니다. 눈물은 자의식이고 우리 삶을 이루는 에토스다. 우리 삶은 서로를 이해하는 도덕심리적 의미의 슬픔을 함께 나누는 존재들이다.

우리가 살아가는 이 시대를 나는 감히 '슬픈 사회'라고 말하고 싶다. 이런 '슬픔의 현상'(Phenomenology of melancholy)은 다양하다. 생애과정의 '생로병사'에서 보이는 한(恨) 많은 눈물, 슬픔의 거대한 근원을 근대역사 속에서 찾아보면 병자호란, 임진왜란, 일제 침략으로 인한 민족적 슬픔, 남북분단으로 인한 이산가족들의 슬픔이 있다. 그리고 슬픔의 사회적 재생산구조로써 취업절벽에서 절망하는 청년들, 자주 일어나는 대형참사, 해마다 반복되는 자연재해와 산불·홍수 등 일순간에 삶의 터전과 주거지를 잃고 하늘만 쳐다보며 눈물짓는 빈곤층의 기막힌 사연 등 이루 다 열거할 수가 없을 지경이다. 특히 청년들의 얼굴에는 희망보다는 고통스러운 딜레마를 겪는 '슬픈 세대'의 모습이 역력하다. 분노와 좌절의 세대 간 갈등, 계층 간 갈등, 고령화라는 부정적인 이미지로 작용하면서 눈물 골짜기의 악순환이 계속되고 있다. 그러다 보니 신경학적으로 슬픔과 비참함을 느끼는 정서가 강하게 나타나고 그 뒤를 이어 울음이 많아지게 되었다.

특히 한국 사회는 가면극의 탈을 쓴 페르조나(Persona)가 지배하는 사회와 같다. '페르조나'란 의식 무의식적으로 자기 자신을 은폐시키고 남들에게 무력하게 끌려가는 모습을 지칭한다. 본질적으로 내외적 관계에 의해 영향을 받는 자기소외적 신경증에 걸린 상태. 사회구조상 수직적 사회구조에서부터 내면세계로 연결되는 인격적 관계를 맺기도 쉽지 않다. 그렇다 보니 우리 사회는 경직되고 웃음까지 잃어가고 있는 형국이다. 팍팍한 살림살이, 우울한 경제, 짜증과 불신만을 키워가는 정치권 등이 우리의 웃음을 앗아가고 있다. 게다가 우리나라 경제는 옛날의 역동적인 코리아에서 어딘지 모르게 '스테틱 코리아'(Static Korea) 즉, '정체된 코리아'로 바뀌고 있는 모양새다. 스트레스와 고통, 불안으로 점철된 '정신병동'과 같은 상태로 슬픈 대하(大河)를 연상케 한다.

또 전통적 가부장제사회 속에서 혹은 나라가 어려울 때 치맛자락으로 눈물을 닦으며 살아가는 아낙네들의 슬픔도 크다. 몽골 침략 때는 가시내, 일제강점기는 정신대(위안부), 6.25 전쟁 후는 미군의 '똥갈보'라는 수식어가 이 땅에 살아가는 여인들의 슬픔을 반영한다. 특히 위안부 할머니들의 절규는 해방 70여 년이 넘도록 계속되고 있다. 피해 할머니들은 "아프면 눈물이 나오지만 고통스러워 눈물도 나오지 않는다."라고 외친다. 전쟁에는 마침표가 없다는 말처럼 지금도 북한은 핵과 미사일을 쏘아대면서 우리를 공격하려고 한다. 국내적으로는 곰팡이 핀 빵의 현실주의적 가치보다 금테 두른 허구적 이데올로기에 빠진 사람들이 많은 게 우리 사회의 모습이다.

그리고 사랑받아야 할 아이들이 부모의 학대, 이웃의 방관으로 고통받는 현실에 애통함을 느낀다. 이 세상에 태어나긴 했으나 출생신고도 되지 않은 채 그 생명을 낳은 미혼모나 가족들에 의해 살해돼 냉장고 속에 사체로 보관되거나 야산에 암암리에 매장된 1천여 명의 영아들, 친아버지와 동거녀에 의한 11세 소녀의 학대사건, 다섯 살 여자 어린이에게 뜨거운 물을 붓고 주먹질하며 학대한 엄마의 잔인성, 생후 16개월 여아 정인이가 양부모에 의해 살해된 사건들에서 사회적 슬픔을 느낀다. 이뿐만 아니다. 실종 아동들의 '부모의 눈물'은 끝이 없다. 해마다 미아 발생 4,000건에 실종자가 2만 명에 이른다고 한다. 부모들은 "아, 오늘은 찾을 수 있을까?" 하며 거리를 헤매지만 또 헛걸음이다. 부모를 잃은 아이들은 부모의 부재를 얼마나 아파하며 울까? 그 아이들은 필시 울음, 분노, 그리움에 곤죽이 되어 한평생 혈육을 찾아 헤맬 것이다.

본능적인 불안감에 휩싸여 있는 노인세대들도 마찬가지다. 대한민국에서 노인으로 산다는 것이 얼마나 어려운가? 한국의 65세 이상 노인빈곤율은 50%로 OECD 회원국 가운데 가장 높다. 자살률 또한 세계 최고다. 노후 준비가 안 돼 있으니 정서적으로 불안하고 피로감만 더해 간다. 갑자기 화를 내거나 분노를 터뜨리고 슬픔에 젖는다. 더구나 고령사회로 진입하면서 육체적 생존 욕구의 위협에다가 늘그막에 장기간 병원비 마련이 힘들기는 마찬가지다. 환자를 돌보던 가족이 간병에 지쳐서 간병 살인을 하거나 동반 자살하는 경우도 있다. 2021년 기준 보건복지부 실태조사에 따르면, 고독사가 국민 전체 사망자의 1%인 3378명에 이른다. 거기다 치매를 앓는 사람들을 비롯해 생계가 막막해진 자영업자들과 소상공인들은 정신적 우울증에 시달리고 있으며, 1인가구 수가 전체 가구수의 40%에 이르고 있으니 외롭게 지내는 사람이 많다는 뜻이다.

어디 그뿐인가? 전국의 복지관 무료급식소에는 하루 수백 명이 허기를 달랜다. 노숙자들이 무료급식을 받으려고 길게 늘어서 있는 모습에서 슬픔은 우리 사회를 어둡게 한다. 지붕 없는 거리에서 잠을 자거나 지하도 곳곳에 노숙자들이 잠을 자는 모습에서 비애를 느낀다. 더 끔찍한 것은 갈 곳 없이 헤매다가 목숨을 잃는 노숙인들이 매해 350여 명에 달한다는 사실이다. 하루에 한 명씩 거리에서 목숨을 잃는 것이다. 이 모두가 개인의 생애사가 깨진 탓이다. 생물학적 사회적 환경적 요인에 따라 개인의 역사가 거덜난 꼴이다.

세계적으로 일어나는 전쟁과 폭력으로 인한 슬픔 역시 지구촌을 슬프게 한다. 자연재해, 교통사고, 제노사이드(대량학살), 그리고 크고 작은 전쟁으로 수천만 명이 사망했다. 지금도 러시아 침공으로 인한 우크라이나 전쟁에서 수많은 사람이 희생당하고 있다. 이는 불가항력적인 사고나 자연적 재해보다 인간의 인간에 대한 증오로 더 많은 사람들이 죽고 있다. 1993년에 개봉된 유대인 학살을 다룬 영화 '쉰들러리스트'(Schindler's List)에서 볼 수 있듯이 희생당하는 사람들의 슬픔은 말할 수 없는 아픔이다. 몇 해 전에는 무자비한 IS 참수 동영상에서 인간의 잔인성을 보여주었다. 파리 테러 사건에서 보면 삶을 개선할 희망조차 차단해 버린다. 프란치스코 교황은 2015년 11월 19일 한 미사에서 '파리테러'를 비롯한 전 세계에서 벌어지고 있는 폭력에 대해 "신께서 울고 계신다."라고 했다.

이렇게 슬픔의 부조리는 우리 사회 곳곳에서 나타나고 있다. 우리가 겪는 수많은 슬픔은 '슬픈 현실'(sadness realism)을 반영한다. 깊어지는 슬픔 속에서 싸움 아니면 도망이라는 위기의 심리가 국민들 속에서 싹트고 있다. 인간이 슬프고 불행해지는 이유가 개인이 아닌 사회문제와 관련된 것이다. 사회구조와 행위의 문제, 미시와 거시, 객체와 주체의 2분법이 지배하는 것이 우리 사회 모습이다.

우리는 숨쉬기조차 어려운 퇴화를 경험하고 있다. 전례 없는 코로나바이러스로 인해 전 세계가 신음한 바 있다. 팬데믹(전염병 대유행)으로 인한 확진자는 2022년 1월 말 기준으로 세계에서 3억 명에 이르고, 누적사망자는 550만 명으로 늘었다. 우리나라 역시 2020년 말 기준으로 누적사망자가 3만 명에 이르렀다. 코로나 감염증으로 죽은 사람은 '애도 받지 못하는 죽음'이었다. 일반적으로 사람이 죽으면 사후 24시간이 지나야 화장할 수 있다. 하지만 코로나바이러스로 인해 사망하는 사람은 감염 우려 때문에 선(先)화장 후(後)장례로 치러졌다. 염습(殮襲)도 불가능했다. 코로나로 죽으면 이런 장례절차 없이 옷 입은 채로 이중 비닐 팩으로 밀봉돼서 화장장으로 옮겨졌다. 가족들 또한 격리조치 되었다. 당사자들은 머리부터 발끝까지 슬펐다. 치료백신이 나오고 있으나 불멸의 질병들이 계속 생겨나고 있다.

이뿐만 아니다. 현대를 살아가는 사람들이 느끼는 슬픔은 건강에 악영향을 미치는 우울증을 불러일으킨다. 슬픔이 강렬하고 오래 지속될 때 '슬픔장애' 혹은 우울장애를 겪는다는 진단이다. 슬픔과 우울증의 현상학적 분석에 기초하여 발생원인, 신경회로(neurocirculatory) 및 '생물학적 정신의학'(biological psychiatry)에서 슬픔을 다루는 시대가 되었다. 기분 나쁜 일, 슬픈 감정, 실패감 등 부정적인 감정은 이른바 임상심리학에서 말하는 '2차적 장애'(Secondary disturbance)로 바뀔 가능성이 높아진다는 우려가 나온다. 게다가 기대수명은 크게 늘어나고 있으나 부의 불균형과 이로 인한 의학적 혜택의 불평등 심화는 결국 수명의 생물학적 불평등을 초래하게 된다.

문제는 모두가 사회구조와 무관치 않다는 점, 절망의 한국이라는 인식이 깊게 쌓이면서 행복감을 느끼지 못하는 사람들이 적지 않다는 것이 심각한 문제이다. 사회적 슬픔이 분노로 변하기 쉽다는 점, 마음속에 지옥이 만들어지고 미래의 삶이 보이지 않으면 누구나 절망하게 된다. 상실감 내지 불행을 가만히 눈물로만 치유할 수 없다고 느껴질 때 사회적 원망은 분노로 변할 수 있다. 세상에서 어엿하게 살아가는 '활인검'을 만들고 싶지만 그것이 불가능할 때 슬픔 속에 사회적 저항을 하게 된다. 배려와 협력의 보편적 원칙을 무시하는 동물사회가 된다. 도덕관념이 없는 짐승이 되기 쉽다. 사람들은 슬픔과 기쁨, 음란을 구별하지 못하고 방황하게 된다. 이런 슬픈 사회의 구성원인 개인과 집단, 권력과 민중(지배/피지배), 법과 제도 속에 광범위하게 얽혀있는 사회적 병리의 다름 아니다. 사회적 폭풍(변혁)이 언제 닥칠지 모를 일이다.

우리가 경험하는 것이지만 슬픔은 여러 요인이 작용한다. 슬픔의 다양성이라고 할까? 이것은 사람들의 정체성과 감정의 복합성을 나타내기 때문이다. 과거에는 슬픔의 주체가 개인의 문제, '나'에 대한 슬픔이었지만 최근에 와서는 사회적 관점 또는 사회적 슬픔으로 보는 것이다. 현대사회는 삶, 건강, 질병뿐만 아니라 죽음에 이르기까지 사회적으로 접근한다는 점이다. 이것은 성별, 연령, 장수문제에 이르기까지 모든 게 사회적 문제이고 이는 생존과 관련된 환경 생태로까지 확장되고 있음을 보여준다. '슬픔의 사회학' 영어로는 'Sociology of Sorrow'이라는 측면에서 백성들의 슬픔과 눈물을 목격하고 있다.

얼핏 보면 내가 슬픔의 현실을 너무 비관적으로 보는 허무주의적 모습을 보일는지 모르겠다. 하지만 꼭 그렇지는 않다. 오히려 나는 역사적이고 사회적인 슬픔을 낙관적인 기쁨의 계기로 바꿀 때가 되었다고 본다. 슬픔은 행복만큼이나 우리 삶의 일부이니 그렇다. 나는 우리나라가 과거의 고통과 슬픔으로부터 21세기는 긍정과 기쁨의 사회 분위기로 변하고 있음을 말하고 싶다. 우리나라의 역사 발전은 눈물을 통해 진보했고 더 살아보자는 갈망의 눈물이었다. 똥구멍이 찢어지게 가난했던 나라에서 눈물에 젖은 빵을 먹으며 살아왔지만 이제는 세계 경제 10위권에 올랐다. 군사력도 세계 6위라고 한다. 얼마나 자랑스러운 나라인가?

나는 인간이 눈물을 피할 수 있는 능력이 있다고 믿는다. 슬픔을 느끼는 것은 인간만의 특권이다. 그렇지 않으면 동물이나 다름없기 때문이다. 슬픔과 행복은 모두 우리 생명의 선물이 아닐 수 없다. 둘 다 우리의 감정이자 삶의 일부이니 그렇다. 그 감정을 통해 역사적, 사회적 슬픔에서 탈피해 '정신 자본'으로서의 마음 건강, 희망과 긍정의 사회로 변해야 한다. 그것이 내가 강조하고 싶은 슬픔의 미학이다. 슬픔에서 치유되어야 우리 모두가 새롭게 변화할 수 있다는 확신에서다. 변화되어야 슬픔을 알 수 있고 이겨 낼 수 있다. 그 가능성은 대기업들의 창의적인 명품생산은 물론 K-팝의 세계화 즉, 방탄소년단(BTS), 슈퍼앰 등이 세계 정상에 올랐다. 엑소, NCT, 블랙핑크, 몬스타엑스 등의 가수들이 세계 곳곳에서 큰 인기를 끌고 있다. K드라마도 북미 유럽에서 인기다. 축구, 야구 등 스포츠 선수들의 세계무대진출에서 기쁨의 눈물을 발견하게 된다. 눈물을 유발하는 정서적 환경, 사회적 조건이 많이 개선되고 있다는 의미이다.

이런 맥락에서 슬픔을 맞이하는 개인의 정신력에 따라서 슬픔의 정도가 다르다는 사실에서 슬픔에 대한 성찰과 치유는 이 시대의 중요한 에토스다. 사람들은 슬픔이 많아서, 행복하지 않아서, 눈물이 많아서, 슬픔의 치유를 통한 행복에 관심을 갖게 된다. 뜻밖의 위로, 용기 있는 위로와 믿음, 미움받을 용기 등의 용어들이 우리의 어려운 현실을 대변하고 있지 않은가?

나는 우리의 눈물을 믿는다. 존재의 가벼움이 갈수록 커지고 있는 가운데 솟아나는 눈물. 눈물은 염기가 들어있다. 모든 것을 치료할 수 있는 것은 소금물이다. 슬플 때 쏟아지는 눈물과 땀, 바다는 짠물이다. 그러기에 모든 걸 정화한다. 자신의 슬픔에 대해 이해하게 되고 치유 방향을 터득하고 행복한 감정을 만들어가는 것은 오직 각자의 몫이다. 다시 말해 자기치유 방식이 무엇인가를 스스로 선택해야 한다.

아름다운 날은 말해도 좋은 날에 나는 슬프고 두려운 주제, 오랫동안 힘들게 걱정해온 주제에 대해 여러분과 이야기를 나누려고 한다. 결국 슬픔에서 벗어나는 것은 각자의 깨달음이고 존재의 가치를 확인하는 일이다. 왜 삶의 과정에서 슬픔이 다가오는지를. 아울러 슬픔을 감성적으로만 쳐다보지 말고 고통이나 외로움, 슬픔의 눈물을 사회적 이성적으로 이해하고 닦아주는 정책적 고려가 필요한 시대라는 사실을 말하고 싶은 것이다.

따라서 이 책은 왜 우리 사회가 정말 '슬픈 사회인가?'를 주제로 삼아 현시대 사람들의 개인적이고 사회적 슬픔에 대한 배경 및 사회적 죽음들에 대해 살펴보는 데에 목적을 두었다. 이에 대해 혹자는 "무슨 얼빠진 소리를 하는 거야?" 하고 동의하지 않을 수도 있겠으나 현대사회를 '슬픈 사회'로 규정하는 것은 어디까지나 필자인 내 감상이다. 실질적인 사회적 이슈와 고통, 슬픔에 대한 사유와 대처에 대한 처방이 필요하다는 생각이 들기 때문이다. 알게 모르게 우리 사회 밑바닥에 깔려있는 슬픔의 원인을 찾아보고 이를 삭이는 과정에서 무엇을 얻고 배울 것인가 하는 것도 고려했다. 단순히 사람이 슬프다는 식의 허튼 진단이 아니라 우리가 살면서 방황하고, 깨지고, 상처받으며 눈물 흘리는 사람들을 이 사회가 어떻게 보듬고 치유해주어야 하는 데에 더 의미를 두고 함께 방향을 토론할 수 있는 기회가 되기를 바라서다. 슬픔은 영혼의 스트레칭이라는 점에서 생산적인 동력이 될 수 있다. 기쁨의 미소를 껴안은 만큼 눈물도 껴안아야 우리 사회는 더 진보할 수 있다고 믿는다.

차 례

제1장

슬픔의 의미: 슬픔이란 무엇인가?

1-1. 슬픔과 철학: 철학에 필요한 슬픔

슬픔과 철학은 어떤 관계일까? 철학에 필요한 것이 슬픔이다. 슬픔이 없다면 철학의 역할은 끝날 것이고 슬픔이 없는 사람에게는 철학이 필요 없을 것이다. 실제로 프랑스 철학자 베르트랑 베르줄리(Bertrand Vergely, 2007)는 "슬픔을 통해 철학 하기가 가능하다."라고 주장했다. 우리들의 삶 속에서 아픔과 아쉬움을 느낄 때

▲ 베르트랑 베르줄리

슬픔이 온다고 했다. 왜냐하면 슬픔에 잠겨 있으면 미처 알지 못했던 경이로운 삶의 국면을 맞이할 수 있고 슬픔 속에는 삶의 역동성이 잠재해 있기 때문이다. 인간의 사고란 무한을 향한 갈망과 분

리될 수 없기에 거기서 오는 슬픔 또한 인간을 돌아보게 한다는 뜻이다. 슬퍼한다는 것은 곧 삶을 향한 눈물이 담겨 있다는 증거이고 희망을 향한 눈물이 아닐 수 없기 때문이다.

그런데 우리나라는 슬픔이 많은 사회로 사회적 담론들이 이어져 왔다. 경제적으로 성공했지만 갈등사회, 위험사회, 피로사회, 분노사회를 넘어 슬픈 사회로 사회적 담론들이 모아지고 있는 것이다. 내가 보기에 슬픈 사회는 고통스러운 삶의 끝 지점이다. 절망적이고 부정적인 사회를 넘어 눈물과 한탄, 불안이 오버랩 되는 '슬픈 사회' 영어로는 'Sad society'로 변화된 형국이다. 아니, 나는 현대사회의 성격을 '슬픈 사회'라고 나름대로 규정하고 싶다. 우리는 자유를 얻고 빵을 얻었다. 그렇지만 더 발전할수록 고단한 현실, 슬픔이 많아지면서 삶의 질도 떨어졌기 때문이다. 사람들이 절망을 간직한 채 상처 입은 동물처럼 살아가고 있다. 슬픔의 감정이 지배하는 사회는 불안하고 사회범죄의 배경이 된다. '묻지 마' 식 사회범죄의 증가는 우리 사회에 슬픔이 많다는 증거다. 범죄자를 비난하지만 사실은 사회가 그들을 범죄자로 내몬 것이나 다름없다.

□ 존재론적 슬픔

물론 나에게는 철학적 기량이 부족하다. 나는 대학과정에서 철학 강좌를 들었으나 철학을 사랑한 것은 아니다. 막연히 소크라테스, 아리스토텔레스, 에피쿠로스, 쇼펜하우어, 헤겔, 데카르트, 하이데커, 스피노자, 동양의 장자, 노자, 이퇴계 사상에 빠진 경험이 있다. 1980년대 들어와서는 현대철학자-푸코, 사르트르, 딜타이, 라깡, 바르트, 알튀세, 브르델, 데리다, 가다머, 레비스트라우스, 하버마스-의 저서들을 주로 읽었지만 나이 들어가면서 그저 그쪽으로 관심이 갔을 뿐이다. 솔직히 철학적 논리를 말할 때 어려움을 느낀다. 하지만 나는 캐나다 사회학자이면서 심장마비와 암(癌) 경험을 한 아서 프랭크(Arthur Frank, 2017)가 말한 '아픈 몸'을 살아가기에 때때로 철학자가 되어야 한다는 말을 믿는다.

나는 철학에 대한 불안한 탐구자이지만 슬픔의 현상학, 실질적인 슬픔에 대한 철학적 사유와 생물심리학적 대처 방향을 찾아보려는 것이다.

▲ 아서 프랭크

사회발전에 따른 천박함, 갈등과 분노 속에 많은 사람들이 살기가 팍팍하다며 힘들어한다. 소상공인 자영업자들은 코로나 사태 혹은 자연재해로 인해 이제 '폭망'했다는 절망감에 빠진 채로 하루하루 버티는 모습이다. 그들은 이러지도

저러지도 못하는 현실에서 매일 눈물을 흘리고 있다. 게다가 젊은 세대를 '슬픈 세대'라고 한다. 취업을 위해 이력서를 비행기로 뿌려도 소용이 없다는 말이다. 내 조카는 취업준비생인데 거절당할 때마다 "발길에 차인 개(犬)와 같은 기분이 든다."라고 했다. 노인들 역시 빈곤 속에서, 질병 속에서, 남몰래 눈물을 흘린다. 우리가 사는 사회에서는 생존의 유지조차 어려운 현실, 어렵게 살아가지만 인간다운 생존 수준에 못 미치는 사람들이 아직도 상당수에 이르고 있다는 점에서 이들이 겪는 절망과 슬픔은 사회문제와 연결돼 있다. 많은 사람들이 슬픔이나 불안과 같은 부정적 감정을 느낀다면 그것은 그만큼 삶의 질이 떨어지는 것을 의미하며 병든 사회로 진행되는 것이다.

그렇다면 무엇이 슬픔인가? 왜 슬퍼지는가?
거의 모든 삶에서 느끼는 슬픔의 본질은 무엇인가?
그에 대한 답은 여러 가지가 있을 것이다. 슬픔이란 단순한 것 같지만 그 단어 속에는 수많은 의미와 감정이 담겨져 있다. 슬픔이란 단어는 고대 영어 표현인 Heart pain 즉 "심장의 통증"을 의미하는데 슬픔이 이렇게 상처와 고통을 준다는 뜻이다. 우리는 흔히 "괴롭다, 슬프다, 울고 싶다."라는 절망의 표현을 자주 쓰고 있는 것도 같은 맥락이다.
그런데 간단히 말해서 슬픔은 뭔가의 불일치(disagreeable)에서 일어나는 인간의 기본적인 감정이다. 머릿속에 거미줄이 처지고 아름다운 여신(Goddess)을 보지 못하는 감정이다. 성 어거스틴(St. Augustine)은 슬픔이 '저항 또는 거부'와 관련돼 있다고 했다. 무언가 충족되지 않는 결핍감이 심해질 때 놓치기 쉬운 기회, 돌이킬 수 없는 실패 등에서 슬픔을 많이 느낀다. 그래서 모든 생명은 슬픈 것이다. 더 정확히 말하면 우리는 빅터 프랭클(Viktore Frank, 2012)이 제기한 호모 파티언스(homo patiens), 우리 말로 번역하면 '병고의 인간'이다.

▲ 빅터 프랭클

↳ 눈물은 인간적인 슬픔의 표현이다. 그렇다면 "자네 이것 알아? 슬픔의 철학이란 걸?" 물론 간단한 것은 아니다. 슬픔이란 미처 체험하지 못한 우리의 무지와 한계에서 비롯된다. 무한에 대한 열망의 상실에서 비롯된 슬픔은 병(病)이 될 수 있다. 그래서 슬픔은 거듭 말하지만 본질적으로 '부정'이다. 슬픔은 자신의 욕구가 거절당하는 데서 비롯된다고 봐야 할 것이다. 슬픔은 상

실감과 희생을 거부하는 감정 표출의 다름 아니기 때문이다. 그러나 슬픔에 있어서 기쁨이 있고 죽음이 있기에 현재 삶에 감사할 수 있는 측면도 있다.

▷ 슬픔은 신체감각의 반응이다. 죽은 사람은 심장이 뛰지 않는다. 슬픔은 '정념'(情念)이다. 스피노자(Spinoza, 1632~1677)는 슬픔이 기쁨과 달리 우리의 정신적 신체적 활기를 그만큼 떨어뜨린다는 뜻으로 '슬픈 정념'이라는 표현을 동원한다. 슬픔만이 아니라 기본감정인 기쁨, 분노, 사랑, 즐거움, 행복감 등 우리 감정이 대부분 신체적 반응이다. 고대 중국의 유가(儒家) 경전인 '예기'(禮記)에서 칠정(七情)으로 기쁨, 분냄, 슬픔, 즐거움, 사랑, 증오, 욕망(喜怒哀樂愛惡慾)과 관련돼 있다. 이 모두가 인간으로서의 삶의 감정 표현이다. 일상적 감정 표출이 다양하지만 그중에서도 뭔가를 잃고 빼앗긴 상태가 슬픔이다. 이별 혹은 배우자 사별은 공생관계가 깨진 분리상태로써 역시 슬픔을 남긴다. 사람들은 파트너의 죽음을 내면의 커다란 공허감, 전체인격의 분열로 인식하는 것이다. (베러나 카스트, 1999)

▷ 슬픔의 감정은 매우 복합적이다. 슬픔의 정도가 사람마다 다르겠지만 우선 미국의 여성 정신과 의사 나오미 사이몬(Naomi Simon, 2011) 팀은 슬픔을 '복잡한 슬픔'(Complicated grief)과 '병이 있는 혹은 트라우마가 잠긴 슬픔'(Pathological or traumatic grief)으로 나눴다. 전자의 복잡한 슬픔의 증상은 죽음에 대한 두려움, 강렬한 열망의 좌절, 사랑하는 사람의 상실, 가족들의 아픔들이다. 그중에서도 가장 큰 슬픔은 죽음에 관한 비애요 괴로움이다. 후자의 병적 트라우마 같은 슬픔은 배우자 사별, 치명적인 질병, 우울증과 같은

것으로 이를 '생물학적 슬픔'(biological of sorrow)으로 부르기도 한다. 특히 장단기의 우울증, 만성 우울증은 감정 장애로서 연속성을 띠거나 '만성적인 슬픔'(chronic sorrow)으로 이어지게 된다. 호머의 일리아드(Homer's Iliad)에서 보면 아킬레스 슬픔(Achilles' grief)을 겪고 있는데 이는 생물학적으로 피할 수 없는 병적 슬픔의 다름 아니다. 그래서 슬픔은 우리에게 있어서 불가항력적이다.

⇨ 눈물은 동정심을 이끌어내는 유효한 감정 표현이다. 또 슬픔의 눈물은 때로는 억울함의 표현이요 진실성을 전달하고 동정심을 얻는 유효한 몸짓이다. 눈물은 때로는 죄를 지은 사람이 자기 죄를 인정하고 뉘우치는 슬픔의 감정으로 나타난다. 이별 혹은 사별 과정에서 슬픔과 통한의 감정 표현을 통해 가족 사랑을 입증하는 눈물일 수 있다. 프로이트 역시 슬프고 고통받는 사람들이 행복한 사람들보다 더 진실한 삶을 살아간다고 했다. 레바논 시인 칼릴 지브란(Khalil Gibran, 1883~1931)은 "고통에서 가장 강한 영혼이 나타난다."라고 가르친다. 그런가 하면 미국 뉴욕대학 심리학과 제롬 웨이크필드(Jerome C Wakefield, 2019)는 '슬픔 혹은 우울함'(Sadness or Depression)이란 책에서 "슬픔은 소원에 대한 심리적 고통으로 작용하게 되는데 이때 재결합이라는 동기로 작용한다."라고 말했다. 참 마음에 와닿는 말이다.

⇨ 애도의 눈물이 강요되는 경우도 있다. 조선 후기 실학자 다산 정약용(丁若鏞. 2019) 선생이 형벌과 관련해 편찬한 《흠흠신서(欽欽新書)》의 〈경사요의(經史要義)〉에서는 "슬픈 곡소리"를 반드시 내야 한다고 했다. 남편을 잃은 아내

나 부모의 상(喪)을 당해서 슬퍼하지 않는 것은 중죄로 여겼다. 유교적 가치와 가부장적 질서가 지배하던 사회에서는 슬픈 감정을 표현하는 곡(哭)소리조차 규범적 감정으로 받아들여졌던 것이다. 이런 전통은 60~70년대까지 강하게 작용했다. 나는 1963년 7월에 43세의 나이로 세상을 떠난 내 아버지의 상청(喪廳)을 만들어 놓고 3년간 애도를 표한 적이 있다.

이밖에도 사회적으로 어떤 인물의 슬픔에는 공감하지만 또 다른 인물의 눈물에는 반감을 드러내는 경우가 있다. 전자는 국가를 위해서 싸우다가 죽은 병사, 남을 살리려다 죽은 사람들에 대해서 온 국민이 눈물을 흘리는 경우다. 반면에 후자는 눈물을 흘리더라도 이를 거짓 눈물로 보며 눈물의 순수성을 의심하거나 위선자로 받아들이는 경우다. 우리는 독재자나 권력자의 죽음보다 아기의 죽음을 더 슬퍼한다는 점에서 이해할 수 있다. 권력자는 남을 괴롭히고 빼앗고 욕심을 부렸지만 아기는 아직 때 묻지 않은, 생명이 많이 남아있으므로 더 마음 아픈 것이다.

"오- 통제라, 오 슬프다, 어찌하면 좋을까? 수천 년간 통곡의 역사가 계속되고 있으니……."

결국 삶의 존재론적 고통과 한(恨)이 쌓여 슬픔이 된다. 슬픔은 모두에게 일상적으로 일어난다. 시집살이하는 며느리가 얼마간 고달프고 힘들어서 슬퍼하는 것도 같은 맥락이다. 배우자를 잃은 후 운명의 기구함을 한스럽게 여기며 눈물을 훔치는 것이 인간의 실존이다. 한국전쟁 후 미군 병사와 한국인 어머니 사이에서 태어나 미국으로 입양된 엘리자베스 김(Elizabeth Kim, 2002)이 겪은 눈물겨운 고난의 삶은 우리들의 이야기다. 고통과 두려움에서 벗어나 스스로 완벽한 삶을 살아보려 했던 한 여인의 슬픈 이야기는 민족의 아픔으로 다가온다. '만 가지 슬픔'을 극복하고 '만 가지 기쁨'으로 바꿔 가는 모습이 감동을 주었다. 그리고 일본군 정신대, 즉 위안부로 끌려가 성노예로 살아온 할머니들의 눈물겨운 절규는 온 국민의 슬픔이 아닐 수 없었다.

거듭 말하지만 내가 느끼기에 현시대 사람들은 슬픔을 피할 수 없는 것 같다. 모든 사람들은 제각기 남들이 모르는 슬픔을 자기 혼자 껴안고 살아간다. 친구들끼리 만났을 때 얼굴색이 나쁘면 "어디 안 좋은 일 있어?" 하고 묻는다. 아픈 사람은 말이 없어도 슬프다. 마치 감기처럼 가끔 오는 슬픔이다. 입으로 말할 수 없는 것이 눈물이고, 마음을 나타내는 감정 반응의 생체적 작용이 눈물이니 그렇다. 아름다운 얼굴에는 미소가 있다. 그렇지만 눈망울 속에는 슬픔이 가득한 사람들도 많다. 설사 행복한 것처럼 보이지만 밖으로는 슬픔을 숨기고 살아가는 괴물 같은 사람들도 있다. 한마디로 슬픈 감정은 복잡한 것이다. 우리는 때때로 슬픈 마음이 들지만 왜 슬픈지 알 수 없을 때도 있다. 그것은 우리가 슬픈 것이 아니라 우리의 삶을 잘 모르기 때문일 것이다. 그러나 이제 슬픔은 인간에게 있어서 당연한 정상적 감정, 질병으로 받아들여야 한다. 발생학적으로 슬픔은 인간 존재의 양식으로서 슬픔의 '항상성'(Homeostasis)으로 사회적 존재들의 아픔으로 이해되고 있는 것이다.

□ 슬픔과 사회문제

현대인들은 슬픔 없이 살 수 없다. 원래 인간에게는 감정으로 표현하는 슬픔이 있다. 실패, 이별, 상실, 절망, 배신, 신체적 질병으로 인해 슬퍼진다. 나아가 노쇠징후를 실감하면서 내면의 눈물을 흘린다. 인간은 기쁜 감정보다 서글픈 감정을 더 많이 느낀다. 슬픔이 우리의 정신적 육체적 활기를 떨어뜨리기 때문이다.

▲ 칸트

철학자 칸트(Kant, 1724~1804) 역시 질병의 원인을 정념의 왜곡으로 일어난다고 했다. 정념은 사회적 문제에 민감하게 반응하면서 마음의 응어리를 만들어낸다.

우리 사회는 사람이 극도의 정신적 신체적 피로로 무기력증, 자기 혐오감 상태의 '탈진증후군'(burnout syndrome)에 빠진 듯한 사람들이 수없이 많다. 도시화 된 공간 속에서 바쁘게 살아가다 보니 쉴 여유가 없는 것이다. 그야말로 피곤한 삶에 슬퍼지는 한국인이다.

이를 반증하는 자살률은 세계 최고이다. 노인빈곤율 또한 OECD 국가들 중 최상위다. 출산율은 세계 최저수준이고 고령화는 빠르게 진행되고 있다. 사회안전망 부재로 곳곳에서 대형 인명피해 사고가 잇따르고 있다. 게다가 젊은이들은 대학을 나와도 취직하기가 어려워 "엄마 미안해요." 하며 한숨짓는다.

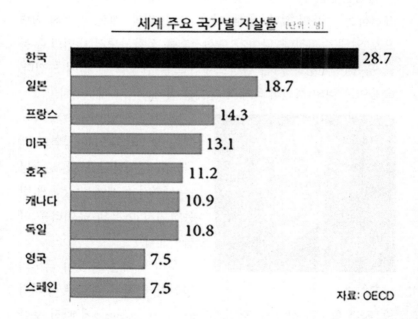

세계 주요 국가별 자살률 [단위 : 명]

한국	28.7
일본	18.7
프랑스	14.3
미국	13.1
호주	11.2
캐나다	10.9
독일	10.8
영국	7.5
스페인	7.5

자료: OECD

열심히 일해도 가난을 벗어나지 못하는 워킹푸어들, 계약직의 저임금 노동자들, 늘어나는 가계부채, 대부 업자들의 살인적 돈놀이 장사에 벌벌 떠는 채무자들, 갑(甲)과 을(乙) 관계에서 헤어나지 못하는 '미생'들의 울음소리가 살기 힘든 사회구조를 반영하고 있다. 이 모두가 현대의 한국인들이 사회적 불평등구조 속에서 실망감과 좌절의 슬픔을 느끼며 살아가는 모습이다.

경제협력개발기구 주요국 노인 빈곤율(단위: %)

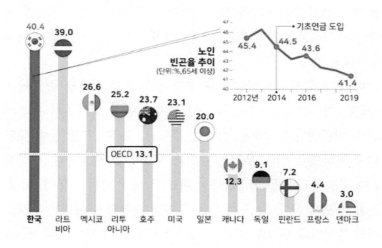

그래서 그럴까? '슬픔이'(슬픈 사람)는 이루 말할 수 없을 정도로 많다. 수많은 눈물이 흘러서 측량할 수 없는 슬픔이 사회를 덮고 있다. 생활고에 막다른 선택을 하는 사람들, 걸식아동들과 걸식노인들이 밥 한 끼에 눈물을 흘린다. 사회적 약자에 대한 착취, 빚으로 고민하는 사람들, 먹고 먹히는 세상에서 먹히는 쪽은 늘 아프고 슬프다.

　지난 2011년 황동혁 감독이 제작한 슬픈 사회의 단면을 보여준 영화 '도가니'에서 보면 인간의 모순을 여실히 드러내고 있다. 믿을 수 없지만 2000년도부터 5년간 청각 장애아를 상대로 교장과 교사들이 비인간적인 성폭력과 학대를 저지른 내용이다. 노인들 역시 슬프기는 마찬가지다. 경제적 빈곤에다가 각종 질병에 허덕인다. 그리고 노인학대의 40%는 가족 중에서도 친아들에 의해 일어나고 있다.

　이 모두가 사회적 아픔이요 고통이다. 특히 사회적 슬픔에는 사회적 기대감(social expectancies)이 크지만 이를 도와주지 못하는 경우, 이를테면 복지비용, 실업난, 주택난, 교육비 부담 등이 해결되지 못하므로 인해 부정적 감정과 우울증이 생겨난다. 사회적 기대의 충족과 남들과의 상대적 비교, 상대적 박탈감 등이 '미생'들을 슬프게 한다. 참을 수 없는 존재의 슬픔으로 사회적 존재로서의 불안정과 연결돼 있다는 점에서 모두가 '존재의 슬픔'(Sorrow of being)을 안고 힘들게 살아가는 모습이다. 또 모든 기쁨과 슬픔의 뿌리가 같이 있다는 사실에서 양가적인 감정이 작용한다. 설사 얼마 지나면 눈물은 마르겠지만 슬픔의 끝에는 마음의 상처가 지워지지 않는 슬픔이 다름 아닌 존재의 슬픔이다. (Masciondaro, 2010).

그런데 문제는 슬픔, 우울증 등 불안이 심화되면 사회적 규범과 도덕에서 벗어나는 일탈(逸脫) 행동이 확대된다는 사실이다. 슬픔은 사람들을 무력감에 빠뜨리고 사회는 생동감을 잃게 된다. 망치를 든 철학자로 불리는 니체(Nietzche, 1844~1900)는 '권력 의지'(will to power)를 잃을 때 힘을 잃고 나약해진다고 했다. 부정적인 감정은 더 부정적인 감성으로 바뀌고 사회에 대한 기대감을 저버리게 된다. 사람들이 사회에 대한 나쁜 감정이 들면 사회에 대한 원치 않는 행동을 하게 된다. 마음이 아프면 몸이 아파지는 것은 물론 심할 경우 분노조절 장애, 삶의 포기에 이르는 극단적인 행동으로 나타난다. 그 본질로 볼 때 슬픈 사회는 슬픈 자아를 만들어내게 된다.

□ **치유과정으로써의 슬픔**

슬픔은 '회한'(悔恨)의 한 형태로서 절대적으로 피할 수 없는, 누구나 겪는 일상의 감정이다. 사소한 일에서부터 가족사별, 이별, 사건 사고 등을 겪으며 슬픔에 잠긴다. 손실로 인한 슬픔은 불균형에 대한 정상적인 반응이지만 그 슬픔은 주기적으로 발생하는,

그리고 만성적인 상태에 빠질 수 있다. 슬픔이 지속되면 무력감 속에서 질병으로 이어질 수 있고 세상을 비관하게 된다. 경우에 따라서는 자살을 생각하게 된다.

그렇다면 슬픔이 정상적인 현상인가? 물론 그렇다. 하지만 진화생물학 입장에서는 슬픔이 단순히 '정상적인 슬픔'(normalising sadness)으로 보기보다는 일종의 병리현상으로 보는 견해가 지배적이다. 우리는 슬픔의 악순환, 끝없는 행복추구와 그것을 달성할 수 없는 불가능에서 상처를 입는다. 슬픔은 자연 세계 미래에 대한 부정적인 생각으로 바뀌면서 우울증이 나타날 수 있다. 슬픔은 무감각증, 무가치한 느낌, 죄책감, 피로감 등을 나타낸다. (Malhi and Mann, 2018).

어떤 점에서 그것은 사실이다. 이에 대한 긍정적인 대처 방식은 대인관계, 정서적, 인지적 행동에서 접근해야 할 필요가 있다. 이를 위해서는 우선 슬픈 사람들로 하여금 자신의 삶을 더 잘 조절하고 성공적인 삶으로 전환할 수 있도록 돕는 일이다. 때로는 슬픈 마음을 있는 그대로 바라보고 내버려 둔 상태에서 시간을 기다리는 방법도 있다. 슬픔이 엄습한다면 슬픔을 애써 억제할 필요가 없다. 스스로 슬픔을 이겨내며 회개 혹은 반추하도록 하도록 돕는 일이다. 회개는 슬픔의 반대로써 얼마간 많은 눈물을 흘려야 비로소 긍정적인 내면의 소리를 들으며 치유과정을 밟게 되기 때문이다.

다시 말해 슬픔은 자신만이 조절하고 치유할 수 있다. 우리의 생각을 확장시킨 오스트리아 출신 비트겐슈타인(Wittigenstein, 1889 ~1951)은 멋지게 말했다. 그는 "슬픔이 너를 성가시게 하지 못하게 하라. 슬픔을 네 심장 안으로 들어오게 해야 한다."라고 했다.

▲ 루트비히 비트겐슈타인

이렇듯 슬픔은 언젠가 기쁨을 찾는, 적어도 자신의 삶 속에서 위안을 찾을 수 있는 능력을 가지고 있다. 어느 사람이 "나, 슬퍼. 왜 이렇게 눈물이 나는지?" 하고 말한다면 이것은 살아야 한다는 고백이나 다름없다. 슬픔의 순간은 참으로 놀라운 일을 해낼 수 있다. 어느 쪽이든 슬픔은 새로운 의미와 목적과 당신의 삶을 리셋 할 수 있는 계기가 된다.

말인즉 슬픔에도 끝이 있다. 슬픔은 계속되지 않는다. 슬픔이 언젠가는 끝날 것을 짐작할 수 있다. 마치 물컵에 물이 넘치듯이 더이상 물을 담을 수 없는 컵처럼 결국 슬픔에도 끝이 있다. 슬픔의 극복은 개인 차원의 의지의 문제로서 우리의 의지, 노력으로 희망과 슬픔을 관리해야 한다. 슬픈 노래를 부르면 슬퍼지고 행복한 노래를 부르면 행복해진다고 하지 않던가. 인생이 달콤하더라도 슬픔 없는 행복은 오래 가지 않는다. 슬픔은 밤에 지나가는 나그네에 불과하다는 말이 있다. 고통과 더불어 행복은 같이 있다. 하나님은 우리를 "슬픔이 변하여 내게 춤이 되게 하신다."(시편 30:11)라고 했다.

이렇게 슬픔은 어떤 뜻이 아니라 복잡한 감정이다. 우리가 100년을 살아도 슬픔은 여전히 계속된다. 슬픔은 슬픈 게 아니라 불가피한 현상인 셈이다. 100% 비극도 희극도 없다는 말이다. 역설적으로 어떤 슬픔도 없고 희망도 없는 사회는 무의미하다. 슬픔과 희망이 없으면 어떤 흥분도 일어나지 않기 때문이다. 그래서 슬픔은 우리가 무언가 해야 할 때 오는 선물이 아닐 수 없다. 슬픔이 도리어 행복을 가져온다는 뜻이다. 밤새도록 눈물로 흐느꼈으나 아침에는 그 눈물이 기쁨으로 변할 수 있다는 말이다. 전쟁이 역설적으로 평화를 가져오듯이 슬픔은 우리를 더 아름답게 살도록 만드는 힘이 된다.

1-2. 슬픔의 의미: 슬픔이란 무엇인가?

세상 모든 곳에는 허무와 절망과 슬픔이 있다. 또 그곳에는 긍정적 의미의 사랑과 온정, 순수, 욕망, 희망이 존재한다. 그것은 우리가 '살아가는 세계'로써 절대적인 것도 아니요 유동적인 것이다. 사람들 모두가 자신이 살아가는 삶의 표현을 달리하며 자기 존재를 표현한다. 어떤 사람은 뜨거운 여름 해변에서 바캉스룩으로 매직이라도 걸린 듯 미소를 머금고 이리저리 뛰며 물속으로 들어간다. 자유로운 히피들이 밤 문화 속에서 영혼을 팔고 있다. 자연 세계도 마찬가지다. 호랑나비 노랑나비가 꽃분 향기를 전달한다. 붉고 검은 맨드라미가 혓바닥을 바람에 말린다. 이렇게 인간뿐만 아니라 모든 만물에는 고유의 존재 이유가 있고 실체는 변하는 것이다.

따라서 현재를 살아가는 인간이 어딘가에 존재한다는 것은

'살아있음'을 의미한다. 살아있기에 내적 갈등과 슬픔 속에 살아간다. 모두가 삶이 팍팍한 현실, 슬픔이 많은 사회임을 반영한다. 우리의 생명은 유한하여 삶의 끝은 죽음이라는 공통된 종착지에 닿게 마련이다. 꽃이 피고 지는 모습은 인간 존재와 크게 다르지 않다. 꽃이 지는 것은 인간 존재의 허무함과 대비된다. 돌기둥 틈새에 뿌리를 내리고 있는 이름 모를 풀 한 포기에서 존재와 허무를 느낀다. 우리 의식, 무의식 속에는 늘 불안과 고독으로 연결되어 있다는 것, 결국 존재의 죽음은 곧 존재의 슬픔이요 상실이 아닐 수 없다.

□ 슬퍼하는 것은 무엇을 의미하는가?

우리는 가끔 고통스러운 현실, 대인관계에서 오는 고통·좌절·거절 상호작용에서 슬픈 상처를 받는다. 실존적 문제들, 즉 상실, 질병, 죽음의 고통에 직면한다. 그리고 우리는 오랜 고통을 많이 품고 있으며 알게 모르게 어려운 감정에 빠졌던 암묵적인 기억을 가지고 있다. 우리는 평생 동안 슬픔을 가지고 있다는 말이다. 문제는 우리가 그런 고통을 선택적으로 치유할 수 없다는 데에 있다. 뭔가 하루에도 수많은 감정을 느끼는 능력은 우리 인간 본래의 일부분이어서 그렇다.

프랑스 소설가 앙투안 드 생텍쥐펠(Antoine de Saint-Exupery)은 "슬픔은 우리 삶을 증명하는 방법 중의 하나"라고 강조했다. 우리는 더 많이 소유하고, 더 많이 원하고, 더 많이 사랑하고, 더 많이 열망하기에, 따라서 이런 것이 채워지지 않을 때 슬픔도 더 많이 온다는 것이다. 우리의 삶은 더 풍요로워지고 행복해지지만 우리는 더 가슴 아픈 슬픔을 느낀다는 사실이다.

그런데 우리가 원하는 것, 모든 것들이 내가 원하는 대로 충족되는 것은 불가능하다. 완벽함은 아무 데에도 없다. 불안한 불확실한 존재다. 인간주의의 운명에도 '자연법칙'이 지배한다. 인과응보의 관계가 세상 이치다. 그런 가운데서 존재의 순간을 진정한 기쁨으로 만드는 것이 우리의 삶이다. 사랑하는 사람과 이별 혹은 사별을 하게 되는 내일은 다시 찾아오게 마련이다. 지금 여기에 있던 사물들을 비롯해 우리들의 슬픔도 우리 내부로부터 멀어져 갔다가 다시 돌아온다. 다시 말해 우리가 결단해야 할 것은 슬픔이나 그리움을 어느 한 곳에 남겨 놓고 일상으로 돌아가는 삶을 만드는 일이다. (Baars Hopkins, 2000).

존재론에서 말하는 허무와 무상 그리고 이를 통해 나타나는 슬픔은 존재와 비존재라는 영역에서 다뤄지는데 특히 니체, 하이데거, 플라톤, 헤겔, 사르트르 등으로 이어지는 지식 계보에서 자주 논의되는 개념들이다. 존재론적 슬픔은 근원적 결핍감에서 오는 비애 의식으로써 삶이 어렵고 슬프더라도 우리 삶은 계속된다는 의미에서 "나는 존재하는 것"이다. 슬픔이 당신의 삶을 영원히 황폐하지 않게 하는 일이다.

그게 사실이라면 "인간에게 슬픔을 일으키는 원인은 무엇인가?"를 살펴볼 필요가 있다. 자연 세계는 수백 가지의 물질, 식물, 동물들이 각자의 고유성을 가지면서 서로 대립하지 않고 상호연결돼서 균형을 이루고 있다. 이 완벽한 질서는 진화과정에서 이룩된 것이다. 그런데 인간은 생각, 상상, 자기인식, 자기표현을 통해 인류문명을 발전시켜 왔다. 인간은 현실에 존재하지 않은 아이디어, 개념을 가지고 창조적 물질문명을 일궈왔다. 그 발전은 오히려 재산, 소유, 돈, 재화를 만들면서 동시에 인간의 불평등, 불신, 갈등, 다툼을 생겨나게 했다. 슬픔은 바로 이러한 현실문제와 관련돼 있는 것이다. 슬픔은 우리의 삶 속에서 뭔가 제대로 작동하지 않을 때 감정으로서의 슬픔이 터져 나오는 것이다.

이해를 돕기 위해서 삶에 대한 본질적 원초적 물음과 의문에 대한 답을 찾아가는 것이 실존적/존재론이라는 점에서 마틴 하이데거(Heidegger)의 존재 개념을 간단히 이해하는 데서부터 다 같이 시작해 보자.

▲ 마틴 하이데거

그렇다면 과연 슬픔의 배경이 되는 존재와 비존재의 관계는 무엇인가?

여기에 대해 마르틴 하이데거는 《존재와 시간》에서 존재의 의미에 대한 새로운 시도로써 '세계-내-존재'(Being-in-the-world)를 말한다. 사물의 의미 및 우리 인식능력을 높이기 위해 존재의 문제를 제기한 것으로서 "세계와 함께-세계 내에서-세계를 마주하는 인간"으로의 현존재(Dasein), 즉 있는 그대로의 현존재를 제시한다. 자신이 늘 이미 만들어진 일정한 세계에서 존재한다는 인간의 존재 방식을 강조하는 사유의 개념이기도 하다. 지각의 주체로서 신체가 세계에 작용하는 것을 설명하기 위한 현존재의 근본 틀이다.

특히 하이데거는 '현존재'를 두 가지 방향에서 접근하고 있는데 하나는 세계 내의 다른 존재들과의 질적으로 다른 존재(타자 관계)이고, 또 하나는 이미 지각된(precognitive) 경험을 통해 세계와 관계하는 존재로서 '세계-내-존재'를 설정하고 있다. 무엇에 대한 작은 관심일지라도 세계와 연결돼 있다는 것, 그래서 인간은 세계의 일부분으로 세계를 의식하고 규정하면서 자기 삶을 살아간다는 것이다. 또 인간은 존재와 의식을 통합하며 존재한다는 점에서 실존적이다. 우리는 어디인가(공간)에 있고 어느 시간 속에 있다는 것으로 '있음'(existential) 상태로서 즉 존재-현재(Being-present at)에 있는 것이다. 의심할 여지없이 그 슬픔은 곧 '있음'과 같이 늘 있게 마련이다. (Dreyfus, 1991).

게다가 우리 일상은 다양한 존재들에 의해 포위된 총체이다. 현 존재는 "어디 있음"에서 "어디로 가는" 것이다. A 지점에서 B 지점으로 옮겨가는 것이다. 그 과정에서 인간의 행동은 불안하고 모순적이다. 인간은 불안을 숙명처럼 안고 살아가는 모습이다. 자신의 주체성과 관심에 따라 다양한 형태로 살아간다지만 실존적 불안은 필연적이다. 세계는 순수하게 객관적인 사물이 아니라 인간의 관심에 의해 구성돼 있어서 늘 불안한 존재이기 때문이다. 하이데거는 존재의 철학 혹은 현존재의 의미로 유한한 인간의 존재, 고독과 불안 속에서 존재의 의미를 밝히고자 했다.

사실 우리가 인식하듯이 우리가 소비하는 상품에는 정품과 불량품이 있다. 세계 내에는 타락 분노, 학대, 일탈, 등 불안요소들이 발생하는데 이것이 다름 아닌 불량품이다. 이러한 타락은 단순한 잘못이 아니라 우리 존재 내에서 수없이 발생하는 것으로 존재 내의 필요악인지도 모른다. 우리들은 평범한 일들로 인해 치명적인 유혹에 빠질 수 있다는 사실, 하지만 우리가 겪는 여러 모순과 타락을 현존재 내에서 자기의 손실로 인식하지 못하는 것이 인간의 한계다. 물론 타락은 진정한 존재가 아니지만 퇴폐적 기쁨, 기괴한 감각은 허망에 빠질 수 있고 존재의 상처를 남기게 마련이다.

쉽게 말해서 존재론은 있음(有)과 없음(無), 존재(being)와 비존재(non-being)의 관계다. 사물과 나(자아) 사이에는 영속성과 비영속성, 존재와 비존재의 관계로 작용한다. 인간은 이런 관계 속에서 누구나 상호작용하며 살아가게 마련이다. 사람은 존재의 순간으로 이어지는 순환 속에서 한평생을 살아가는 셈이다. 그리고 존재의 순간들은 즉자/대자 관계 이상으로 다양하다. 존재의 순간들은 하루 생활 속에서 깨달음, 계시 같은 것을 느끼는 순간으로 개인이 존재의 실체를 온전히 느끼는 순간을 말한다. 비존재의 순간은 개인으로 하여금 존재의 그 실체와 유리되어 있는 상태다.

그렇다고 인간은 존재의 세계를 살아가지만 비존재 차원을 멀리할 수 없다는 사실이다. 비존재의 세계를 드러내 주는 계시자(reveler) 혹은 신들의 세계가 있다. 가까운 예로써 우리는 신앙생활 속에서 초월성을 느낄 수 있다. 우리가 그림 속의 사물을 쉽게 볼 수는 있지만 그 그림 속에 숨어 있는 의미와 가치를 발견하는 것은 비존재의 영역을 보는 것이다.

그런 점에서 존재론은 철학적 소우주의 구조를 이룬다. 존재의 문제는 그리스 시대부터 철학의 논쟁거리였다. 쟝 폴 사르트르(Sartre, 2009)는 《존재와 무》에서 보여주었듯이 '존재(Being)와 무(Nothingness)'의 관계는 인간의 존엄성의 문제요 운동과 생성의 관계다. 우리의 의식은 항상 외부의 사물을 인식하며 '없음(無)'을 채워가는 과정에 있다. 자신이 무언가 결여되어 있기에 이것을 채워서 충실한 존재가 되려는 것이다. 존재와 무의 원리는 한쪽이 다른 쪽으로 즉시 흡수되거나 소실되는 운동의 다름이 아니다. 사르트르의 표현을 빌리자면 저편(There)을 향해서 초월하려는 것이다. 존재에서 무(無)로의 손실, 무에서 존재로의 생성이라는 원리가 가능해지는 이유다. 그래서 모든 것의 존재함은 무의 가능성을 내포한다.

따라서 존재하는 모든 것은 자기의 정체와 가치를 지니고 있다. "나는 누구인가?(Who Am I?)" 하는 물음이다. 당신은 공간과 시간을 지니고 살아오면서 나름의 자기만의 정체성을 이루게 된다. 이름, 몸, 의식, 이미지, 경험, 성격 모두가 당신의 정체성을 구성하며 존재한다. 이 같은 정체성은 우리가 살아있음을 확인시켜 주는 요소들이다. 또 존재론은 사회적이고 사회는 존재론이 된다. 모든 것이 사회 내에 존재하는 것이다. 사회 내에 존재한다는 것은 우리들의 속성, 의식의 지향성이 외부와 연결되어 있다는 뜻이다. 사회 속에서 존재를 발견해가는 것, 그리고 프랑스 철학자 메로리-퐁티(Merleau-Ponty)가 생각해 낸 '존재의 교차'(Intersection of being)가 이뤄지는 곳이 바로 우리들의 세계다.

그런데 불안이나 슬픔은 자기가 존재하는 한, 아니면 삶이 자기를 존재케 하는 한은 계속된다. 우리 삶이 지속되는 한 아픔과 기쁨이 공존하기 때문이다. 기쁨보다 슬픔이 더 많고 길다. 기쁨의 눈물은 짧고 슬픔의 눈물은 길다. 버지니아 울프(Woolf, 2002)는 '존재의 순간'(Moments of Being)에서 삶과 죽음이란 참 허무하고 아픈 것임을 암시한다. '나'라는 존재는 누적적 경험, 기억을 간직하고 성장하며 소멸한다. 우리 삶에서 이 길, 저 길을 이끄는, 즉 눈에 보이지 않는 존재들은 다름 아닌 어머니의 사랑, 가풍, 신의 계시다. 심지어 한평생 누구로부터 괴롭힘을 받았다는 트라우마 역시 눈에 보이지 않는 존재들이다. 그럴 경우 존재의 순간들이 비존재의 순간들에 묻혀버리는 때가 있다. 존재를 잊고 하루 종일 비존재로 살아가기도 한다. 순간들인 기쁨, 대화, 먹는 것, 옷 입는 것, 여행하는 것 모두가 비존재의 영향을 받기 때문이다.

□ 생멸변화(生滅變化) 속의 슬픔

인생의 여정은 생로병사의 과정을 겪는 파란만장한 여정이다. 쇼펜하우어(Schopenhauer)에서 볼 수 있듯이 인간의 무지와 고통은 계속된다. 죽음에 이르는 병으로서의 고독은 존재의 불안이요, 존재의 허무성이요, 무상함이다. 존재의 허무성은 실존적 비극이고, 뼛속까지의 아픔이요, 슬픔이 된다. 허무(虛無)의 감정은 삶이 무의미해질 때 찾아오는 것, 지금의 삶이 무가치하고 무의미하게 느껴지면서 오는 허전하고 쓸쓸한 감정이다. 절망과 비관에 휩싸이면 삶을 포기하거나 아니면 파탄의 길로 들어서게 되는 치명적인 손실을 가져올 수 있다. 때로는 허무는 무(無)를 의미하는 허무주의(Nihilism) 혹은 염세주의로 빠지기 쉽다.

또 무상(無常)은 허무주의를 연상시키지만 사실은 무엇이 변한다는 뜻으로 에너지의 흐름을 뜻한다. 불가(佛家)에서는 모든 만물은 계속 변한다는 점에서 영원한 것은 없다는 입장이다. 그런 까닭에 인간은 영원성을 갈망하거나 신을 찾게 된다. 무엇이 되기 위한 생명력이 생겨나고 새로운 동력이 된다. 이러한 무상 개념은 불교의 주요 교리로써 범어(梵語)에서 아니타(Anitya)로, 팔리(Pali)어로는 아니짜(Anicca), 영어로는 임포맨넌스(impermanence)로 불린다. 무상을 뜻하는 Anicca는 지속성 연속성을 뜻하는 nicca에 부정사 'a'를 붙여서 연속성의 부재, 즉 영속성의 부재를 의미한다. Anicca는 '변전'(Inconstant)을 의미하는 불교의 교리로써 변화(change), 괴로움(Suffering), 무아(Non-selfhood)라는 세 가지 개념을 내포하고 있다.

한발 더 나아가 '반야심경'(般若波羅密多心經)에서는 만물은 '색즉시공 공즉시색'(色即是空 空即是色)으로 표현한다. 우선 색(色)이란 어떤 형태가 있는 것, 즉 물질적 현상이며, 공(空)은 실체가 없는 것이다. 다시 풀이하면 "색이 공과 다르지 않고 공이 색과 다르지 않으며 색이 곧 공이요 공이 곧 색이다."라는 뜻이다.

결국, 형체가 없는 것은 실체가 없는 것과 같으며 실체가 없는 것이라도 형체가 있는 것이다. 세상의 참모습은 완전히 없는 것도 아니고 그렇다고 늘 있는 것도 아닌, 다만 나타나고 사라지는 현상일 뿐이다. 만물의 근원 모두는 하나의 일체, 동체(不二)라는 의미에서 '물아일체'(物我一體)라는 개념이 수립된다.

따라서 무상한 현상에는 정신적 물질적 요소가 모두 포함되어 있다. 우리가 자주 말하는 '인생무상'이란 말은 염세적이거나 좌절이 아닌 있는 그대로의 진실한 모습이다. 무상은 단순히 인생이 허망하다는 것이 아니라 모든 현상이 잠시도 머물지 않고 순간적으로 변한다는 의미를 갖고 있다. 일체 만물이 끊임없이 생멸변화(生滅變化), 혹은 생주이멸(生住離滅)의 과정을 겪는다는 뜻이다. 모든 사물이 생기고, 머물고, 변하고, 소멸되는 과정으로 사물의 무상함을 의미한다.

여러가지 느낌을 주지만 어떤 현상을 나타낼 때 그 현상은 제한된 시간 속에 있다가 필연적으로 사라지니까 그렇다. 즉시 나타났다가 자연법칙을 따라 사라져 가듯이 부(富)와 아름다움이 가져다주는 명성 역시 무상하고 덧없는 것이다. 내 삶은 고통 · 비극 · 눈물 · 혼란 또 한편에서는 미소 · 사랑 · 배려 · 평화가 가득하다. 그것도 너무나 많이. 그러나 우리의 의식도 생각도 끊임없이 돌연변이적으로 일시적으로 존재하다가 사라지는 것이다. 그러기에 우리는 때때로 하찮은 일에도 눈물을 흘리게 되는 것이다.

그렇다면 지금 우리가 살아가는 현실은 무엇인가?

현실은 실제이고 지각되는 것이고 비가역적이다. 우리가 살아가는 현실은 우리들로 하여금 행동과 반응을 요구한다. 그 사실은 △나타난 모든 현상은 사라진다. △모든 현상은 무상의 법, 변화의 법(Anicca)을 따른다. △나타난 모든 현상은 한정된 시간을 가지고 있다. 그러므로 인간은 시간이 짧다거나 삶에 불안을 느끼게 되고 생명의 절대 한계를 느끼게 된다. 불가에서는 괴로움(고통)을 없애서 무아(無我, 자기부재, anatta)의 경지로 우리를 인도한다. 그래서 우리는 끊임없이 마음 챙김, 수련, 명상, 혹은 영적 스승(Guru)들에게 귀를 기울이게 된다.

덧붙이면 한순간도 동일한 상태에 머물지 않고 변한다는 사실에서 영원한 것은 존재하지 않는다는 것이 무상의 진리다. 그러므로 무상은 허무라는 문을 넘어 창조와 진화의 궁극적 개념을 갖는다. 무상을 슬프고 아름다운 것으로 표현하는 긍정적인 표현이라고 할 수 있다. 무상은 단순한 비관적 허무적인 의미가 아니라 무상하기에 항상 변화가 있고 변화가 있기에 욕망 · 집착 · 탐욕을 갖게 된다. 결국, 세상의 모든 것은 무상에 머물게 되고, 이 무상을 상징하는 표현이 생자필멸(生者必滅)이다. 덧없이 흘러가기 때문에 무상한 것이다. 그러므로 여기에 정진 수행하며 대처하는 것이 온전한 생명의 길이다.

이쯤 되면 알아차리겠지만 나는 "당신의 인생이 허무하냐?"라고 묻고 싶다. 사실 모든 것이 한순간이요 존재가 허무하게 느껴지는 것은 우리가 다 경험하는 것이다. 그러나 우리는 "그러니까 귀하게 살아야지 않는가?"라는 말에 용기를 얻을 수 있다. 지난 1991년 곽지균 감독이 제작한 영화 '젊은 날의 초상'에서는 "절망을 존재의 끝이 아니라 진정한 출발"로 묘사하고 있다. 방황하는 청춘의 긴 여정 속에 삶에 대한 새로운 인식과 도전, 삶의 존재성과 자아정체성을 확인하며 허무와 절망을 극복하고 죽음조차도 이길 수 있는 희망을 노래하고 있는 것이 이 영화의 주제다. 무엇보다도 "자기를 바라보는 것이 삶의 즐거움이 아닌가?" 하고 묻고 싶은 것이다.

□ 존재의 슬픔은 어디까지?

슬픔의 배경에는 알 수 없는 존재와 비존재들이 작용한다. 인간은 한숨과 욕망, 슬픔과 기쁨으로 구성된 사회적 동물이다. 의식과 생각, 개념, 믿음, 두려움, 기쁨을 만들어낸다. 그러기에 사회적 구조, 법과 규범, 제도, 가치들이라는 비존재 양식들이 작용한다. 우리 삶은 인간에 의해 구성된 사회 속에서 살아가는 것, 또 경험되는 세계 내에 존재한다. 그런 점에서 인간은 특정한 울타리 속에 갇혀있는 한 마리의 토끼와 같은 존재로 살아가는 형국이다.

자연환경도 존재에 영향을 미치기는 마찬가지다. 비가 안 와서 가물면 대지도 아프고 우리 목도 마른다. 저수지가 바닥을 드러내고 농작물이 타들어 가는 자체가 존재의 슬픔이고 아픔이다. 줄여서 말하면 기후 역시 존재들에 큰 영향을 미친다.

예를 들어 영국의 경우 겨울철인 11월부터 다음 해 4월까지는 슬픈 현상이 크게 늘어난다고 한다. 인터넷 사이트 〈더블유 더블유 더블유 점, 에스 에이 디 에이 점, 오 알지 점, 유 케이(www.sada.org.uk)〉에 따르면, 영국 인구의 약 20%가 이 기간 동안 슬픔(Sub-syndrome SAD)을 느낀다고 한다. 그중 약 2%는 적절한 치료 없이 슬픔을 안고 살아간다고 했다.

그 본질로 볼 때 인간은 근원적 결핍감, 존재론적 비애감을 늘 느끼며 살아가는 존재다. 모든 존재는 끊임없이 죽음이라는 위협을 받는다. 어느 누구도 죽음에서 벗어날 수 없을뿐더러 아무도 살아서 죽음 밖으로 나갈 수가 없다. 브라질 작가 코엘료(Coelho)

가 2007년 발표한 자신의 수필집 《흐르는 강물처럼》에서 인간은 "영원히 죽지 않는 듯 살다가 살아보지도 못한 것처럼 죽어가는 것, 사실 삶이 흥미롭기보다는 서글픈 일"이라고 했다. "일에만 매달려 삶의 의미를 도외시한다는 것은 저주"라고까지 했다. 모든 존재는 어느 순간 사라지게 마련인데 왜 그렇게 여유를 갖지 못하고 살아가느냐고 묻고있는 것이다.

한편, 죽음의 반대는 생명의 생성, 창조되는 생명으로서 행복의 길을 추구하는 것으로 대비된다. 칸트의 행복론에서는 행복이란 철저히 개인적 선택이며 각자의 능력에 달려 있다고 말한다. 어떤 일을 할 것, 어떤 사람을 사랑할 것, 어떤 일에 희망을 가질 것을 권한다. (Sissela Bok, 2012).

또한 인생은 타자와의 관계에서 자기를 발견한다. '관계론'에서 인간관계는 사회의 본질이고 세계는 관계로 얽혀있다. 세계에는 불변의 존재성이란 개념은 없다. 존재는 계속 변하고 변할 가능성을 항상 가지고 있기 때문이다. 그러니까 인간은 사회적이고 그 안에서 자유를 추구하는 것이다.

그런데 문제는 순간적으로 일회적으로 살아가는 과정에서 인간의 본성, 정체성과 사회적 인간으로서의 주관적인 판단이나 감정 자체가 모호하다는 사실이다. 삶은 살아갈수록 쓸쓸하고, 외롭고, 사랑은 흔들리고 괴로움뿐이라는 역설이다. 실제로 어떤 것이 진실인지, 거짓인지, 세상은 뒤죽박죽이다. 존재의 분열, 존재 자체의 부정성, 상호모순, 정체성 혼란으로 우리 삶의 존재, 나아가 사회가 불안하고 심드렁하다. 그런 점에서 인간은 존재론적으로 슬픔을 안고 살아가는 존재라는 사실에 도달한다.

다시 말해 실존적 세계(Existential world)에서 보이는 인간들의 '교섭' 형태 역시 '혼란' 그 자체이다. 익숙한 것이 아닌 낯 설은 것, 부분적이지만 극단적인 감각을 갈구하는 존재로서 혼란스럽고 불안하기만 하다. 말인즉 인간의 세계는 이성보다 욕망에 기초해 굴러가는 경향이 강하다는 점이다. '세계-내-존재'의 끝은 결국 죽음이요, 슬픔의 끝 역시 죽음이기 때문이다. 사실이 그렇다. 죽음은 현존재 자체가 가지고 있는 피할 수 없는 확실성이다. 죽음은 무의 존재로 돌아가는 물리적 해체와 다름없다. 그런 점에서 우리는 늘 존재 자체를 문제 삼는 것이다.

이런 문제를 분석하려면 시간이 필요하지만 사실은 우리의 삶은 무엇인가 채우려고 웅얼대는 모습이 아니었던가? 세상의 모든 존재는 결핍감정 때문에 서로 부러워하게 마련이다. 자기가 소유하지 하지 못한 것에 대해 상대를 부러워한다는 말이다. 노인은 젊음을 부러워하고, 가난한 사람을 부자를 부러워할 것이고, 권력자는 건강을 살 수 없다는 점을 알고 있다. 게다가 사랑하는 사람의 죽음, 가까운 친구의 떠남, 유전적 장애인이 밖으로 드러내는 외상, 심지어 애완동물의 손실 등에서도 슬픔을 느낀다. 또 나이를 먹으며 늙으니까 숲과 같이 무성했던 머리칼이 빠져나가고, 치아가 빠지고, 얼굴에는 죽음의 흔적들이 어른거리게 된다. 늘 존재의 슬픔을 안고 살아가는 형국으로 모든 존재는 무(無)로 돌아가는 것, 꽃이 피고 지는 순간에서도 슬픈 마음이다.

어떤 점에서 그것은 사실이다. 인간은 두려움, 불안, 슬픔을 넘을 수 있다고 현자들은 말한다. 세상은 고독과 슬픔으로 가득하지만 그것을 극복할 힘도 있다는 뜻이다. 우리의 후회가 무엇이고, 슬픔이 어떤 것이고, 무상이 무엇인지를 깨달을 수 있을 때 생명의 의지가 살아나게 된다. 말을 바꿔, 불안이나 슬픔이 없다면 그만큼 희망이나 자유가 없을 것이다. 무언가 없기(無) 때문에 위태롭지만 모험을 하고 혁명을 하고 도전을 하게 되는 것이다. 그것이 시간의 폐허 위에서 '재생'을 기대하는 것이 우리의 삶이요, 인간으로 완성돼가는 과정이다. 스스로 자기 삶을 긍정하지 못한다면 생기를 잃고, 능동적이 아닌 수동적인 삶으로 변하고 말 것이다. (Bonanos Workman, 2002).

이와 관련해서는 마지막 제5장에서 구체적으로 기술하겠지만 슬픔은 우리 삶의 한 존재 양식으로 나는 아래의 〈네 가지 의미〉로 요약하고자 한다.

첫째, 슬픔 = 창조와 희망이다.

물론 누구나 크고 작은 비애 혹은 슬픔을 경험한다. 슬픔은 우리의 몸과 마음을 아프게 하는 피할 수 없는 현상이다. 그러나 매우 역설적이지만 고통이 끝나면 우정, 치유, 기쁨, 희망으로 변하는 것이 보통이다. 이런 긍정적 심리는 스스로 인생을 바꿀 수 있다는 믿음과 다름없다. 때로는 우리 삶이 "매우 힘든데 무슨 희망, 창조성인가?" 하겠지만 창조는 편하고 행복하고 안락할 때 나오지 않는다. 슬픔은 어떤 자신만의 은신처를 만들어내게 되지만 새로운 희망의 문을 발견할 수 있다.

둘째, 슬픔 = 치유를 촉진한다.

슬픔이 깊어지면 화학물질처럼 마음에 변화가 온다. 슬퍼지면 나만의 조용한 공간에서 의식/무의식적으로 안정을 찾는 본능이 작용한다. 슬픔은 분노의 감정, 우울증을 줄여주고 온화해지며 고통을 덜어준다. 매일 거듭되는 슬픔과 힐링은 삶의 순간들이고 건강한 내일을 돕게 마련이다. 우울증, 불안장애, 공황장애 등에 대한 인지치료, 학습코칭, 심리치료가 동원되지만 무엇보다 자신을 사랑하는 것, 사랑의 에너지로, 그리고 서로 나눔에 의해 치유될 수 있다.

셋째, 슬픔 = 진정한 자아 찾기가 된다.

아픈 사람만이 또 다른 아픔을 이해할 수 있다. 성경에 나타나는 '욥'의 고통에서 자신의 처지가 객관화된다. 내 고통이 저들에 비하면 아무것도 아니라는 사실과 함께 자신을 돌아보게 된다. 자아의식이 외부에 흔들리지 않는 것이 진정한 자아 찾기다.

넷째, 슬픔 = 자기보존이다.

일상생활 속에서 슬픔은 우리 모두에게 오는 감정이요 정상적인 슬픔은 자기 보전을 하는 역할을 한다. 슬픔의 감정을 통과하면서 무슨 일을 해야 할지 어떻게 살아갈지를 찾는 '셀프-프레저베이션(Self-preservation)' 즉, '자기보존본능'이 솟아나면서 자포자기가 아닌 자주적 생활 능력을 찾게 된다.

결국, 슬픔을 느끼는 것은 감정의 표현이지만 삶의 성장에너지가 된다. 슬픔은 자신의 삶을 길들이기(taming)의 역할을 한다. 드라마나 영화에서 만이 아닌 우리가 직접 경험하는 슬픔은 각자에 몫에 따라 다를 것이지만 놀라운 긍정적인 역할을 한다. 물론 사랑하는 사람과 사별했을 때 힘든 슬픔이 깊어질 수 있다. 그러나 슬플 때 끊이지 않는 눈물은 어떻게 멈출 수 있을까? 그 답은 당장 이렇다.

"울어라, 목 놓고 울어라! 견딜 수 없을 때까지, 도저히 일어날 수 없을 때까지 바닥에서 뒹굴어라."

잠정 결론으로 슬픔은 화해의 의미를 갖는다. 아플수록 순해지고 고통스러울수록 희망은 무지개처럼 빛나게 된다. 우리의 의식은 넓고 많은 세월을 지나 축적된 것으로 '나'를 만들고 자아를 깨닫게 한다. 슬픔과 우울증에 시달리는 사람이 많다지만 영국의 낭만파 시인 윌리엄 쿠퍼(William Cowper, 1731~1800)는 "슬픔 자체가 약이다."라고 했다. 파울로 코엘료(Paulo Goelho)는 "눈물은 뭔가 글을 쓰는데 필요한 것이다."라고 했다. 슬플 때나 좋을 때나 노래가

나오고 웃음이 나오도록 하는 능력, 이것이 자기의 감정조절 능력
이다. 요는 '베르테르의 슬픔'을 넘어 '베르테르의 기쁨'으로 바꿔
가는 노력은 자기의 몫이다.

1-3. 애도하는 인간: 눈물로 살아가는 사람들

우리는 이성보다는 감성에 의해 살아간다. 얼굴에는 혼란과 무
서움, 선악이 같이 있다. 하루에도 수십 번 기분이 달라진다. 좋
고 나쁨, 불행과 혼란은 실존적 현상이다. 실존적인 고통과 딜레
마는 인간에게 있어서 불가피한 현상이다. 더구나 감정은 내 경험
내 의지대로 되지 않는다. 슬픔과 기쁨 또는 후회 역시 마찬가지
다. 대다수의 사람들은 건강, 부, 행복, 힘, 자유, 안전, 아름다움
을 잃을 때 슬퍼한다. 슬픔은 손실, 헤어짐, 애착에서 온다는 사
실에서 슬픔은 인간의 필연적 현상이다. 역설적으로 슬픔이 없는
사람은 자기 존재를 알지 못하게 된다. 울지 못하는 사람은 전진
이 없다.

그중에서도 애도(mourning)의 반응은 한마디로 슬퍼하기다. 슬
픔은 복잡하지만 끊임없이 찾아오는 고통, 죽음 등과 관련된 감

정이다. 지그문트 프로이트(Sigmund Freud)는 상실, 대상에 대한 집착을 우울하다는 의미의 멜랑콜리라고 지칭했다. 그리고 사랑하는 대상의 상실이 마치 자신의 상실인 것처럼 착각하게 되는 심리적 현상이 우울증이라고 했다. 프로이트는 이런 우울증을 극복하는 방법으로 애도를 꼽는다. 여기서 애도란 사랑하는 사람을 상실했을 때 지속적으로 슬퍼하는 상태다. 롤랑 바르트(Roland Barthes, 2012)가 쓴 《애도일기》에서도 애도의 의미는 이와 비슷한 입장이었다. 《애도일기》는 롤랑 바르트가 사랑하는 사람을 죽음으로 인한 잃어버린 슬픔을 날마다 기록한 내용이다. 바르트에게 애도는 '대체할 수 없는 슬픔'이다. 즉, 사랑하는 사람을 결코 떠나보낼 수 없을 때까지 해소될 수 없는 슬픔으로 해석된다.

□ 슬픔은 어떻게, 어디서부터 오는가?

슬픔 또는 고통은 환경에 지배를 받는다. 슬픔, 좌절은 괴롭고 아프다. 이런 슬픔 또는 기쁨의 감정은 단순히 개인의 주관적인 심리문제만이 아니라 필연적으로 사회와 상호작용의 산물이다. 그것도 인간관계에서 나타나는 긍정적 감정과 부정적인 감정에 따라 차이가 크게 난다. 긍정적 감정에는 낮은 수준의 긍정으로써 자부심, 관심, 공감, 칭찬이 있고 높은 수준의 긍정은 놀람, 행복, 기쁨, 사랑이 있다. 부정적 감정은 배척, 증오, 공포, 질투,

분노 같은 것들이다. 이런 감정들은 거의 사회적 관계에서 영향을 받는다. 인간이 사회적인 존재로서 개인적인 슬픔도 사실은 사회적인 것이다. 몸은 자신의 것이지만 동시에 사회에 속한 것이니 그렇다.

뿐만 아니라 인간은 출생하면서부터 삶을 경험하고 죽음을 보고 고통을 보고 슬픔을 만나게 된다. 그러나 사람들은 가능한 죽음을 두려워하고 고통을 두려워하며 슬픔을 피하려 한다. 그렇다면 우리 삶에서 두 가지 상징인 기쁨과 슬픔은 어떻게 만들어지고 무엇을 상징하는가? 그것은 간단히 말해 기쁨과 슬픔 및 다른 감각들은 우리를 최적의 상태로 생존할 수 있도록 이끌어주는 신체에 대한 반응이라고 할 수 있다. 비약적으로 보자면 "기쁨은 마치 쾌락의 음조를 이용해 작곡한 곡과도 같은 것, 반면에 슬픔은 번민 두려움 가책 절망 등을 고통이라는 음조를 가지고 작곡한 곡과 같다." (Damasio, 2003).

예를 들어 베토벤의 '비창'이 그런 것이다. 베토벤은 자신이 가장 평온하고 행복한 시절에 쓴 '슬픈 노래'가 '비창'(Pathetique) 이다. 다른 말로 피아노 소나타 8번 C단조이다. 그는 어릴 때부터 술주정뱅이 아버지로부터 받은 심한 상처, 38세의 나이로 세상을 떠난 어머니, 억눌린 청년 시절을 회상하면서 쓴 곡이 바로 '슬픈 노래'라고 불리는 '비창'이다.

이렇게 누구든지 타인의 죽음에 대하여 슬퍼하고 복잡한 감정 상태를 보이며 애도를 표한다. 슬픔에 찬 시선으로 세상과 가족을 보게 된다. 가족의 상실은 가장 큰 슬픔 중의 하나이다. 가족이라는 굴레 때문에 가족의 삶을 모두 안고 불행을 참으며 살아가는 것이 혈육들이다. 소설가 박완서 씨는 2004년에 발표한 《한 말씀만 하소서》에서 교통사고로 아들을 떠나보낸 후 "내 아들이 없는 세상 차라리 망해버리길 바란 것이 아니었을까? 내 무의식을 엿본 것이 섬뜩했다. 천박한 정신의 천박한 꿈이여, 내 아들아 어쩌면 에미를 이렇게 비참하게 만드니?"(1988. 9. 18. 일기)라며 창자가 끊어지는 참혹한 슬픔을 표한다. 고통이 너무나 큰 나머지 신에 대한 저주도 깔려 있다. 분노와 저주, 절규는 존재의 한계에서 벗어날 수 없는 나약한 인간임을 보여준다.

레바논 작가 칼릴 지브란의 저서 《예언자》(2011) 중에서 '기쁨과 슬픔에 대하여'라는 대목에서 보면 기쁨과 슬픔은 결코 따로 떼어 생각할 수 없다. 기쁨과 슬픔은 언제나 함께 찾아온다면서 "기쁨은 가면을 벗은 슬픔의 참모습입니다. 웃음이 샘솟는 우물은 눈물이 넘치는 우물이기도 합니다. 그밖에 달리 뭐라 표현할 수 있을까요. 슬픔이 당신 마음을 깊이 후벼 팔수록 그곳에 기쁨을 채워 넣을 수 있습니다."라고 말하고 있다.

이것은 아마도 이런 뜻일 것이다. 즉 빈 마음이 될 때, 감사할 때, 인간관계가 좋을 때, 기뻐하고 즐거워할 때, 슬픔은 사라지고 기쁨이 온다는 사실 말이다.

이런 식으로 생각하면 기쁨(Joy)이란 생명체가 균형을 이룬 것으로서 최적의 심리적 조절상태와 생명 활동의 매끄러운 운영을 의미한다. 기쁨은 복잡한 혼돈 속에서 나오지 않기 때문이다. 단순하고 간소한 삶에서 기쁨이 나오고 지속된다. 이런 상태는 생존뿐만 아니라 행복한 상태로 생존하는 데도 도움을 준다. 기쁨이란 라틴어 레티시아(Laetitia), 즉 생물이 더욱 완벽한 상태로 변하는 과정과 관련된 단어다. 그래서 기쁨은 인간실존의 욕구가 채워졌을 때의 흐뭇하고 만족한 마음이요 느낌이다. 프로이트는 "기쁨을 선천적인 감정"의 하나로 보았다.

반면에 슬픔이란 신체의 기능적 불균형 상태와 관련돼 있다. 이 상태는 활동의 용이성이 감소한 상태다. 스피노자에게는 고통(라틴어 tristitia)이라는 슬픔은 생물이 덜 완벽한 상태로 전이되는 것이라고 했다. 활동의 힘과 자유가 감소한다는 의미다. 스피노자의 관점에서 볼 때 슬픔을 느끼는 것은 그 자신의 존재의식 즉 자신을 보호하고자 하는 마음이 약해지거나 없어지는 상태다. 일종의 고통, 질병의 징후, 생리적 부조화 징후 등이 나타나게 된다. 그렇게 되면 당연한 것이지만 삶의 의미가 없는, 허무한 인생을 살아가게 된다. 심하면 우울증을 앓게 되고 자살을 시도할 수 있다. (Attig, 1996).

그러나 현대사회에서 쉽게 볼 수 있는 인간의 '기본감정'(basic emotion)으로서의 분노, 슬픔, 혐오증을 부정 시 하지만, 적절한 상황에서는 이런 분노·공포·슬픔은 많은 순기능을 한다는 점이다.

이다음 장인 제5장 15항에서 강조하겠지만 슬픈 사람들이 오히려 다른 행복한 사람들보다 주위환경에 더 관심을 갖게 마련이다. 내가 슬프니 다른 사람들에 대해서도 연민의 정을 느끼게 마련이다. 슬픔과 애도를 통해 우리의 삶을 사유할 수 있음은 물론이다. 우리가 정신적 감정적으로 큰 혼란을 겪으며 존재의 생성과 존재의 균형을 이뤄 가는 것이다.

□ 슬픔의 정서적 층위

슬픔은 인간의 기본적인 감정이다. 여기서 기본감정은 7가지로 슬픔 · 행복 · 분노 · 불안 · 놀라움 · 공포 · 혐오감이다. 우리는 영화 주인공(캐릭터)에 대해 슬픔이나 동정심을 느끼거나 눈물 혹은 위협, 두려움 그리고 기쁨을 느낀다. 예술 작품에서 정서적으로 사랑 · 동정 아니면 불안 · 두려움 · 슬픔을 나타낸다. 이 같은 감정은 꼭 신념이 아니더라도 상대의 존재와 정당화를 위해 항상 자기 신념에 의존할 수밖에 없다. 두려움 슬픔 분노는 부정적인 감정이고 기쁨과 감동 공감은 긍정적인 감정이다. 이들은 모두 우리의 정서적 관계를 이룬다.

그 깊이에서 볼 때 슬픔은 정서와 관련돼 있다. 정서(emotion)에 대해서 다마지오(Damasio, 2003)는 배경 정서(background emotion), 일차적 정서(primary emotion), 사회적 정서(social emotion)의 세 층으로 나누었다. 그중 '배경 정서'는 사람이 처한 환경, 인간관계, 상대방의 영향을 매시간 조건 반응에 따라 조절 과정을 겪는다는 것. 두 번째 '일차적 정서'는 삶의 과정에서 늘 느끼는 두려움·분노·놀람·슬픔·행복감 등이다. 그리고 마지막 '사회적 정서'는 인간관계에서 나타내는 기본감정으로 조지 보나노와 모가롤리(Bonanno, Morgaroli, 2020)는 긍정적인 측면으로 행복과 관련해 기쁨, 사랑, 소망, 열정, 부러움, 긍지가 있고 부정적인 측면으로는 슬픔, 비애와 관련해 질투, 분노, 절망, 두려움, 수치 등이 있다고 했다. 동정·당혹감·수치·긍지·질투·부러움·감사·동경·경멸 등이다.

기본 감정의 구성

〈도표-1〉

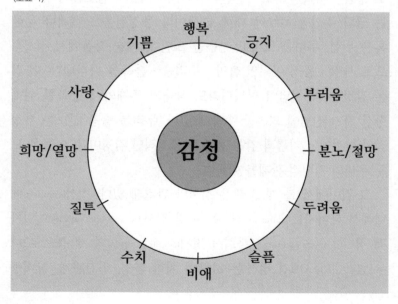

특히 이런 사회적 정서는 사회적 조절(social regulation)이라는 복잡한 문화적 메커니즘을 발전시킨다. 사회적 정서는 사람, 집단, 사물, 장소 등에 따라 나타나는 혐오증, 수치심, 질투, 양심, 죄책감, 그리고 자부심 혹은 긍정의 표현들이 포함된다. 사회적 정서는 정신 상태를 표현하는 것으로서 행복감과 슬픔을 인식하는 사회적 인지와 공감이 조절하게 된다. 이렇게 정서적 상태가 변하는 것은 정서를 유발하는 생각, 정서적 행동 느낌이라는 마음의 현상, 느낌과 일치하는 생각들이 겹겹이 포개져 일어나기 때문이다.

그 본질을 볼 때 이 땅에 흐르는 슬픔에 대하여 누구나 초연해질 수가 없다. 우리는 때때로 "모두 슬프다."라는 반응을 교환한다. 가까운 예로 2020년 11월 서울 동부구치소에서만 코로나 확진자가 1000명 이상이 발생했다. 코로나 확진 판정을 받고 "살려주세요."라는 작은 종이쪽지를 쇠창살 사이로 보여주며 절규하는 모습이 너무나 안타까웠다. 출소자들에 의하면 지옥 폭풍이 일어날 상황이라고 했다. 비극적 현장에서 문명국의 처참한 민낯을 보여주었다. 노인요양원, 구치소 등 집단 시설에서도 집단 확진, 집단 사망이 일어나고 있는 슬픈 현실을 목격한 것이다.

나는 어릴 때 같이 놀던 동무의 죽음을 옆에서 지켜보면서 타인의 고통을 감각적으로 느낀 적이 있다. 10살짜리 친구들과 냇가에서 물장구를 치며 헤엄치는 방법을 익혀갈 적에 나를 포함해서 5명의 동네 어린이들이 근처 저수지에서 헤엄을 치다가 갑자기 오빠와 여동생 남매가 한꺼번에 익사한 것이다. 무서운 나머지 동네로 뛰어와 그 사실을 알리니 친구 아버지와 어머니를 비롯해 동네 어른들이 동원돼 써레, 즉 모를 내기 전에 논바닥을 평평하게 고르는 농기구로 시신을 건져낸 광경을 잊을 수 없다. 자식을 잃은 부모는 거의 1년간 몸져누워 지내면서 동네 아이들을 보려고 하지도 않았다. 지금까지 친구의 죽음이 전이된 슬픔이 되어 내 머릿속에서 떠나지 않는다.

▲ 동부구치소 수용자들의 코로나 절규

고통으로 밤을 지새우는 사람들도 많다. 우리들 마음속에 말 못할 응어리를 안고 살아가는 사람들. 풀리지 않는 수수께끼에 괴로워한다. 심지어 삶은 여전히 혼란스럽고 자신이 어디로 가는 지조차 알지 못할 때가 있다. 그게 우리의 삶이고 구속이다. 사람은 현재의 사물의 이미지만큼이나 과거나 미래의 사물의 의미지를 통해 고통의 감정을 느낀다. 다마지오는 "행복, 슬픔, 부끄러움, 공감과 같은 좁은 의미의 정서는 뚜렷하게 구분되는 화학적 신경적 반응의 복합체"로 보았다.

이와 관련해 몇 가지 정서적 감정의 표현들이 갖는 의미를 찾아보자.

• 우리가 흔히 필링(feeling)이라고 부르는 '느낌'은 무엇인가? 그것은 균형과 조화 또는 불균형과 부조화의 심적 현시(manifestation)이다. 느낌은 바깥세상의 조화와 부조화를 나타내기보다는 우리 몸 깊은 곳의 조화와 부조화를 나타낸다. 이와 관련해 다마지오는 느낌에 대한 감정적인 느낌에 대해 이렇게 말한다. 즉 "느낌은 실제의 특정 상태에 대한 지각인 동시에 사고의 특정 방식, 그리고 특정 주제를 가진 생각에 대한 지각이다."

• 괴로움은 고통과 함께 도움을 요청하는 신호요 울부짖음으로 슬픔과는 의미가 좀 다르다. 괴로움은 두려움, 수치심, 분노 같은 일차적 감정에 의해 생겨난다. 이때 울음은 자기와 타인에게 어떤 행동을 취하게 만드는 동기 유발 신호라는 점에서 슬픔과

차이가 있다. 우리는 보통 느낌을 통해서 고통스러워하거나 기뻐한다. 고통에 대한 이해가 부족하다면 당면한 우리 삶의 문제를 풀어가고 해결하는 데 한계가 있다. 고통이 없다면 우리는 우리 자신과 다른 사람을 향한 사고와 행동의 변화를 가져올 수 없기 때문이다.

• 애착은 모자간, 자녀간, 형제간의 유대를 기본으로 하는 개념이고 특정 비극이나 불행에 대한 반응이다. 애착과 상실이라는 표현은 사별과 슬픔에 대해 많이 사용하는 단어이다. 개인 중심의 애착은 사람들과의 수많은 타인과의 관계로 확대된다. 이는 자기(자아)와 타인과의 통합을 통해 애착 손실이 치유된다. 특히 성인들의 애착 관계에서는 상대방에 대한 지원, 보호 및 보살핌을 주고받으면서 정서적 유대관계가 구축된다. 진화생물학적으로 생식은 물론 생존할 가능성을 높이는 계기가 된다.

• 상실의 정서도 비슷하다. 모든 사람은 자신의 삶에 어떤 시점에서 손실을 경험한다. 손실은 정신적 고통을 수반하는 것, 손실이 크다면 손실의 감정 또한 커지게 마련이다. 기회의 손실, 사소한 손실, 좌절, 실망, 분노의 감정을 겪는다. 이 중에서도 사랑하는 사람의 죽음은 큰 손실로써 강박감, 슬픔, 고통, 또는 정신적 마비를 가져올 수 있다. 전혀 평상시 울지 않던 사람도 작은 상실감에 울게 된다. 그러나 시간이 좀 지나면 정상으로 돌아오게 된

다. 예를 들어 조부모에게는 손자의 죽음이 아프고 슬픈 일이지만 곧 회복과정을 밟는다.

• 연민은 슬픔이 아니다. 연민은 슬픔이나 분노, 혐오감 없이 다른 사람의 고통에 반응하는 심장의 느낌이다. 가령 말기 암 환자들의 슬픔을 이해할 수 있을까? 암 환자들은 슬픔의 몸이다. 병에 저항하는 슬픔이 병실을 채운다. 시한부 생명 속에서 죽음을 받아들이는 슬픔, 마지막 죽어감을 표현하는 한숨과 눈물이다. 힘들게 마차나 쟁기를 끌고 있는 소를 보면 연민을 느낀다. "참 고맙다, 힘들구나" 고초를 겪고 있는 인고의 상징이다.

• 열정은 무엇에 대한 강렬한 욕망이나 신념이다. 데카르트는 열정과 정신병리 사이의 관계를 말한다. 열정은 신체적 반응으로 영혼이 경험하는 민감한 움직임이라고 했다. 열정이란 화산에서 솟구치는 용암 같은 강한 의지이다. 먹잇감을 찾는 사자와 같은 용기다. 열정을 즐길 수 있는 활동의 양으로 측정하기보다는 즐거운 행동에 참여한 것으로 측정할 때 높이 나타날 것이다. 열정은 어쩌면 영감에서 오는 힘이다.

• 공감은 남의 감정을 내 감정처럼 느끼는 정서적 공감, 상대에게 필요한 것이 무엇인지 가늠하는 능력과 관련된 정서요 관심이다. 생물학적으로 우리의 뇌 속에는 누군가의 고통이나 슬픔에

무의식적으로 공감하는 거울 뉴런이 활동하고 있다. 다른 사람이 비참하게 당하는 사고 모습을 목격했을 때 느끼는 동정은 자신의 개인적인 손실로 인해 상기되는 슬픔과 마찬가지로 느끼는데 그것은 뇌의 전두엽(frontal lobe) 복내측(ventromedial), 전전두엽피질(prefrontal cortex)에서 감지된다. 반대로 슬퍼하지 않는 사람은 인간적인 삶의 현실을 전혀 의식하지 못하고 뭔가를 가슴으로 느끼는 경우가 별로 없다는 것이다. (베르줄리. 2007).

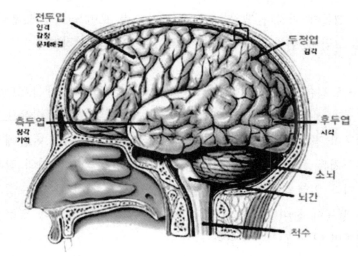

▲ 뇌의 구조와 각부 명칭

이상의 요소들은 우리가 왜 슬픔을 느끼는가와 관련된 용어들이다. 슬픔은 아프고 고통스럽기 때문에 종종 부정적인 감정으로 간주된다. 사랑하는 사람에 대한 상실, 기회의 상실, 질병에 직면한 슬픔에 대해 "우리는 아프고 슬프다."라고 한다. 이런 감정은 우리가 세상과 소통하는 방식 중에 하나로써 우리가 말로 통제할 수 없는 상태, 상황의 심각함, 질병 고통 죽음이든 간에 늘 우리 삶 속에 존재한다. 남을 위해 눈물을 흘리는 것은 지상에서 아름답고 힘 있는 감정이다.

□ 슬픔과 우울증의 관계

슬픔과 우울증, 멜랑콜리의 관계는 어떤가?

슬픔은 우울증, 멜랑콜리(울적함, 구슬픈)를 포함한 정신장애의 전 단계로서 낮은 기분이지만 정상적인 감정이다. 반면에 우울증은 나쁜 슬픔으로 정상적인 감정은 아니다. 슬픔은 우울증으로 변할 수 있다는 사실에서 정신병리 현상으로 취급되기도 한다. 정상적인 감정으로서의 슬픔과 병리적 우울증과는 질적으로 다른 것이다. (Walport, 1999, p72).

우울증은 기쁨의 감소 내지 에너지가 소진되는 질병이다. 인간이 겪어야 하는 순간들의 드라마다. 병든 환자처럼 되기 싫다. 중세시대 이슬람의 철학자이면서 의사였던 알라 이분 신아(Allah Ibn Sina)는 우울증을 심리적 질병으로 풀이했다. 세계 보건기구(WHO)에서는 전 세계적으로 우울증이 장애의 주요 원인이며 2030년까지 모든 질병에 가장 큰 영향을 미칠 것이라고 내다봤다.

분명히 슬픔과 애도는 우울함과 관련돼 있지만 우리는 슬픔과 우울증을 자주 혼돈한다. 데카르트는 우울함을 몸 감각의 전체로서 열정의 부재로 인한 '영혼의 아픔'이라고 간주했다. 우울증과 달리 슬픔은 삶의 자연스러운 부분이며 고통 상실의 특정 경험으로 우리 삶을 소중하게 만드는 기쁨의 순간과 관련돼 있다. 슬픔은 곧 회복될 수 있을 뿐만 아니라 자신의 삶의 의미를 깨닫게 하는 감정이다. 미국 심리학자 로버트 파이어스톤(Robert Firestone, 2016)은 슬픔이 내면에 있어서 가장 인간적인 감정 표현으로 이런 슬픔을 느낄 때 자기 스스로 중심을 잡는다고 했다.

▲ 로버트 파이어스톤 박사

반면에 우울증은 명확하고 이유 없이 발생하거나 고통스러운 사건에 대한 비적응의 반응으로 인해 일어난다. 독일인들은 우울을 '세월병'이라고 한다. 우리는 우울한 상태에 빠질 때 중증감정에 무감각해지거나 죽어가는 느낌을 받는 스스로의 수치심 자기 혐오감을 가져오는 원인이 된다. 슬픔은 삶에 대한 회의감에 빠지게 된다. 감정으로서의 슬픔이 확대되어 "아 슬프다. 마음에 구멍이 났다."라고 느낀다. 히포크라테스(Hippocrates)는 슬픔을 우울함(melancholy)과 같은 복잡한 관계를 가지고 있다고 했다.

그렇다면 우리는 슬픔과 애도, 우울장애 관계를 어떻게 이해해야 할까?

라깡과 프로이트는 슬픔과 애도를 단순하게 표현할 수 없지만 각별한 존재를 잃어버림으로써 발생하는 감정이라면 심각한 우울장애는 사랑받지 못하는 자아에 대한 아픈 감정이라고 했다. 애도는 누군가를 잃고 우울하다는 것으로 자기 자신을 사랑할 수 있도록 해주거나 혹은 그럴 가능성을 보여주었던 존재를 잃게 됨으로써 자기 자신을 잃은 상태이다. 최근에는 애도와 멜랑콜리를 함께 반복적으로 표현하고 있는데 애도는 상실의 대상을 정확히 알고 그것을 지우려고 애쓰는 행위라고 한다면, 즉 누군가를 잃으면 세상이 초라하고 공허하게 느껴지는 상태이다. (Thierry, 2009).

그러나 멜랑콜리는 상실의 대상이 확실하지 않고 막연하게 세상에 대한 분노 불안을 표출하는 개념이다. 하지만 우울증 환자는 사라져 버린 자아에 대한 애도에서 벗어나지 못하고 그 자아를 일상으로 시들어가도록 내버려 두는 점이 다르다. (시프테, 2010) 애도하는 자는 다른 사람을 사랑하거나 고인의 부재를 보상할 만큼 흥미로운 대상들을 찾음으로써 우울에서 극복되고 세상 속에 다시 편입할 수 있다. 시간의 강물이 당신을 인도할 것이다.

그렇다면 당신은 이런 슬픈 경험을 어떻게 받아들이고 있는 가?

당신도 며칠 또는 몇 개월간 비통에 젖어 있거나 잠을 이루지 못하고 밥맛도 잃었던 적이 있었을 것이다. 혓바늘이 입속을 헤집고 다니는 고통도 경험하였을 것이다. 사실 슬픔이 많은 사람들은 정신적으로 불안정한 상태에 빠지기 쉽다. 이때 이런 경험이 정상적인 슬픔인가 아니면 우울증인지 구별해 대처해야 한다. 임상 의학자들은 슬픔과 우울증의 관계는 어떻게 구분해서 치유해야 할지 당황스럽다고 한다. 하지만 일반적으로 슬픔과 우울증의 경계가 매우 혼란스럽고 애매하다. 의학계에서는 이를 구분해서 대처하고 있는데 통상적으로 사별 후의 정상적인 슬픔은 2~3주 아니면 1~2월 지난 후에는 정상적인 생활로 돌아온다고 한다. 그렇지만 우울증의 경우는 3~4개월 이상 지속되는 경우도 많다.

〈도표-2〉 **슬픔과 우울증 비교**

슬픔(Sadness sorrow)	우울증(Depression)
• 인간의 기본감정이다(정상적 몸의 반응)	• 의료 차원의 정신질환이다
• 존재론적으로 슬픔을 피할 수 없다	• 의료 차원의 정신질환이다
• 일시적/반복적이다	• 절망감, 상실감 등 부정적 감정이다
• 생활환경에 따라 변한다	• 기간이 길고 지속적이다
• 스스로 극복할 수 있다	• 전문가의 도움이 필요하다
※ 당신은 정상적인 사람이다	※ 당신은 심신 장애를 겪고 있다

문제는 우리가 생활하면서 3가지 정신적 혼란을 겪는데 그것은 슬픔과 우울증 그리고 마음의 상처가 빚는 문제이다. 우선 슬픔은 우울증과는 다른 상태로서 고유한 정서적 상태다. 비슷하지만 비통은 순순히 받아들이기 어려운 나머지 '아니야, 그럴 수 없어." 하며 소리를 지르는 순간이다. 우울증에는 슬픔보다 많이 복잡하고 다양한 행동과 사고 감정이 포함되어 있다. 정상적인 슬픔일지라도 이것이 계속되면 우울장애 - 절망의 단계로 확대될 수 있다. 절망단계는 일상적 활동의 감소, 정서적 회피로 이어진다. 만성 슬픔은 자주 우울장애를 일으키고 큰 병으로 돌아갈 수 있다. (Horwitz, Wakefield, 2007).

어쩌면 울지 못하기 때문에 끔찍한 우울증 두통이 올 수 있다. 우울증이 심할 경우 체중감소, 은둔생활, 의기소침, 고통의 슬픔이 내면세계로 침잠하는 상태가 된다. 특히 비관적으로 세상을 보거나 삶의 의미를 잃을 때는 '정신병적 우울증'(Psychotic depression)에 빠지게 된다. 끝으로 마음의 상처는 슬픔의 영역에 속하지만 슬픔과는 똑같지는 않다. 이를테면 거절당하거나 무시당하는 느낌, 인정받지 못하는 소외감, 자신의 가치를 인정받지 못하는 것과 관련된 정서 상태다. 상처는 상처를 안겨준 상대방에게 물러서거나 아니면 상대를 공격하는 행위로 나타날 수 있다.

이러한 상태를 치유하는 데는 우선 장기간의 요양이 필요한가? 아니면 상담을 통해 빠르게 치유될 수 있을까 하는 문제를 고려하게 된다. 특히 긍정적인 사람과 부정적인 성격을 가지고 있느냐에 따라 치유 기간이 달라질 수 있다. 슬픔에 대한 구체적인 치유의 시간표는 없다. 100% 치유는 기대할 수 없다. 우울증 환자를 대할 때 "괜찮아, 잘될 거야." 하는 식의 섣부른 긍정적인 위로는 큰 힘이 되지 못한다. 대개 슬픔을 올바르게 겪고 나야 마음의 상처를 받아들이고 적응할 수 있기 때문이다. 다만 스트레스를 해소하려면 막말로 한껏 '울어라' 하는 것도 치유방식이다. 기쁘면 웃게 되고, 웃으면 스트레스를 줄이게 되어 결국 우리 몸의 독소를 제거할 수 있기 때문이다. (Frey, 1985).

지금까지 살펴보았듯이 지금에 느끼는 고통과 슬픔은 모두 자신의 선택과 관련된 것이다. 선택의 여지가 좁은 것은 아니라 자신의 감정조절 능력에 따라 치유방식은 넓다. 선택의 폭이 넓어서 더 어려울 수도 있지만 내가 선택한 나의 믿음, 나의 신념에 따라 실존의 고통이 될 수 있고 위로가 될 수 있다. 슬픔을 어떻게 받아들이냐에 따라 혼란과 불행을 가져올 수 있는 배경이 된다. 《눈물의 역사》를 쓴 프랑스 역사학자 안 뱅상 뷔포(Vincent-Buffault, 2000)는 "눈물 자체가 복합적인 정신작용의 산물이며 사회적 커뮤니케이션"이라고 했다. 따라서 슬픔의 잠재적인 이점을 확신하고 정상적인 삶으로 풀어가는 과정이기에 가능한 심리적 안녕감에 도달하도록 하는 노력이 필요하다.

제2장

슬픔의 유형과
사회적 재생산구조

2-1. 슬픔은 어떤 모양으로 오는가?

우리들은 웃으면서 얘기를 나눠도 눈물이 날 때가 있다. 신이 버린 듯한 처절한 아픔을 겪는 사람을 보면 당사자는 물론 보는 사람들의 가슴도 아프고 슬프다. 우리 주변에서 보면 일상생활에 지친 나머지 불안하고 우울하게 보내는 사람들이 너무나 많지 않은가. 사실 우리나라는 한(恨)이 많은 나라다. 우리의 삶은 순조롭게 살다가도 갑자기 닥쳐오는 환란과 불균형, 슬픔과 분노의 사건을 만날 수 있다. 슬픔은 이성이 아닌 다양한 감정의 산물로 나타나면서 슬픔은 늘 우리 생활 속에 있다.

슬픔이 닥칠 때마다 우리는 "무엇을 위한 슬픔이며, 누구를 위한 슬픔인가?" 하고 따져 보기도 하지만 사실 슬픔을 논리적으로 이해하기는 정말 어렵다. 복잡한, 실망스러운 기분이어서 더욱 그렇다. 우리는 삶의 진실 앞에서 눈물을 흘리기도 하고 묻어두었던 슬픔이 불쑥 또다시 우리를 눈물 나게 하지 않던가. 슬픔에서 벗어나 기뻐할 때는 눈빛이 아름다운 에너지로 변하고, 잊지 못할 사랑을 할 때 혹은 상처받는 이별의 쓸쓸한 경험 앞에서 우리는 누구나 한 번쯤은 눈물을 흘렸을 것이다. 분명한 것은 덴마크 사회학자 미켈 야콥슨(Jacobsen Michael, 2019)이 지적하였듯이 후기 근대사회에서 실존적 존재로서 죽음과 슬픔은 사회적 감정(social emotion)으로 일종의 사회병리 현상으로 취급된다. 또 계절에 따라 환경에 따라 슬픔과 우울증도 달라지게 마련이다.

□ 다양한 슬픔: 나의 슬픔 들여다보기

그렇다면 슬픔에는 어떤 유형이 있는가?

유대교의 '경건자'를 뜻하는 하시딕 스승(Hassidic master)은 슬픔을 정상적 슬픔과 비정상적 슬픔으로 구분했다. 전자는 슬픔을 경험하는 대부분의 사람에게 나타나는 것이고, 후자는 손실을 경험한 3~25%의 사람에게서 많이 나타나는 경우이다. 또 랍비 레위 이차크(Levi Yitzchak of Berditchev, 1740~1810)는 나쁜 슬픔과 정직한 슬픔으로 나눴다. 그리고 강렬한 슬픔인 병적인 슬픔과 보통 슬픔으로 나누기도 한다.

그런가 하면 슬픔을 1차적 슬픔과 2차적 슬픔으로 나누기도 한다.

우선 1차적 슬픔은 괴로움을 줄이기 위해 타인의 위로와 구원을 얻는 슬픔이다. 상실감으로부터 회복되기 위해 자기 안으로 움츠러드는 상태, 즉 이때의 슬픔은 몸을 지치게 하고 머리와 눈이 피로하고 목소리가 약해지는 상태다. 내면에 커다란 공허감 속에 삶에 대한 허무함, 불안에 자기를 내던져 버리는 상태이다. 그러나 이러한 1차적 슬픔은 울다가 곧 해소되는 슬픔이요 적응적 슬픔이다. 적응적 슬픔은 슬픔의 감정을 거친 후 회복되는 상태로 진행되는 것이 보통이다.

반면에 2차적 슬픔은 상실이나 사별을 예측하면서 2차적인 인지적-정서적 과정으로 눈물이 생겨나는 경우다. 일종의 부적응적 슬픔으로써 슬픔 이면에는 뭔가 해결되지 못한 분노와 죄책감을 표현하며 자기감정을 포기하는 상태다. 이런 2차적인 반응은 세상에서 소외된 감정을 느끼다가 우울증을 동반하는 경우도 많아서 의학적 치유의 대상이 된다. 슬픔의 항상성(Homeostasois)이 나타나는 현상으로서 울어도 해소되지 않는 슬픔이다. 이미 엎질러진 물인데 슬퍼한들 무슨 소용이 있나 하면서 스스로 상처를 이기지 못하고 체념하는 상태라고 할까. 고통이 계속된다는 뜻에서 신경생물학 영역, 특히 정신장애로 이행되는 경우가 많다고 한다.

이렇게 슬픔은 인간의 취약한 감정의 다름 아니다. 우리가 겪는 슬픔은 손실과 실패, 사별, 질병의 유형에 따라서, 그리고 갑자기 혹은 느리게 오는 경우가 있는가 하면, 슬픔은 특유의 문화사회적 상황에 따라 다양하게 나타나게 된다. 또 슬픔은 천 가지가 넘는 다양한 형태로 나타나게 되는데 이때는 크게 두 가지 타입으로 나눠볼 수 있다. 하나는 여럿이서 울며 슬퍼하는 것이고, 또 하나는 혼자 남모르게 슬퍼하는 경우이다. 전자는 세월호사건, 천안함격침사, 이태원 참사 건으로 인한 슬픔은 전 사회적인 슬픔이고 후자의 경우는 사랑하는 사람과 이별 혹은 사별했을 때의 개인적 슬픔이다.

이와 관련해 인간이 겪는 슬픔의 종류에는 7가지로 나눠 볼 수 있다.

• 정상적 슬픔(normal sorrow)

슬픔과 상실감은 한평생 만나는 일상적 감정이요 정상적 슬픔이다. 나를 둘러싸고 있는 일상적 관계 속에서 일어나는 슬픔이다. 실패에 따른 슬픔, 상실에 대한 고통, 어떤 목표를 달성하지 못했을 때 오는 일상적 슬픔들이 이에 속한다. 흔히 겪는 나그네 설움, 며느리 설움, 모정의 아픔 혹은 소중한 것을 상실하거나 신뢰할 수 없을 때 느끼는 슬픔 같은 것이다. 이런 슬픔은 영혼의 깊은 곳을 낱낱이 깨닫게 하는 징후라고 볼 수 있다. (베르줄리, 2017) 문제는 정상적인 슬픔을 겪는 사람들 중에서도 15~20%는 매우 강렬한 비통함을 느낀다는 사실이다.

• 예측 가능한 슬픔(anticipatory grief)

손실 이전에 발생하는 감정적 반응이다. 예를 들어 사랑하는 사람이 치명적인 병이 들었을 때, 병원으로부터 사망진단을 받았을 때 등의 죽음을 예상할 때 느끼는 슬픔이다. (Cheng, et al, 2010) 특히 예측 가능한 슬픔은 동양종교에서 발견되는 개념으로 이해할 수 있는데 예를 들면 불교의 12연기(緣起, Dependent origination)에서 말하는 괴로움과 고통을 뜻하는 '듀카'(Dukha: 고苦)와, 채워지지 않는 갈망의 '탄하'(Tanha: 욕慾)가 불교에서 말하는 불행의 두 가지 뿌리다. 전자는 피할 수 없는 불행한 상태로서 늙음과 죽음을 피할 수 없는 고통이다. 반면에 후자는 감각적 쾌락의 추구, 존재에 대한 갈망이다. 무언가 갈망에 따른 집착이 생기는 경우다. 인간의 고통은 영원히 극복할 수 없는 슬픔들과 관련돼 있다.

• 예상치 못한 갑작스런 슬픔(unexpected loss, sudden grief)

갑자기 오는 심장마비, 교통사고, 기타 예기치 않게 당하는 사건 사고를 만났을 때의 슬픔이다. 어떤 경고도 없이 갑자기 들이닥치는 자연재해, 비행기 사고로 인한 갑작스런 슬픔이다. 기근, 유행병, 전쟁으로 인한 죽음도 마찬가지다. 그런 점에서 예기치 않았던 사고로 인한 슬픔은 언제 어디에서 나타날지 모르는 공포의 대상이다.

• 모호한 슬픔(ambiguous grief)

어떤 사건이 일어나 생사를 모를 때, 즉 사랑하는 사람의 소식이 끊어졌을 때, 아이를 길거리에서 잃었을 때, 안절부절못하며 슬픔을 느끼는 경우다. 애매한 손실이나 태아 유산, 애완동물의 손실, 질병이 있는 사람들의 슬픔이다. 또는 슬퍼서 기쁘다, 혹은 슬퍼야 기쁘다, 아니면 슬퍼 봐야 기쁨을 알 수 있다는 말들처럼 혼란스러운 느낌이다. 밥값도 제대로 못하고 허송세월을 하는 사람들의 슬픔도 이와 비슷하다.

• 박탈된 슬픔 혹은 권리를 빼앗긴 슬픔(disenfranchised grief)
예를 들어 AIDS, 낙태, 자살, 약물 과다 복용, 동성애, 파트너의 죽음과 같이 슬픔을 당한 이의 손실을 공개적으로 표현할 수 없거나 사회적으로 받아들여질 수 없는 죽음이 이에 속한다. 박탈된 슬픔은 기본적 권리, 실례를 들면 나라를 잃은 백성들의 슬픔, 노예로 살아가는 사람들의 슬픔이다. 너무 힘들고 슬프지만 이를 인정받지 못하는, 어디 가서 마음 놓고 말할 수 없는 숨겨진 슬픔이다. 정상적인 슬픔과 비교되는 개념으로써 사회적으로 인정되지 않는 슬픔이 이에 속한다. 삶의 권리를 빼앗긴 사람들은 대개 숨어서 마음껏 슬퍼하는 모습을 보인다.

• 만성적 슬픔(chronic grief)
슬픔을 극복할 수 있는 시간이 경과 했음에도 불구하고 정상적인 삶으로 돌아가지 못하는 상태이다. 삶의 동기, 의욕 상실은 물론 즐거움의 상실, 자신의 존재가치를 느끼지 못할 때 만성적 슬픔이 나타난다. 만성적인 피로감, 화병 등이 계속될 시 우울증이 생겨나고 만성적 슬픔이 되어 일종의 질병이 된다. 예를 들어 심한 장애를 가진 자식을 둔 어머니의 고통은 한평생 만성적 슬픔의 원인이 된다. 주위 사람들이 "빨리 슬픔에서 벗어나야지." 하며 위로의 말을 하지만 슬픔을 가슴에 안고 살아가는 경우이다.

- **지연된 슬픔**(Delayed grief)

자신의 슬픈 감정을 숨기고 애도 표출을 당장 못하는 상태다. 슬픔의 지연은 언젠가는 슬픔을 터뜨리는 상태로 돌아간다는 의미를 뜻한다. 박탈된 슬픔으로써 몇 주 몇 달 몇 년 동안 슬픔이 지연되면서 속으로 고통을 느낀다. 특히 사회를 지배하는 시대정신 혹은 사회적 진영논리 혹은 이념분쟁으로 인해 개인생활 내지 개별성이 억압당할 때 슬픔이 지연되는 경우에 발생한다. 그렇게 되면 사람들은 '자기만의 방'을 구성하며 자기의 존재감과 슬픔을 숨기고 살아가는 모습을 띤다. 이런 지연된 슬픔에 대해 "울고 싶을 때 울도록" 하는 정상적 애도 과정을 거치도록 돕는 것이 주위 사람들의 몫이다.

- **복합적인 슬픔**(Complicated grief)

복잡한 슬픔은 해결되지 않은 슬픔 또는 지연된 슬픔 등을 한꺼번에 겪는 경우이다. 지속적이고 높은 애도의 감정을 나타내는 무질서한 슬픔(disorderal sadness)으로서 단기간에 걸쳐 나타나는 증상은 보통 15%에 해당하는데 이들은 ①강렬한 슬픔과 정서적 충격, ②공허감과 절망, ③고인을 그리워하는 열망, ④잃어버린 사랑의 허무감, ⑤정체성 혼란, ⑥가족과 사회로부터 의도적 격리, ⑦새 삶을 살아보려는 욕망의 부족 등이다. 심할 경우 손실, 불신감, 원한 같은 감정이 확대되면서 신체적으로는 체중감소, 극심한 피로감, 구토 불면증을 동반한다고 한다.

이상에서 다양한 슬픔의 예를 들었지만 슬픔은 종종 파도처럼 강렬하게, 빈번하게, 지속적으로 일어나지만 대개 시간이 지나면서 자연스럽게 일상화된다.

〈도표-3〉 　　　　**슬픔의 궤적**

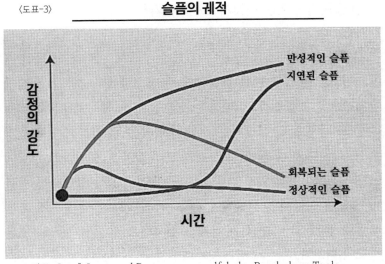

※ 자료: Grief, Loss, and Bereavement self-help, Psychology Tools, psychologytool. com.

이렇게 구분이 어떠하든 간에, 슬픔은 각자의 정신적 정서적 신체적 사회적 반응 등으로 인해 다양하게 나타난다. 슬픔은 정서적 깊이, 감정의 폭, 가정생활 능력에 따라 요동칠 것이다. 이러한 슬픔은 복잡한 감정이고 부정적인 표현으로 생각되지만 그러나 슬픔은 치유와 손실에서 회복을 향한 여정이다. 슬픔은 인간의 저항이고 감정의 정점이다. 그런 점에서 주위 사람들은 슬픔을 겪고 가족들에 대해 자유롭고 공개적으로 자신의 감정을 표현하도록 돕는 일이 중요하다.

□ 슬픔의 언어는 어떻게 표현되는가?

우리가 느끼는 슬픔을 말로 표현하는 것이 어렵다. 솔직히 곤혹스럽다. 그럼에도 비탄 상실감에 빠진 사람들은 슬픔을 어떻게 구체적으로 표현할까? 어떠하든 슬픔을 표현하는 반응은 물리적 손실, 실례를 들면 사랑하는 사람의 죽음 또는 상징적 및 사회적 손실, 즉 이혼이나 실직 같은 것에 따라 오는 반응이라는 사실에서 그 슬픔의 표현 역시 다양하다. 슬픔에도 그를 표현하는 반응이 있는데 이를테면 자율반응(autonomic responses)에서 슬프게 우는 사람과 울지 않는 슬픔 사이에는 신체적으로 심장박동수, 호흡 정도가 다르다. (Rottenberg, et al, 2003).

슬픔의 언어로 신경생리학적인 금단증, 까무러침, 외침 같은 특정 행동이나, 눈을 감거나 입술을 씰룩거리거나 눈썹을 기울이는 등의 얼굴 표정이나, 불규칙한 심장박동이나 수면장애 같은 생리 변화, 그리고 낮은 목소리, 외로움, 고통, 고민, 불안, 비참함, 분리감, 수면장애, 식욕부진, 우울증, 고뇌를 동반하는 심리적 고통이 따른다.

다시 말해 슬픔의 눈물은 심장박동의 증가, 피부와 얼굴에 경련이 일어나게 된다. 슬픔은 눈살을 찡그리고, 목 놓아서 울고, 헐떡이고, 소리를 지르기도 한다. 이러한 슬픔의 다양한 표현을 찰스 다윈은 '슬픔의 근육'(grief muscles)이라고 했다. 아울러 슬픔은 주관적인 경험으로 뇌 네트워크 활동에 의존하는 복잡한 생물학적 형태이다. 쾌적하거나 불쾌할 때 느끼는 것이 신경생물학적 상태라는 것이다. 슬픔의 표현은 자기가 처한 현실에 의해 영향을 받을 뿐만 아니라 슬픔의 표현이 다른 사람의 자기에 대한 태도 여하에 따라 민감한 반응을 나타내고 상호작용 정도에 따라 다르게 나타난다.

또 슬픔의 표현은 개인적 사생활 조절에 영향을 받는다. 슬픔과 관련해 고함지르듯이 실컷 울고 끝내는 사람이 있는가 하면, 일정 기간 슬픔이 지속되는 사람도 있다. 또는 슬픔을 참고 가슴 깊이 새기며 오래 곱씹는 경우도 있다. 알 수 없는 슬픔의 형태가 우리 삶 속에 녹아있지만 모든 사람이 같은 방식으로 슬퍼하지 않는다.

예를 들어 일본인들은 미국인들보다 사회적 조건에 더 큰 영향을 받는다. 그리고 서양인들은 슬픔의 표정이 입가에, 동양인들은 눈가에 초점을 유지한다고 한다. 동아시아 사람들은 낮은 감정상태, 실례로 고요함, 조용함을 보이고 사회적으로 수치심을 느끼는 반면, 서양인들은 흥분과 고통을 있는 그대로 보여준다. 결국 슬픔의 실체는 생명체의 실제 상태를 나타내는 것으로 볼 수 있는데 그 슬픔을 나타내는 형태는 앞에서 열거한 슬픔의 종류와 비슷하지만 다음과 같은 특징을 보인다.

• **직감적으로 슬퍼하는 사람들**(Intuitive grievers)이 있다.

대개 슬픔을 격렬하게 나타내는 경우로서 남을 의식하지 않고 소리 내어서 울음으로써 자신의 슬픔을 마음껏 표현하는 경우다. 직감적 슬픔은 주로 여성들이 슬퍼하는 스타일로써 짧게 크게 소리 높여 우는 것이 보통이다. 이런 사람들의 특징은 대개 △공개적으로 자신의 슬픔을 적극적으로 표현한다. △깊은 고뇌 속에 눈물을 한없이 흘린다. △다른 사람의 지원을 수치스럽게 생각하지 않는다. △자기 고통을 경험하며 시간을 관리해 나간다. △슬픈 감정의 지속기간이 그렇게 길지 않다.

• **도구적으로 슬픔을 표현하는 사람들**(Instrumental grievers)이 있다.

타인의 관심을 얻고자 할 때 혹은 자기 책임을 다하지 못한 데 대한 변명으로 눈물을 흘리는 경우다. 자신이 무력하고 남에게 의지하고 싶을 때 나타난다. 자신을 바라보는 타인의 시선을 의식하며 그 어떤 가책도 느끼지 않는 태도를 보인다. (Doughty, 2009) 남을 속이는 악어의 눈물이라는 비판도 받을 수 있고 연출된 슬픔으로 보일 수 있다. 이런 사람들은 일반적으로 △현실에 대처하기 위해 슬픈 감정을 나타낸다. △슬픔의 표현이 적극적이고 반복적이다. △슬픔을 표시하면서도 자신의 감정을 가능한 숨기려 한다. △슬픔과 분노를 비교적 잘 관리하며 적응하는 사람이다.

• **불규칙한 슬픔**(Dissonant griever)**이 있다.**
슬픔과 울음의 강도가 높고 낮아지거나 아니면 침묵하다가 울기도 하는 현상을 자주 반복한다. 특히 불안정한 심리는 불규칙한 슬픔으로 나타나게 된다. 정신적인 아픔일지라도 모든 신체에 영향을 미치어 불규칙한 생활, 아니면 무력증에 빠지면서 심각한 우울증을 겪기도 한다. 이런 사람들의 특징은 △슬픔의 상태가 혼란스럽고 심리적 상태가 불안하다. △자신의 감정을 표현하지 못하거나 죄책감과 수치심을 느낀다. △무엇인가 갈 길을 잡지 못하고 정신적 자아를 잃은 상태다. △나만이 홀로 남았다는 고독감과 외로움을 많이 느끼는 경우이다.

• **복잡하게 슬픔을 표현하는 사람들**(Complicated griever)**이 있다.**
사별, 낙태 등 상실감에 빠진 나머지 공허감, 정서적 혼란은 물론 외부요인들에 의해 불규칙하게 반응하는 기쁨 슬픔 욕망이 복잡하게 작용하는 상태다. 사별과 손실로 인해 참을 수 없는 슬픔, 신체적 마비, 분노의 과정을 거쳐 죄의식까지 느끼며 수개월간 슬픔이 지속되는 경우다. 정상적인 생활을 할 수 없는 상태의 무력감 속에 사회활동을 할 수 없거나 경우에 따라 자살하는 경우도 있다. (Strada, 2011) 그래서 누군가의 도움이 필요한 상태로서 이런 사람들은 △손실에 대한 과도한 아픔을 표시한다. △강렬한 갈망과 욕망을 드러낸다. △산만하거나 괴로운 감정이 쌓이면서 우울증을 겪는다. △가족 및 친구들과 격리된 고립상태에 있다. △인생의 무의미함, 과민성 불안감 속에서 하루하루 어렵게 보낸다.

• 단기적으로 슬퍼하는 사람들(Abbreviated griever)이 있다.

슬픔의 기간이 짧다는 의미가 있지만 슬픔, 애도가 가볍다는 뜻은 아니다. 사별의 고통, 상실 감정들을 빨리 극복하고 다른 길을 찾아가는 사람들이 이에 속한다. 예를 들어 재혼을 하거나 특별한 취미를 찾아 즐기며 과거를 잊어버리는 스타일이다. 흔히 하루에 단 15분을 울고 다른 일에 몰입하는 사람들이다. 이런 사람들은 △스포츠, 음식 만들기, 친구 만나기 등을 통해 건강한 방법으로 슬픔을 극복한다. △슬픔이 비교적 빨리 끝나면서 다른 데로 관심을 돌린다. △재혼이나 여행 등의 상황 변화에 따라 슬픔이 치유되는 상태를 보이는 사람들이다.

- 억제하는 슬픔(Inhibited grief)이 있다.

단적으로 사회적, 관습적, 이념적 조건으로 슬픔을 참고 지내는 사람들이다. 슬픔을 가슴속에 묻어두고 살아가는 형태로서 손실로 인한 죽음, 그 외 다른 부정적인 감정이 존재할 때에 많이 나타난다. 문화적 습관에 따라 다르겠지만 예를 들어 많이 울면 망자가 좋은 곳으로 떠나지 못한다는 말이 있듯이 울음을 참는 경우도 있다. 그러나 손실의 슬픔이 해결되지 않은 상태에서 슬픔이 억제되면 두통, 복통, 원인불명의 질병에 시달릴 수 있다. 베르나르 베르베르(Bernard Werber, 2011)가 펴낸 《상상력 사전》에서 보면 애도가 제대로 이루어지지 않으면 마치 잡초의 뿌리를 제대로 뽑아내지 못한 것처럼 사건의 후유증이 다시 나타난다고 했다.

- 아름다운 슬픔(beautiful sorrow)이 있다.

역경을 딛고 일어섰을 때, 나 자신의 존재감을 느낄 때, 허물을 모두 용서받을 때, 잃었던 가족을 다시 만났을 때, 영혼의 치유감정을 느낄 때, 감동적인 영화 예술을 만났을 때 느끼는 슬픔이요 눈물이다. 부모가 첫 아이를 낳고 기뻐 울고 좋아서 웃는 것도 같은 맥락이다. 푸른 골프장에서 샷을 날리며 승리한 낭자들의 아름다운 눈물이 이에 속한다. 슬픔이 장미꽃이 되어 머리에 쌓이는 감정 같은 행복감의 눈물이다. 소년은 날개를 달고 사랑에 빠지며 눈물 흘리는 모습은 참으로 순진한 것이다.

이상에서 인간은 애도하는 동물이라는 사실을 찾아볼 수 있는데 나는 이렇게 요약하겠다.

슬픔이 우리들로 하여금 현재의 삶을 되돌아보게 하고 자신의 내면에 집중할 수 있게 해준다고 믿는다. 진정한 해법은 아니지만 울 수만 있다면 심리적 상처의 치유가 가능하다. 소중하게 여기던 것에 대한 상실을 인정해야만 비로소 다시 자유롭고 장애 없이 살아갈 수 있다. 슬픔, 실망, 고통, 외로움 그리고 자부심은 자신의 마음 여하에 따라 복이 되고 불행이 될 수 있다. 다만 상처 입은 마음은 나무가 꽃이 피고 과일을 맺듯이 충분한 시간이 필요한 것이다. 우리는 언제나 시간과 관계된 존재들이다. 기도하거나 기획해서는 결코 안 될 일이지만 슬픔은 무언가 다른 것을 얻을 수 있는 기회를 열어준다. 그것이 우리 사회를 대상으로 하는 것이냐, 아니면 개인적 삶을 대상으로 하는 것이냐와는 전혀 별개의 문제이다. 그렇지만 우리는 눈물을 흘려야 할 때 바로 울어야 한다. 눈물 없이 우리는 성장할 수 없고 진화할 수 없기 때문이다.

□ 슬픈 경험에 대한 차이

우리의 삶은 모순으로 가득하다. 우리는 나이를 먹으면서도 모순적인 삶을 살아간다. 슬픔과 기쁨은 모순적이다. 음과 양은 대립(代立) 형상인 듯 하지만 음과 양은 같이 조응하며 굴러간다. 우리의 의지에 의해 슬픔과 행복의 관계가 반복된다. 슬픔이 처음에는 파도처럼 요동치지만 시간이 지남에 따라 자연스럽게 일상화된다. 또한 20대로부터 7080세대의 삶은 서로 다른 존재들로서 사회적 환경 습관에 따라 변하게 된다. 또 슬픔을 유발하는 원인에 대한 슬픔에 대한 생리적 반응도 서로 다를 수 있다. 낙담, 우울증, 실패에 대한 생리적 반응도 서로 다르다. 성별, 연령, 문화 사회적 환경에 따라서도 다르다. 일란성 쌍둥일지라도 사회적 환경에 따라 슬픔의 정도에서 차이가 난다. 각자의 감정처리 과정도 차이가 난다. 슬픈 표정의 얼굴도 다르게 마련이다.

눈물을 흘리는 모습은 문화권에 따라 다르다. 나이에 따라, 성별에 따라서도 조금씩 다르다. 지역에 따라 사회적 슬픔인 집단적 고통, 죽음 또는 공동체의 상실, 열망의 좌절을 당해도 마음 놓고 울지 못하는 공동체 규율도 있다. 북한과 같은 독재체제에서는 지도자가 죽었을 때 누구나 무조건 눈물로 애도를 표해야 한다. 남들 앞에서 눈치를 보며 목 놓아 울어야만 생존할 수 있는 사회가 전체주의 사회이다. 까뮈(A. Camus)의 작품 '이방인'(L'etranger)에서도 울지 않는 사람은 범죄자로 의심받았다.

슬픔은 성별에 따라서도 다르다. 이를테면 여성의 우울증 위험은 남성에 비해 두 배 이상이라고 한다. 여성은 외부활동이 남성보다 적기 때문에 슬픔, 우울증의 빈도가 높고 충동 조절이 불량해지기 쉬워서 알코올 또는 약물중독에 빠질 위험이 더 크다.

남성에 비해 여성의 슬픈 반응진폭이 더 크다. 또 사회적 반응으로서의 눈물에 대해 남자와 여자의 대처가 좀 다르다. 우선 여자의 울음은 다른 사람들의 감정을 자극하는 강력한 힘이 된다. 여성은 다른 사람의 감정을 인식하고 공유하는 능력이 높다는 것을 의미한다. 특히 여성의 눈물은 남자들에게 성적 관심과 깊은 관계가 있다고 한다. 여성의 감정적인 눈물에는 남성의 성적욕구에 영향을 미치는 자연적 화학신호물질(Chemosignal)이 포함되어 있다고 한다. 여성의 눈물과 체취는 남성의 성적 흥분과 테스토스테론의 분비에 영향을 미친다. 남자는 여자가 우는 것을 보고 동정심과 성적 감정을 함께 느낀다는 점이다. (Shoni Gelsteins noam Sobll, 2011).

반면에 남자는 전통적으로 눈물을 흘리는 것을 부끄럽게 생각하는 경향이 있다. 그러나 요새 남자들이 눈물을 자주 흘리는 모습을 볼 수 있는데 이는 사회적 적응에 따른 것이라는 해석이 지배적이다. 다시 말해 남자들이 눈물을 보이는 데는 사회변화에 따라 약간씩 다르게 나타나는데 이를테면 1980년대 이후는 남자들이 예전의 사람들보다 더 많이 눈물을 흘린다는 것이다. 그동안 남자들이 대놓고 사랑하는 사람의 죽음과 이별 상실에 대해 슬퍼하는 모습을 숨기고 조용히 혹은 남몰래 우는 모습을 보여 왔다. 그렇지만 요새는 솔직한 감정 표현을 한다는 입장이다. 과거에는 남자들의 우는 모습을 보고 그냥 무시하거나 심지어 바보처럼 보였으나, 요즘은 성(性) 역할의 변화와 함께 남자들도 자주 우는 모습을 보인다는 점이다.

• 나이에 따라 차이가 난다.

슬픔은 나이 차이에서도 다르다. 삶의 도전과 발달 관계에 따라 변하게 마련이지만 나이를 더함에 따라 슬픔에 큰 영향을 미친다는 진단이다. 노인은 젊은 성인보다 슬픔이나 기분장애를 스스로 조절할 능력이 감소한다. 그러기에 노인이 되어서는 슬픔을 효과적으로 조절하는 능력이 발휘된다. 독일에서 수행한 종단 연구에서 보면 젊은 성인보다 노년 사이에 분노의 빈도가 감소하는 반면에 슬픈 경험을 더 많이 느낀다고 했다. (Kunzmann, et al, 2013) 노년층은 젊은 그룹에 비해 슬픔을 유발하는 영화, 드라마를 좋아하거나 과거를 회상하는 멜로드라마를 더 좋아한다는 것이다. 이 유인즉 정서적 경험은 삶의 도전과 발달 과정에서 나이에 따른 노화가 슬픔에 영향을 미친다.

• 문화적 차이에 따라 다르다

문화는 우리의 얼굴을 보는 거울이다. 문화는 인간의 정서적 삶 심리적 기능 인지 능력을 결정하는 주요 요소이다. 문화는 자기 정체성의 중심이며 사회적 관계뿐만 아니라 외부세계이기도 하다. 다양한 문화적 배경은 개인 그룹, 실례로, 백인과 흑인, 동양인과 서양인 간에 문화적 차이가 있다. 논리를 중시하는 서양과 경험을 중시하는 동양, 동양은 더불어 사는 삶, 서양은 홀로 사는 삶에 영향을 미친다. (리처드 니스벳, 2004).

그래서일까? 서양은 독립적이고 개인주의적인 성취 높은 자존감 자율성이 중시된다. 그렇지만 동양은 개인보다 집단공동체의 큰 영향을 받으며 강한 가치를 두고 사회집단과의 조화에 더 관심을 갖는다. 이런 것은 결국 감정에 대한 심리적 구성에 영향을 미친다. 슬픔을 표시하는 데 있어서 동양인들은 고요함, 남을 의식하고 수치심을 반영하지만 서양인들은 흥분, 괴로움을 거리낌 없이 표출한다. 동양인들은 개인적인 소외 고통을 내부적으로 소화하는 한편 서양인들은 외부로 강하게 표출한다. (Adam et al, 2010).

• 사회적 환경에 따라 다르다

사회적 요인은 사람들의 정서 상태, 행동, 건강 및 웰빙을 결정하는 중요 요소이다. 타인과의 관계 공동체의 결속 사회경제적 지위, 사회적 평등 등 사회적 환경의 특징은 개인감정에 결정적 영향을 미친다. 사회적 지원 관계가 좋은 개인은 사회적 지원 관계가 적은 사람들보다 생존 가능성이 50% 이상 더 높다고 한다. (Holf-Lunstad, et al, 2015) 연령, 성별, 건강상태와 사망원인에 영향을 미치지만 사회적 유대 및 사회적 지원을 받는 사람은 스트레스가 줄고 완화할 수 있다. 반대로 사회적 고립, 외로움에 시달리는 사람들은 심장병, 뇌졸중의 증가원인이 될 뿐만 아니라 다양한 합병증과 관련이 높다는 것이다. (Steptae et al, 2015) 사회적 자본으로서 교육, 소득수준, 매력, 결혼상태, 스트레스 정도, 사회적 지원, 네

트워크 수준에서 질병과 사망률에 위험성을 증가시키는 원인이
된다.

2-2. 역사적 슬픔의 실제: 박탈된 슬픔의 역사

　우리 역사 속에는 슬픈 날 슬픈 사건들이 너무나 많다. 이 나라는 슬픈 나라다. 우리 역사 발전 과정에서 겪은 고통과 슬픔을 과거 역사와 분리할 수 없다. 과거는 잊혀지지 않는 무엇이다. 육체적 정신적 고통의 역사는 더욱 그러하다. 폭력적이고 아픈 과거는 계속 상처로 남게 마련이다. 그것은 세월이 지나도 깨끗이 사라지지 않는다는 뜻이다. 더구나 우리 국민들의 정서는 한(恨)이다. 한은 아픔이고 눈물이 아닐 수 없다. 앞으로 논하겠지만 실증적 예들은 전체 국민의 아픔이요 삶의 질이 떨어지는 배경이 된다.

　더구나 우리 민족의 정체성을 나타내는 '한'(恨)은 민족 정서에 흐르는 슬픈 문화이다. '한'에는 슬픔이나 분노 후회 고통의 감정이 들어있다. 박경리의 대하소설 《토지》는 동학혁명에서부터 식민지시대 해방에 이르는 한 많은 근대사를 기술했다. 1987년에 발표된 임권택 감독의 〈씨받이〉, 1993년에 발표된 〈서편제〉, 2002년에 발표된 〈취화선〉 역시 민중들의 한을 모티브로 해서 전개된다. 한오백년 역사는 눈물의 나라였다. 식민지시대의 억압, 전쟁, 빈곤 등이 축적된 '한'문화는 한마디로 비애의 역사였고 비시원적인 아픔이었다.

그리고 역사적 슬픔은 정상적 슬픔이 아닌 비정상적 슬픔이다. 가해자와 피해자, 지배와 피지배 관계 속에서 나타나는 비정상적인 슬픔이다. 우리가 꺼내기 부끄러운 슬픈 사회적 현상들이 그렇다. 사회적 슬픔은 국민의 전반적인 만성질환과 빈곤의 악순환으로 인해 심리 정서와 생활만족감인 심리적 안녕감에 상당한 효과를 미치게 된다. 나아가 사회적 슬픔 내지 역사적 슬픔은 개인과 사회가 분리된 것이 아니라 합쳐진 하나다. 이러한 슬픔은 발생학적 차원에서 우리가 깊이 이해해야 할 대상이고 성찰의 과제이며 역사적 극복 대상이다.

□ 슬픔에 대한 역사적 증언과 그 흔적들

슬픔과 눈물에 대한 설명은 오래전부터 큰 관심거리였다. 눈물은 문학과 예술에서 인간을 묘사하는 좋은 주제였다. 실제로 미국의 심리학자 톰 러츠(Tom Lutz)가 지난 2001년에 연구 발표한 논문에 따르면, 14세기의 가나안 점토판(Cannaite clay tablets)에서 고대

셈족의 남신 바알(Baal)의 사망 소식에 여동생과 연인 아낫(Anat)이 우는 모습이 나온다. 이집트 신화에서는 이시스(Isis)가 오시리스(Osiris)의 죽음을 보고 흐느껴 운다. 메소포타미아의 서사시 길가메시(Gilgamesh)의 전설 속에서는 영웅인 길가메시가 마지막 며칠을 함께한 동반자 엔키두(Enkidu)에 대해 슬퍼한다. 종교적으로 예루살렘의 '통곡의 벽'에서는 유대인들이 하나님께 회개하며 눈물을 흘리는 모습이 자주 보인다.

▲ 예루살렘 〈통곡의 벽〉 앞에서 통곡하는 유대인들 모습.

14세기 독일이 종교사상가 토마스 아 캠피스(Thomas O, Kempis, 1380~1471)는 슬픔이 필요하다고 했다. 그는 질병과 슬픔이 평화와 고요함을 가져다준다는 것이다. 그는 슬픔에 대한 의미를 즐거움이 없어지고 에너지가 상실되는 우울증과 깊은 관계가 있다고 했다. 이성을 중시하는 계몽주의(17~18세기) 시대는 남들 앞에서 눈물 흘리는 것을 부끄럽게 생각하지 않았고 이어 감성적인 정서를 중시한 낭만주의 시대, 즉 18세기 말에서 19세기 중엽에는 눈물을 감춰야 할 것이 아니라 오히려 드러내서 타인에게 감동을 주는 능력으로 보았다. 이때부터 슬픔은 긍정적인 뉘앙스를 나타내는 형용사로서의 걱정, 비통, 애도의 표현으로 문학예술 분야에서 자주 등장했다.

고대 그리스 철학자들로부터 셰익스피어 작품에서 그리고 복지 차원에서 슬픔 · 불의 · 상실에서 오는 불행을 인간의 정상적인 삶의 일부로 받아들였는데 아리스토텔레스는 사람들이 겪는 부정적인 감정과 우울에 시달리고 있는 사실을 일찍 알아차린 사람이었다. 그는 슬픔을 긍정적인 삶의 영양소로 보았다.

반면에 영국의 계몽주의 입장에서 스코틀랜드 의학자인 윌리엄 클렌(William Cullen, 1710~1790)은 모든 유형의 질병을 뇌와 신경계가 깊은 관계가 깊다고 했다. 슬픔과 관련된 감정을 의학적으로 치료해야 한다는 정신장애로 간주한 것이다. 히포크라테스가 진단한 것처럼 슬픔을 멜랑콜리한 심리상태를 기쁨이 없는 삶의 불균형으로 이해되다가 19세기 들어와 슬픔은 정서적 기분장애의 하나로 부각되기 시작했다. 단순히 슬픔을 '우울한 상태'로 간주하던 것에서 벗어나 현재의 사회심리 정신건강 문제로 취급하고 있다.

특히 슬픔은 1950년대 이후 가벼운 '우울증'이라는 의미로 해석되면서 일종의 '장애' 범주로 인식되었다. 1970년에 들어와서는 '주요우울장애'(MDD)로 진단하기 시작했다. 최근에는 자기공명영상(fMRI)을 통해 슬픔의 복잡성, 그것이 어떻게 뇌에서 작용하는지, 슬픔이 우리 생활과 행동에 미치는 영향을 연구하고 있다. 사회심리 진화론자들이 내린 최근의 결론은 우리의 모든 감정에서 슬픔을 완전히 소멸시킬 수 없고 그것을 안고 살아가야 한다고 주장한다.

과거는 우리에게 거울이 된다. 돌이켜 보면 인간의 슬픈 감정은 서양의 경우 그리스와 로마 시대 이후 철학 주류의 논리에서 거의 제대로 다뤄지지 않았다. 실존적 고통을 줄이기 위해 초자연적인 신들 앞에서 위로받는 것, 신에게로 초대될 때만이 슬픔을 극복할 수 있다고 믿었을 뿐이다. 하지만 근대사회로 발전하면서 슬픔은 개인적 사회적 질병으로 인식하게 되었다. 짐작하겠지만 심리학자들은 낙관적 최적의 현실을 만들어 갈 때, 그리고 철학자들은 진리 안에 설 때 존재론적 불안과 슬픔을 극복할 수 있다고 했다.

이러한 맥락에서 슬픔은 끊어지지 않는 우리 삶의 존재 양식이다. 어느 민족이건 백성이 슬퍼지는 것은 정치적 사회적 요인이 작용한다. 1940년대 유대인 가족들의 이야기는 정치적으로 박해받는 슬픔이다. 그들의 슬픔에서 현대인들은 직접 내가 경험한 것처럼 슬픔을 느끼게 된다. 2차 대전이 끝난 이후 40년간 150차례의 전쟁으로 2천만 명의 무고한 생명이 희생됐다. 멈추지 못하는 지도자의 과욕이 전쟁을 일으키고 슬픈 역사를 만들어 놓는다. (Howard Zinn, 2001) 침략과 전쟁을 통해 점령당하는 사람들은 지배자들 앞에서 감정 표현조차 눈치를 보며 눈물을 감췄다. 이런 슬픔과 한이 축적될 때 필연적으로 어떤 불행 혹은 파국을 맞으며 역사적 슬픔을 안고 살아가게 된다.

우리나라 역시 찌질의 아픈 역사를 겪었다. 수백 번의 외침과 정치적 변혁과정을 통과했다. 국가나 기업은 일반적으로 건국(창업), 성장, 보존, 붕괴, 변형이라는 과정을 밟으며 진보 아니면 퇴보하게 되었다. 어느 글에서 보니 나폴레옹 전쟁이 끝난 1816년부터 2000년까지 207개국이 존재했지만 이 중 3분의 1인 66개국이 사라졌다고 했다. 대부분이 이웃 국가들의 무력침공으로 망했다. 그러나 우리나라는 지난 질곡의 역사에서 살아남았다. 억겁의 역사를 품고 있는 이 땅은 우리들의 피를 먹고 존재한다. 슬픔과 눈물의 역사였다. 일찍이 북애노인(北崖子)이 썼다는 '규원사화'(揆園史話)에서 국가적 슬픔을 읽을 수 있다.

"우리 선조의 옛 강토가 적국의 손에 넘어간 지 어느덧 천년이요, 이제 그 해독이 날로 심하니 옛날을 회고하고 오늘을 슬퍼하면서 안타까움을 금할 수 없다."

이 슬픔은 우리 선조들인 동이족(東夷族)들이 살던 옛 강토, 즉 단군 시기의 중국 대륙의 중원을 다시 찾으려는 선언이다. 옛 선조들은 나라를 잃고 그 회복을 위해서 수많은 희생과 고통, 모멸감을 겪으며 살아왔다. 내부적으로 정치권력과 피지배 민중 간에 다툼도 많았다. 예를 들어 전봉준이 일으킨 동학란 때 전국적으로 30만 명이 죽었는데 그중 전봉준의 고향인 고창에서만 20만 명이 죽었다고 한다. 근현대사에서 겪은 일제의 통치는 우리 국민들의 정신과 영혼을 병들게 했다. 생명이 붙어 살아왔지만 이슬 같은 목숨을 이어 왔다. 아들을 잃고 남편을 일본에 빼앗겼다고 울부짖는 사람들, 지금도 "그들을 절대 용서할 수 없다."라고 울부짖는 현실은 사회 곳곳에서 계속되고 있다. 이 모두가 권리를 빼앗긴 슬픔이 크기 때문이다.

나는 지금도 잊을 수 없는 기억이 있다. 5060 세대들은 온 국민을 눈물의 도가니로 몰아갔던, 지난 1983년 6월 30일부터 11월 14일까지 장장 134일간 계속된 〈KBS 이산가족 찾기 특별방송〉을 기억할 것이다. 이 기간 중 1만 189명이 극적인 상봉을 했다. 혈육으로 만난 그들에게는 살갗을 타고 흐르는 눈물은 끝이 없었다.

다음 장에서 얘기하겠지만 남북 이산가족들의 슬픔도 마찬가지이다. 한국 현대사의 가장 큰 비극으로 지목받고 있는 10.26사태, 5.18민주화운동으로 이어지는 1979~1980년의 한국 현대사의 중요한 전환점에서 사회적 슬픔은 너무나 큰 상처로 남아있다. 게다가 1997년의 IMF 위기, 2008년의 글로벌 금융위기 등은 우리들로 하여금 일상생활의 위기와 피로감, 업무에 쫓기는 삶으로 치닫게 되었다. 행복해서 웃는 게 아니고 불행해서 슬퍼하는 얼굴들이 많아졌다. 인간의 보편적 욕구, 이익을 보장받지 못하는 개별적인 욕망들이 부정될 때 사회는 불안해지고 백성은 한숨을 짓게 마련이다.

▲ 1983년 6월 30일부터 11월 14일까지 장장 134일간 계속된 〈KBS 이산가족 찾기 특별방송〉 당시 혈육을 찾는 피켓을 들고 625 때 헤어진 가족을 찾는 이산가족 모습. 이 기간 중 1만 189명의 이산가족이 극적인 상봉을 했다.

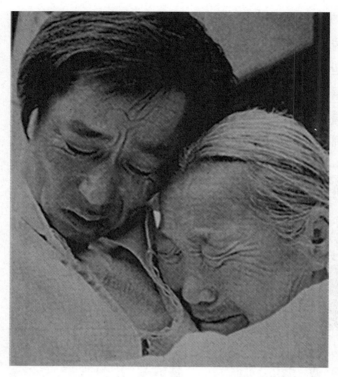

▲ 6.25 전쟁으로 헤어졌던 모자가 이산가족 찾기 때 극적으로 상봉한 후
흐느껴 우는 모습.

우리 민족은 애써 슬퍼할 겨를도 없이 나라 건설에 매진하면서
많은 피와 땀을 소진했다. 서독 광부들과 간호사의 이야기는 얼
마나 슬픈 일인가. 그들의 일터는 광산 수백km의 지하 막장이었

고, 간호원들은 병원에서 시신을 목욕시키는 일이었다. 가장 극한 상황에서 생명을 내놓고 일했다. 박정희 대통령은 1964년 9월 이들을 방문한 자리에서 그들 손을 붙잡고 눈물을 흘렸다. 태극기를 흔들며 "동해물과 백두산이 마르고 닳도록……."을 부르며 모두가 눈물을 흘렸다. 대통령의 눈물은 비통 속의 눈물이요 온 백성의 눈물이었다. 나는 지난 2014년 우리의 근대사를 영화화한 윤제균 감독의 '국제시장'을 보며 눈물을 흘린 적이 있다. 그 영화 속의 주인공 덕수는 바로 '나'였고 우리들이었기 때문이다.

그 깊이에서 볼 때 슬픔과 눈물은 고통의 애도 표시다. 스토아 학파의 세네카(2014)는 "슬픔은 화의 벗이며 모든 분노는 슬픔으로 끝을 맺고 후회나 실패의 마지막에는 슬픔만이 남는다."라고 했다. 스피노자는 '에티카'에서 기쁨보다 완벽한 경지에 이르는 통로는 슬픔이라고 했다. 즉 그는 "슬픔은 완벽한 경지로 이행하는 과정"으로 풀이했다. 결국 슬픔의 역사일지라도 역사는 현시대를 살아가는 사람들에게 유용한 거울이다. 특히 격변기의 역사적 경험은 우리 삶을 이끌어가는 지혜와 지식의 원천이라는 점에서 근현대사에서 나타나는 슬픔의 배경을 이해하는 것은 현시대를 살아가는 우리들의 생존의 길이기도 하다.

더구나 세상에서 가장 슬픈 일은 과거를 잊어버리는 것이 아닐까? 아니면 과거에 대해 침묵하는 것은 공동체를 파괴하는 것이나 다름없다. 실제로 내가 생각하기에는 우리 민족은 과거의 상처들을 잘 잊는 듯하다. 하루 치의 슬픔이 얼마인지 모르고 살아가는 형국이다. 역사 속에 남아있는 아픈 기억들을 쉽게 망각하는 버릇이 있다는 뜻이다. 그러나 슬픈 기억일지라도 망각하면 불행의 늪으로 다시 빠질 수 있다. 우리 모두는 과거 아픔으로부터 도망칠 수 없다. 역사의 날들을 기억하고 배우면서 민족의 발전을 이끌어 가는 것이 온 국민의 지혜다.

□ 일제에 의한 박탈된 슬픔

근현대사에 한정해서 보더라도 유대인들이 나치 독일의 압제에 고통을 받았다면 우리는 일제하의 고통이 있다. 우리가 잘 알고 있는 사실이지만 일본은 우리의 강토, 주권뿐만 아니라 우리 민족의 혼(魂)을 유린했다. 우리 민족의 고통이 시작된 '을사조약'은 을사늑약(乙巳勒約)으로써 주권을 강탈당하는 망국의 길이었다. 1910년 8월 29일은 경술국치일(庚戌 國恥日)로부터 우리 민족의 고통은 시작되었다. 우리 민족은 36년간 일제에 의해 박탈된 슬픔을 가지고 살았다. 국가의 존재 및 인간 존재의 안정성이 흔들리기 시작했다. 그때부터 우리는 일제시대, 왜정시대, 식민지시대라는 이름으로 부르고 있다. 이 시기의 일본 제국주의는 자신들만이 정당하다고 믿는 폭력자들이었다.

인간은 어디까지 잔인해지는가? 일본 제국주의는 침략과 지배를 강화하기 위해 인간을 파리 목숨처럼 죽이는 사람들, 그들조차 '신의 섭리'라며 무조건 이웃 민족에 대한 복종을 강요하며 진실이 아니라 허위로 역사 꾸미기에 바빴다. 명성황후가 일본 낭인들에 의해 살해된 참담한 사건도 일어났다. 일제는 민비(閔妃, 명성왕후)를 시해하고 대한제국을 능살했다. 고종의 딸 덕혜옹주(1912~1989)는 13세에 일본으로 강제 유학을 떠나 19세에 일본 쓰시마(對馬島)의 소다케 유키(宗武志)와 정략결혼을 해 살다가 1955년 이혼까지 당하면서 눈물 많은 한을 품고 살다가 숨졌다.

이뿐만이 아니다. 일본 제국주의는 뜬금없는 조작과 거짓말로 조선인을 죽였다. 일본제국이 지난 1923년 9월 1일 오전 11시 58분 간토(關東) 지방에서 대지진이 일어났을 때 조선인이 방화와 살인 강간을 저질렀다며 조선인을 무참하게 죽였던 일이다. 간토(關東)대지진이 일어났을 당시, 일본인들은 조선인을 학살하면서 소리쳤던 소리는 '불령선인'(不逞鮮人, 불순한 생각을 가진 조선인)이었다. 그들은 우리를 '조선동물'이라고 외치며 죽였다.

일본인 아내 앞에서 조선인 남편을 사냥하듯 죽이던 일본 우익의 자경단, 집에 있던 일본도를 들고나와 조선인이 목을 베며 의기양양하던 자경단원들의 모습들, 그로 인해 희생된 조선인은 약 6000여 명으로 추산되고 있다. 이들은 모두 일본 민간 자경단과 군대 경찰에 의해 무차별 학살당했는데, 이 사실은 지난 2015년 발간된 일본인 가토 나오키의 《구월, 도쿄의 거리에서》란 책에서 그대로 진술되고 있다.

게다가 1939년 일제의 국민 강제징용에 끌려간 이후 돌아오

▲ 간토대학살(關東大虐殺) 당시 일본 민간인과 군경에 의하여 백주 대낮에 무차별적으로 자행된 조선인 학살 모습. 1924년 3월 독일 외무성이 작성한 자료에는 당시 학살 장소와 시신이 확인된 경우가 8,271명, 시신만 확인된 경우가 7,861명, 장소와 시신이 미확인된 경우가 3,249명, 경찰에 학살된 경우가 577명, 일본 군인에게 학살된 경우가 3,100명으로 분류되고 있으며, 조선인 피해자는 모두 2만 3,058명인 것으로 밝혀졌다.

지 못한 사람들은 그 숫자가 얼마나 되는가? 일제는 부족한 노동력과 태평양 전쟁에 필요한 전쟁 인력을 보충하기 위해 43만 명이 넘는 사람들을 강제로 끌고 갔다. 군인과 군무원으로, 또 노무자로 차출된 사람들은 사할린을 비롯한 탄광이나 군수공장에서 강제노동을 당했다. 뿐만 아니라 학병으로 징용된 젊은이들은 해외 도서 지방에서 전쟁의 희생물이 됐다.

이렇게 끌려가 죽은 사람들은 아직도 고국의 가족 품으로 돌아오지 못하고 있다. 현재도 곳곳에 원혼이 그대로 방치된 상태다. 아직 유골조차 찾지 못하고 있다. 나는 태평양의 괌, 사이판을 여행하면서도 아픈 역사를 찾아볼 수 있었다. 광복 76년을 맞는 오늘에도 42만여 명의 유골이 시베리아, 사할린, 중국 하이난성, 태평양 섬에서 흙이 돼가고 있다. 아직 아들, 남편을 보고 싶어서 눈물을 훔치다가 죽어가는 사람들의 슬픔은 끊이지 않고 있는 것이다. 일본은 이들 원혼에 대한 어떤 사죄나 보상이 없다. 또 우리 정부 역시 이들의 유골을 찾아 고국으로 봉환하는 데 힘을 쏟지 못하는 상태에서 많은 원혼들이 구만리 먼 땅에서 헤매며 가족 곁으로 돌아오지 못하고 있는 것이다.

어디 그뿐인가? 꽃다웠던 시절에 강제로 전쟁터에 끌려가 끔찍한 피해를 당한 위안부 피해자들은 어떤가? 일본군 위안부가 된 여성은 거의 본인의 의사에 반해 강제로 끌려갔다. 위안소에 들어가는 순간부터 그들은 가족 품으로 돌아가는 것이 불가능했다. 하루에 몇 명씩 군인을 상대해야 했으며 거부할 수도 없었다. 그들은 한평생 헤아릴 수 없는 고통을 품은 채 한 많은 세월을 보냈다. 일본군 위안부 피해자는 우리의 아픔이며 동시에 전 세계인의 아픔이 아닐 수 없다. 위안부 피해 할머니들은 눈물로 한세상을 살았다. 영원히 지지 않는 꽃으로 남은 역사적 피해자들이다.

이러한 사실들은 지난 2015년 8월 15일 국회에서 개최한 치유 그림 전시회에 출품된 '나는 결혼하고 싶다', 또는 '끌려가던 날' 등 할머니들의 삶을 담은 그림들이 이를 그대로 반증해주고 있다.

한마디로 정신대 할머니들은 젊어서는 육체가 망가졌고 늙어서는 마음이 아픈 것이다. 그럼에도 불구하고 일본 정부는 눈감고 외면해 왔다. 심지어 고노 요헤이 전 일본 관방장관은 위안부를 강제 연행했던 일을 부인하기도 했다. 진솔하게 죄송하다는 말을 못하는 일본이다. 그래서 우리는 슬픈 것이다.

▲ 2017년 7월, 서울대 정진성 교수팀이 공개한 최초의 일본군 위안부 영상의 한 장면. 영상 속에서 미·중 연합군 산하 제8군사령부 참모장교인 신카이 대위(중국군 장교)로 추정되는 남성이 위안부 1명과 대화를 나누고 있다. 나머지 여성들은 초조하고 두려운 표정으로 침묵하고 있다. [서울시·서울대 인권센터 제공]

영국 출신의 유명 배우이자 영화감독이었던 크리스토퍼 리 감독이 지난 2015년에 만든 위안부 다큐멘터리 영화 '마지막 눈물'(The Last Tear)에서 우리는 위안부 할머니들의 슬픈 여정을 읽을 수 있다. 이 영화에서, 남해에 사는 위안부 피해자인 94세의 박숙이 할머니의 끔찍했던 과거의 위안부 생활과 현재의 어려운 삶, 미래세대에 대한 할머니의 당부가 진솔하게 그려져 있다. 박숙이 할머니는 16살 때 경남 남해군 고현면 바닷가로 조개 캐러 가는 길에 일본군에게 끌려가 중국 만주에서 7년간 지옥 같은 삶을 살았다. 뿐만 아니라 나는 중국에서 만든 영화 '난징'이라는 영화를 기억한다. 거기서도 조선인 여성이 능욕을 당하던 모습이 떠오른다. 일본의 지도층, 책임자들은 이 영화를 한번 보라.

프랑스의 저명한 아날학파 역사학자 조르주 뒤비(George Duby, 2006)는 "역사는 땅 위에 기록된다. 과거 인간이 지나간 모든 흔적은 땅에 남아있다."라고 말했다. 지금도 일제탄압으로 인한 '눈물의 흔적'은 곳곳에 남아있다.

나는 2000년 8월 상하이 임시정부 건물을 방문한 적이 있다. 그때 그곳에서 빛바랜 사진 속의 독립운동가들의 모습은 눈물겹도록 초라하고 무언가 도움을 요청하는 힘없는 모습들이었다. 또 몇 해 지나서 중국 랴오닝성(遼寧省) 다롄(大連), 뤼순(旅順) 감옥을 방문한 적이 있는데 안중근 의사가 투옥됐던 감방, 사형당했던 현장에서 일제의 만행을 목격했다. 숱한 애국지사의 목숨을 앗아간 고문 기구들과 유품들이 눈물겨웠다.

▲ 1944년 9월 15일. 중국 윈난성 텅충 함락 당시 연합군에 포로로 잡혀 생존한 조선인 위안부 23명을 제외한 나머지 조선인 위안부 대부분은 일본군이 도피하면서 학살해 구덩이에 버린 것을 미군 사진병 프랭크 맨워렌(Frank Manwarren)이 촬영한 영상기록물 사진이다. 이들은 강제로 끌려간 조선인 여인들이었다.[서울시·서울대 인권센터 제공]

국내적으로는 '서대문형무소'와 천안의 '독립기념관'도 마찬가지다. 이 외에도 전국 곳곳에 항일의 역사 흔적들이 남아있다. 제주도 곳곳에도 일본인들이 만들어 놓은 땅굴 진지들이 많다. 여기에도 흘러간 사람들의 슬픔이 서려 있다. 이런 역사들을 책장을 넘기듯이 청산되거나 쉽게 잊거나 결말을 내는 것은 불가능한 일이다.

그럼에도 일본은 역사의 화해를 거부한다. 역사적 슬픔에 대해 가해자인 일본 당국의 솔직하고 진솔한 사과가 없는 것이다. 지금까지 일본은 '침략과 식민지 지배에 대한 진정한 반성과 사죄'는 없었다. 광복 70주년 아베의 담화는 물타기식 반성으로 그쳤다. 주체 없이 반성과 사죄를 확실히 하지 않았다. 그들은 한반도 침략에 관해서는 인정하면서도 식민지 지배에 관해서는 거부했다. 하토야마 유키오 전 일본 총리가 2015년 8월 12일 서울 서대문형무소 역사관을 방문해 "한국에 대한 식민지 통치 지배를 진심으로 죄송하고 사과드린다."라며 머리를 숙였지만 그런 사람은 일부에 지나지 않는다. 사죄하고 화해하자고 하더라도 그 화해는 가해자의 사죄와 피해자의 관용으로 이루어지는 법이다.

과거를 청산한다는 것은 법에서는 과거를 청산할 권한도 없다. 진정한 사과, 과거청산은 피해자들의 감정의 응어리를 풀어주는 것이다. 그럼에도 불구하고 과거를 청산한다는 것은 곧 '과거를 역사화'하는 과정이라고 독일의 법리학자 슐링크(Schlink, 2015)는 《과거의 죄》라는 책에서 강조한 바 있다. 그래서 독일은 끝없이 사죄한다. 독일의 참회는 '애도의 시간'이다. 애도 과정 없는 참회는 그 역사화 과정에서 변화의 기회를 놓치는 것이나 다름없다.

나는 이렇게 생각한다. 자신이 저지른 악행을 잊어버렸다고 주장하는 사람에게는 망각할 권리도 없다고. 그렇다면 지금이라도 가해자도 작은 생명체이고 피해자도 고귀한 생명이니 일본은 국가주의에서 벗어나 우리나라는 물론 독일 수준의 진정한 역사적 화해를 솔직하게 해야 한다. 솔직함이란 자신의 추한 모습을 다른 사람들 앞에 드러내는 것을 두려워하지 않는 용기다. 과거의 침략 흔적을 불사르고 은폐하려 하지만 일본 앞바다 바닷물을 다 들이부어도 그들의 나쁜 짓을 지을 수가 없을 것이다. 피해자들을 껴안고 슬퍼할 때 당신들은 자유로워질 것이고 양심을 되찾는 계기가 된다. 역사에 남은 묵은 원한을 풀고 함께 사는 길로 나가는 것, 그것이 해원상생(解冤相生)의 원리다.

또 한국정부도 이런 책임에서 자유롭지 못하다. 일본에 대해 사과를 외치면서도 정작 유골방치는 나라의 의무를 저버리는 것이 아닌가? 강제 징용자들은 프랑스 비평가 슬라보예 지젝(Slavo Zizek, 1949~)이 말하는 '지워진 사람들'(the erased man)인가? 법적인 절차와 정당한 통고 없이 강제로 주권을 박탈당한 채 죽어간 사람들 피해자들에 대한 역사적 화해는 현재는 물론 미래를 위해서도 필요한 것이다. 일제강점기의 슬픈 역사로, 죽은 역사로 내버려 두지 말고 그것을 잊지 않으면서 새로운 역사창조의 길로 삼아야 한다. 그렇다고 죽창을 흔들면서 친일 반일을 단순히 정치적으로 이용하는 것은 경계해야 한다.

□ 남북분단의 슬픔 : 이산가족의 슬픔

우리나라는 2차대전이 끝나면서 해방의 기쁨도 잠시 또다시 분단에 이은 전쟁을 치렀다. 1945년 광복 후 3년 뒤인 1948년 8월 15일과 9월 9일에 한반도에는 '대한민국'과 '조선민주주의인민공화국'이라는 정부를 각각 세우는 분단의 역사가 시작됐다. 분단 이후 70여 년이 넘도록 남북한은 계속해서 총질을 하고 있다. 전쟁의 상흔(傷痕)들이 아직 우리 산하 여기저기에 널려 있다. 이념적 갈등, 좌우익의 충돌로 인해 얼마나 많은 사람들이 사망하거나 실종되었던가?

역사적으로 8.15해방과 1950년 6.25 전쟁을 거치는 동안 많은 이산가족이 발생했다. 전쟁을 전후하여 자유를 찾아 월남한 뒤 휴전으로 돌아가지 못한 사람들과 전쟁 중 남한에서 북한으로 강제로 납북된 이산가족들과 국군포로들이 이산가족에 포함된다. 광복 후 38선 장벽이 생기면서 가족 재회가 불가능하게 된 경우와 중국 러시아 등지에 묶여 있다가 귀환이 불가능했던 경우도 있다. 특히 6.25 전쟁 중 자유를 찾아 월남한 경우와 북한에 의해 강제 납북된 경우도 그렇다. 이렇게 해서 발생한 이산가족 수는 남북한 합해 약 1,000만 명이며, 중국에 약 200만 명, 러시아에 약 40만 명의 교민이 살고있는 것으로 추정된다.

특히 6.25 전쟁 및 정전협정 시까지 수많은 사람들의 운명이 엇갈렸다. 분단된 상황에서 원초적 고향을 찾으려는 '일천만 이산가족'들의 망향의 설움 역시 슬픈 역사임을 반증한다. 통일부에 등록된 이산가족은 현재 12만 9,698명 중 생존자는 6만 6292명이다. 그 가운데 80세 이상 고령자가 3만 5997명으로 54%에 이른다. 이산가족 상봉은 1985년 9월 '남북한 고향방문단'이 서울과 평양에서 교환 방문이 있었던 후, 그리고 2000년 6.15남북정상회담을 계기로 19차례 대면상봉과 7차례 영상을 통해 헤어진 가족들을 만날 수 있었을 뿐이다. 또한 우리 민족사에서 가장 비극이자 고통의 문제로 남아있는 6.25 전쟁 중 납북자 9만 6013명과 국군포로의 송환문제 역시 아픈 상처로서 남아있다.

▲ 6. 25 전쟁으로 전사한 한국군의 수는 137, 899명. 한국 땅에서 목숨을 잃은 유엔군 사망자는 40,670명, 전쟁중 납북자는 96,013명에 이르고, 1952년 1월 4일 미국 무초 대사의 보고에 따르면 북한군에 의한 납북자 수가 12만 6,325명에 달했다.

휴전회담 당시인 지난 1952년 1월 4일 미국 무초 대사의 보고에 위하면, 북한군에 의한 납북자 수가 12만 6,325명에 달했다. 피랍치자들의 이름, 나이, 피랍장소, 피랍 일자가 있고 서울을 포함한 지역적으로 납북자들이 있는데 북한군에 또는 청년대에 강제로 징용된 사람들은 7만 3,613명, 북한군에 자진 입대한 것으로 믿어지는 사람들은 1만 6,240명, 기타 피랍된 것으로 알려진 사람들은 3만 6,742명이다. 『월간 조선』 2007년 7월호, 134~135면 기사에 따르면, 특히 서울지역에서 납치된 사람의 공식 총계는 2만 7,133명이고 실종자 총계는 9만 229명이다. 그중 많은 수가 자의에 반해서 북한으로 끌려간 것으로 보인다. 이밖에도 북한이 납치해 간 정치범의 수를 2만 명으로 잡고 있다.

또 1976년 8일 18일 북한군의 도발로 인한 도끼만행 사건 등 정전협정 위반사건 중에서도 군사분계선 상에서 일으킨 군사도발만도 3,000여 회에 달하고 있다. 1999년 6월 15일 발발한 제1연평해전에서는 장병 7명이 부상당했고, 2002년 6월 29일 발발한 제2연평해전에서는 6명의 용사가 전사했으며, 2010년 3월 26일 발생한 천안함 폭침사건에서는 해군 장병 40명이 사망하고 6명이 실종되었으며, 2010년 11월 23일 발생한 연평도 포격사건으로 민간이 2명이 사망했다.

이뿐만 아니라 2015년 8월 4일 발생한 DMZ 비무장지대 북한의 지뢰매설 폭발로 장병 2명이 부상당하기도 했다. 이들의 죽음과 부상에 가족들은 물론 온 국민들이 눈물을 흘렸다. 국민의 한 사람으로서 "왜 계속 당하고만 있는가?" 하는 울분을 참을 수 없었다. 북한은 입만 벌리면 "동포 여러분, 형제 여러분, 반갑습니다."라며 손을 흔들지만 북한은 한반도 땅이라는 좁은 땅에서 '불의 싸움질'을 계속 걸어오고 있는 것이다.

지옥 가는 길이 그럴까?

북한에서 탈북해 한국에 오기까지 탈북자들은 몇 번의 죽을 고비를 넘겨야 한다. 탈북은 두만강을 건너서 중국으로 들어가 연길, 선양까지 이동한 후 여기서 제3국으로 탈출하는 험난한 여정이다. 2013년 민백두 감독이 제작한, 압록강을 건너 탈출하는 북한 주민들의 이야기를 다룬 영화 '48미터'에서 압록강을 건너다 북한군의 총에 맞아 죽어가는 어린 소녀, 굶어 죽거나 자식을 위해 탈출을 결심하는 부모 등 북한의 참혹한 실상에 눈물이 흐른다. 중국 공산당국에 붙잡혀 북송되는 탈북자들의 아픔에서 '눈물보'가 터질 지경이다.

또한 일천만이산가족들의 슬픔은 어떤가? 고령화 속에 매년 10~20%씩 이산가족들이 죽어가고 있다. 지난 15년간 상봉을 신청한 이산가족 중 매년 4,000명 이상이 고령으로 숨지고 있다. 생존자 중 70세 이상이 80%를 넘는다는 점에서 이들의 생존할 기간도 얼마 남지 않았다. 기약 없는 세월의 무게를 이기지 못하고 하나둘씩 세상을 떠나고 있는 것이다. 귀중한 생을 헛되게 낭비하다가 세상을 떠났다. 나 역시 이산가족이지만 이미 세상을 떠난 영혼들, 슬픔을 안고 죽어간 영혼들의 아픔을 누가 보상할 것인가? 가슴에 가시철조망을 치고 잠시 이벤트 행사로 만나서 손을 흔들며 헤어진들 무슨 소용이 있는가? 이산가족들이 눈물 흘리는 모습에서 이념 체제가 무엇인지 묻고 싶은 것이다.

그야말로 6.25 전쟁 전후로 생겨난 난민은 한민족의 디아스포라(diaspora.) 즉 이산유대인을 상징한다. 이념 갈등과 전쟁으로 인한 이산가족들의 슬픔은 70년이 넘도록 계속되고 있다. 가족들과의 재회 및 고향에 대한 그리움은 존재론적이고 순수하고 정신적인 것이다. 누구나 고향 그리움에 젖어서 '가슴앓이'를 하고 있다. 쇼펜하우어는 "삶은 고통이다."라고 했는데 이곳이 바로 인간 고통이 아닌가? 빛바랜 사진 한 장을 품에 안고 살아가는 모습들이 안타까워진다. 밤마다 꿈속으로 찾아드는 남편의 모습을 만나는 할머니의 이야기가 가슴을 울린다.

나는 7살 때 6.25 전쟁을 겪었다. 등짐 하나 달랑 메고 1951년 1.4 후퇴 때 피란길에 올랐다. 살아야 한다는 생각만으로 세 살 위인 누이 손을 잡고 걸었다. 논밭 길을 쓰러지면서 남쪽을 향해 뛰었다. 맨주먹으로 이제까지 살았다. 나는 다행인지 모르지만 1985년 9월 고향방문단 일원으로 평양에서 혈육을 만났다. 나를 포함해서 31명이 북측의 가족을 만났는데 한마디로 울음바다였다. 헤어졌던 가족들, 아들과 아내, 형제를 죽기 전에 만나기를 고대하며 끈질긴 생명을 이어 가고 있는 이산가족들의 슬픔은 너무나 큰 것이었다. 그러나 만남 이후에 어떤 소식도 모르고 고향을 향해 헤매다가 죽어가고 있다. 실향민들은 "새들은 자유롭게 넘나드는데……." 하며 지척의 고향 땅을 그리며 눈물을 흘리고 있는 이들의 소원을 풀어주는 것이 남북한 당국자들의 인도주의적 임무다.

문제는 우리의 현실은 어떤가의 진단이다. 역사에 대한 "진정한 자기 성찰이 있는가?" 하는 문제다. 특히 올해는 광복 78년 분단 72년을 맞이하는 의미 있는 해로서 과거와 현재, 미래의 역사 발전을 어떻게 이뤄 나갈 것인가를 성찰해 볼 일이다. 이산가족의 문제, 국군포로들, 납북자의 문제는 한 개인만의 슬픔이 아니라 민족이 극복해야 할 실존의 문제다. 혈육의 만남은 두 체제 사람들 간의 생활, 세계의 통합, 사회적 이동, 민주주의 발전, 민족의 성장, 인권회복의 계기가 된다는 점을 잊어서는 안 될 것이다.

결론적으로 우리들의 아픈 역사는 우리 삶의 문제를 끊임없이 제기한다. 앞으로 나갈 것인가, 아니면 침체 저(低)발전이냐의 기로에 와 있다. 체험된 순간은 스쳐 가는 것이 아니라 오히려 잊혀지지 않는 무엇으로 각인된다. 그 아픈 기억들을 끌어내 뭔가의 의미를 발견하고 교훈으로 삼는 일이 현재를 살아가는 사람들의 의무다. 흘러가는 역사 속에 유일하게 붙잡히는 기억과 사건들로부터 어떤 정신이 나오는 법이니 그렇다. 역사 발전은 어느 절망의 순간에 도약하기 마련이다.

□ 대형사고로 인한 죽음과 슬픔

우리들의 생애 중에 언제든지 세상과의 작별의식, 즉 죽음을 만나게 마련이다. 우리나라에서는 지난 2022년 한 해 동안에 37만 2,800명이 각종 질병 및 사고로 죽는다고 한다. 하루로 계산하면 매일 800명 정도가 죽는 것이다. 통계청이 발표한 "2022년 사망원인 통계" 자료에 의하면 암(26.0%), 심장질환(9.9%), 폐렴(7.2%), 뇌혈관질환(7.1%), 고의적 자살(4.2%), 당뇨병, 간질환, 패혈증 순으로 조사되었다. 많은 관찰과 조사기 필요하겠지만 빈곤 때문에, 불치병 때문에, 삶이 힘들기 때문에 소중한 목숨을 포기하고 자살하는 사람들이 늘어나고 있다. 이런 사회현상을 목도할 때마다 참으로 "인간의 패거리는 보잘것없는 존재들인가?" 하는 생각마저 든다.

문제는 한국 사회에서 후진적 안전사고가 끊이지 않고 일어나고 있다는 사실이다. 안전불감증 사회라는 말이 나온 지 오래다. 1970년대 와우아파트 붕괴사고에서부터 해마다 대형붕괴 사건 혹은 화재 사건, 선박침몰 사건, 가스폭발 사고, 열차추돌 사건, 자동차 연쇄 충돌 사건 등 대형참사가 우리 사회를 아프게 한다. 특히 충격적인 죽음과 슬픔을 남긴 최근의 사건은 세월호 침몰 사건이다. 2014년 4월 16일, 전남 지도군 조도면 인근 바다에서 침몰한 세월호 참사 사건으로 탑승객 476명 가운데 304명이 사망 내지 실종되었다. 아직 실종자를 기다리는 부모들은 눈물로 밤을 지새운다. 세월호 참사 이후 유가족들은 '세월호 참사 진상 규명'을 요구하며 단식투쟁 등을 벌리고 있었지만 정치권은 세월호 참사 피해구제 및 지원특별법을 통해 희생자를 돕는다고 하지만 아직 슬픔의 눈물을 확실히 씻어주지 못하고 있는 형편이다.

여기다 2022년 10월 29일 22시 15분경(KST), 대한민국 서울특별시 용산구 이태원동에서 발생한 이태원 압사 사고(梨泰院壓死事故) 또는 이태원 참사(梨泰院慘事)는 어떤가?

▲ 2022년 10월 29일 22시 15분경(KST), 대한민국 서울특별시 용산구 이태원동에서 발생한 이태원 압사 사고(梨泰院壓死事故) 또는 이태원 참사(梨泰院慘事) 현장 모습.

이 사고는 2003년 192명이 사망했던 대구 지하철 참사와 304명이 사망한 2014년 세월호 침몰 사고 이후 대한민국 역대 최대 규모의 인명 사고이며, 특히 서울 도심에서 벌어진 대형참사로는 502명이 사망한 1995년 삼풍백화점 붕괴사고 이후 처음으로 기록되었다.

▲ 이태원 참사(梨泰院慘事) 사고로 우리나라는 159명의 젊은이들을 저승으로 떠나보내야 했다. 이 참사는 아직도 추모가 이어지고 있으며, 현재 진행형으로 사고 원인과 책임자를 찾고 있는 재판이 계속 중이다.

반복하는 사례지만 2002년 6일 29일 발발한 연평해전에서 보듯이 '참수리 357호'에 전사한 6명의 용사들의 죽음 앞에 온 국민들은 눈물을 흘린다. 나 역시 얼마 전 영화 '연평해전'을 보면서 눈물을 흘린 적이 있다. 피가 끓는 맑은 청년들이 온몸이 찢기고 피를 철철 흘리면서 죽어가는 모습에서, 6명이 전사자를 내고 서서히 바닷속으로 침몰하는 참수리 357호 모습에서, 하나밖에 없는 아들의 시신을 안고 통곡하는 어머니에서, 남편의 시신을 마주하며 울부짖는 임신한 아내에서, 아들의 군복을 어루만지며 눈물짓는 아버지 모습에서 뜨거운 눈물을 흘리게 된다.

▲ 2010년 3월 26일 북한군의 어뢰공격으로 선체가 두동강 난 채로 침몰된 대한민국 해군 초계함인 천안함(PCC-772)을 수중에서 인양하고 있는 모습. 이 피격사건으로 대한민국 해군 장병 40명이 사망하고 6명이 실종되었다.

또 비슷한 큰 사건이 있다. 2010년 3월 26일 북한군의 어뢰공격으로 침몰된 천안함 피격사건에서는 해군 장병 40명이 사망하고 6명이 실종되었다. 백령도 근처 해상에서 대한민국 해군의 초계함인 'PCC-772 천안함'이 피격되어 침몰한 것이다. 2020년 9월 21일에는 소연평도 근해에서 표류하다가 북한군에 의해 사살된 해양수산부 어업지도관리단 소속 공무원의 황당한 사건은 국민의 울분을 샀다. 추운 바닷물 위에서 부유물에 의지해 살려 달라는 그를 총살하고 시신까지 불에 태워서 버린 것은 도저히 묵과할 수 없는 일이었다. 형제끼리 총질만 하다니 안타까울 뿐이다. 두 동강이 난 우리나라의 국가적 아픔이요 비극이다. 나라 전체가 불행해지는 슬픔이 아닐 수 없다.

그밖에 전후방 군부대 내에서도 끊이지 않는 구타사건, 총기사건, 자살사건으로 많은 청년들이 죽고 있다. 어머니는 울부짖는다. "내 아들이 죽었다는 소식을 들었어요. 가슴이 터질 것 같아요." 이 같은 사건은 일어나지 않았어야 할 죽음이며 그것이 불러일으키는 사회적 슬픔은 이루 측량할 수 없이 큰 슬픔이다. 국민들은 슬픈 분노와 같은 나쁜 감정이 확산된다. 사람들은 더 빨리 반응하며 자식들의 군대생활에 불안을 느낀다. 현실이 분명 그렇다. 과연 눈물 흘리는 백성들에 대해 집권자들은 백성의 아픔을 얼마나 공감하고 눈물을 흘릴까?

그 비슷함은 넘어서 유대인 600만 명의 죽음을 어떻게 상상할까? 가해자나 동료들, 죽어가는 자신조차도 상상하기란 불가능할 것이다. 나는 몇 년 전에 폴란드 유대인 강제수용소 및 학살 장소인 아우슈비츠(Auschwitz)를 찾은 일이 있다. 그곳에서 죽은 자들의 원한을 볼 수 있었다. 그들의 억울증(抑鬱症)은 상상할 수 없을 것 같다. 우리가 대충 알고 있는 역사적 아픔이지만 제2차 세계대전 중 나치 독일이 자행한 유대인 대학살, 즉 홀로코스트에서 살아난 사람들, 강제수용소에서 갇힌 130만 명 가운데 110만 명이 희생됐다고 한다. 인간이 얼마나 잔인할 수 있는가를 보여주는 충격적인 현장이었다. 많은 관광객들이 머리 숙여 묵념하며 눈물을 씻는다. 관광객들은 살해되기 직전에 남긴 유품들, 즉 옷과 신발, 안경, 가방, 모포, 머리카락 등에서 죽음에 대한 인간의 무력감, 그리고 분노가 서려 있음을 느꼈다.

유대인 강제수용소의 죽음은 전혀 이와 다른 파리 목숨처럼 죽어갔다. 결코 합리적 존재로 보지 않고 이승에 잡아두려는 사람은 아무 데도 없었다. 다만 지금 살아있는 사람들은 그들을 기억하며 공양하거나 추모할 뿐이다. 세계대전이 끝나면서 이스라엘은 악명 높은 아우슈비츠 수용소가 해방된 날을 기념하여 매년 1월 27일을 '홀로코스트 메모리얼 데이'(Holocaust Memorial Day) 즉, 대학살 추모일로 정해 지키는 것이다. 최근 몇 년간 생존자 300여 명이 폴란드 현지에서 홀로코스트에 희생된 사람들을 기억하는 추모행사 모습이 언론에 보도되었다. 거의가 80~90대의 노인들로서 지금까지 '살아남았다.'라는 감회 속에서 끔찍한 추억으로 눈물을 흘리고 있었다.

나는 지금도 유대인 학살 현장을 기억하면서 "잃어버린 과거 속에서 아픈 기억 혹은 추억은 어디 있을까?" 하고 자문해 본다. 참으로 인간의 육체는 알몸이고 취약하다. 그 연약함은 모든 공격으로부터 노출돼 있어서 치유할 수 없는 상처와 상실감에 빠져들었던 것이다. 수많은 폭력과 전쟁에서 가족의 파괴는 물론 사람들은 각종 사고에 대한 두려움과 공포, 불안, 고통으로부터 멀리 있지 않다. 평화를 추구하지만 마음속에 평화가 없다. 육체의 노력으로 위험을 피할 수 있지만, 그러나 알게 모르게 찾아오는 생의 위기를 피하기가 어려워 보인다. 자신의 주위에 성벽과 요새 같은 안전장치를 설치했더라도 정반대의 위기를 만날 수 있는 것이 인간 세상이니 말이다.

여전히 많은 문제와 고민거리가 있다. 죽음이 사회 도처에 널려 있다. 우리가 목격하는 국내외적으로 갑자기 일어나는 사고, 죽음은 언제나 강렬한 인상을 준다. 죽음 내지 소중한 것의 상실은 언제나 우리 생활 주변에 널려 있다. 인류의 진보된 지식과 이성, 경험은 쓸모가 없는지 지금도 곳곳에서 대형사고, 전쟁, 인종 청소와 이념 투쟁으로 인해 수많은 사람들이 희생되고 있다. 남에 대한 박해와 죽음에 이르게 하는 처사는 자신과 가족들, 이웃 친구들에 대한 파괴 행위의 다름 아니다. 어쩌면 히틀러, 모택동, 김일성 같은 독재자들은 남을 박해하는 존재로서 살아왔고 앞으로도 그들과 같은 방식의 탄압과 처벌, 학대는 계속될 것이어서 인간의 슬픔은 끝이 없는 것이다.

□ 슬픔이 정치 사회 속으로

어린 손자가 물었다. 2014년 4월 16일 '세월호 침몰' 사건으로 인한 가족들의 울음을 보고 "왜 저 사람들이 울어?" 할아버지가 대답했다. "저렇게 우는 것은 뭣을 잃어버려서 그래. 자식을 잃고 재산을 잃고 사랑을 잃어서 그래. 사람들은 사랑하는 가족을 잃었을 때 슬퍼서 많이 울게 돼." 사실 우리는 장례식장에서 혹은 길거리에서 옷을 찢으며 슬퍼하는 모습을 자주 볼 수 있다. 끊이지 않는 슬픔이다. 슬퍼하는 것은 존재의 슬픔이요 영혼이 아픈 상태가 아닐 수 없다. 극심한 슬픔에 빠진 사람들에게 어떤 위로의 말도 들리지 않는 법이다.

더구나 현대사회에서는 전통적인 슬픔과 달리 사회적인 문제, 사건 사고, 사회적 낙인, 즉 왕따, 집단 따돌림, 심지어 성형수술 실수로 입은 상해, 성병 감염 등은 비전통적인 생활로 인해 나타나는 슬픔이 너무나 많다. 독일 사회학자 울리히 벡(Beck, 1997)이 위험사회'(Risk society)로 치닫는 형국이다. 산업화와 근대화에 따른 각종 위험이 일반화된 사회다. 글로벌한 사건 사고로 죽음에 이르는 사람들이 많아지면서 위험 주체들도 다양해졌다. 자본주의 시장에서 노동의 강도가 심해지고 치명적인 경쟁 속에서 살아가려니 피로는 더해만 가는 형국이다.

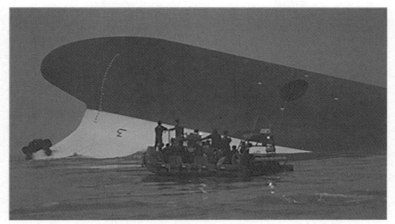

▲ 2014년 4월 16일 '세월호 침몰' 사건은 우리나라 역사상 가장 큰 해상참사 사건 중의 하나로 기록되고 있다.

▲ 세월호 침몰' 사건은 우리나라 역사상 가장 큰 해상참사 사건 중의 하나로, 304명의 사망자와 실종자를 남기며 유가족은 물론 전 국민들의 가슴에 잊지 못할 슬픔과 아픔을 안겨주고 있다. 이 사건은 아직도 실종자의 시신을 완전히 수습하지 못해 현재 진행형이다.

현대인들에게 물질적 풍요는 가져 왔지만 동시에 새로운 위험과 이에 따른 슬픔이 많은 사회가 되었다. '슬픔의 사회적 구성'(Social construction of sorrow)은 개인과 집단, 지배와 피지배의 관계, 자본과 노동의 관계, 계층 간의 갈등, 법과 제도, 윤리의 문제들이 얽혀있는 문명사적 네트워크 관계에서 슬픔이 재생산된다. 슬픔이 개인적 삶에 머무는 것이 아니고 없어지는 것도 아니며, 결국 광범위한 사회적 슬픔이 된다. 그런 이유로 도덕적 마비를 넘어 사회적 마비 상태에 빠지게 됨은 물론이다. 무엇이 사회적으로 '최적'인지도 모르고 허둥대며 살아가는 사회적 존재들인 셈이다. 그러다 보니 슬픔은 강이 되고 고통이 바다가 된 이 땅의 민초들의 설움이 클 수밖에 없다.

　앞에서도 언급된 것이지만 그중에서도 전쟁으로 인한 손실은 온 땅을 슬프게 한다. 전쟁으로 인한 죄 없는 희생양이 되어 버려지는 죽음이 얼마이던가? 6.25 전쟁 속에서 죽은 사람의 수는 얼마이고, 고향을 떠난 1천만의 이산가족들의 슬픔은 어디서 보상받을 것인가? 게다가 일본 강점기에 희생된 위안부 할머니들의 슬픔을 치유하지 못하는 우리 사회, 일본군위안부를 강제 연행해 폭행한 것이 역사적 사실임에도 불구하고 이를 부인하는 일본 당국자들, 그러다 보니 일본군 위안부 피해 할머니들은 생전에 일본이 공식사죄를 하면 얼마나 좋겠나 하며 눈물을 흘리고 있다. 과거에 대한 아픈 기억이 많을수록 반감은 사라지지 않는 법이다.

　뿐만이 아니다. 각종 강력한 바이러스로 인한 괴질(怪疾) 때문에

▲ 2012년 9월 24일 이집트의 바이러스 학자인 알리 모하메드 자키 박사가 사우디아라비아에서 발견한 신종 전염병 중동호흡기증후군인 메르스 감염병. 2017년 9월 13일 기준으로 한국에서의 치사율은 약 21.0% 정도이며] 한국의 공식 감염자 및 사망자 수는 세계 2위를 기록했다.

사회가 온통 불안하고 우울하기만 하다. 중동호흡기증후군인 메르스 감염병, 코로나바이러스 감염증 때문에 불안감과 공포감에 휩싸여 밖에 나가기조차 겁이 난다. 누구나 외면할 수 없다. 한 사람의 재채기가 세상을 어둡게 한다. 팬데믹 현상에서 보듯이 세계는 하나로 연결돼 있어 모든 게 빠르게 전파되고 있다.

해외에서 감염병이 발생하면 온 지구가 위험하다. 엔데믹 (endemic), 즉 바이러스 감염병이 종식되지 않고 주기적으로 발생이

▲ 2019년 12월 중국 우한시에서 발생한 바이러스성 호흡기 질환인 코로나바이러스 감염증은 2023년 7월 16일 기준 세계 230개 국가에서 총 누적확진자 687,204,433명, 총 누적 사망자 6, 859,108명을 기록하며 현재도 진행 중이다. 이 코로나바이러스 감염증으로 전 세계는 21세기 들어 최악의 불안감과 공포감에 휩싸이며 여행은 물론 무역까지 중단되는 충격에 휩싸인 바 있다.

될지 모른다는 예측이 우리들을 더욱 불안하게 만들고 있는 것이다. 전염병은 예측하기 힘든 글로벌시대의 위험요소로서 초연결사회로 이어지면서 우리는 더 위험한 삶을 살아가야 할 처지다.

특히 사회적 압력에 따라 슬픔이 생산된다. 행복의 실현이 어려워지면서 슬픔은 대량생산되는 모습이다. 사회적 압력은 슬픔의 주체성을 일깨우고 때로는 부정적인 행동을 하거나 사회변화의 실천적 힘으로 작용한다. 어떤 사람은 자신의 삶에 대해 슬프게 통곡하지는 않더라도 바위를 안고 물에 빠져 죽고 싶은 마음도 들 것이다.

결국 '슬픈 사회'는 지나친 경쟁과 갈등이 만들어 낸 결과로 볼수 있다. 필요 이상으로 서로 비교를 하고, 크고 작은 집단 속에서 임의적으로 편 가르는 세대, 우리 사회의 고질적인 학연, 지연, 혈연 등 집단에 얽매여 눈치를 살피며 생존해가는 우리 모습들이 너무나 가슴 아프고 서글프다.

문제는 사회적 슬픔이 국민 정서에 부정적인 영향을 미친다는 사실이다. 다시 말해 국가체제에 대한 정서의 저항을 가져올수 있다는 점이다. 자기 삶을 온전히 만들어 갈 수 없다는 절망감속에서 삶의 용기를 잃게 된다. 상대적 박탈감이 점점 쌓여가면서 새디즘적인 자기 비하에 빠질 수 있다. 도덕적인 순수를 기대하거나 지켜 갈 수 없다는 데 문제가 있다는 얘기다. 게다가 슬픔은 개인 문제로서 삶의 의지를 배제하는 힘으로 작용한다. 개인의 감정이 공적 영역으로 확대된다. 자신의 증오가 정치경제학적 투쟁의 장으로 치달을 수 있다. 몸에 밴 불안증세가 만성질환 수준으로 변하게 되어 사회적 비용도 커지게 됨은 물론이다. (Temes, 2003).

게다가 우리 사회에서 만성적 슬픔(chronic sorrow)을 치유하지 못한 채 살아가는 사람들이 많다. 만성적 슬픔은 만성질환 상태로 건강에 해가 된다. 우리 곁을 언제 떠날지도 모르는 가족들과의 사별, 불완전한 사회생활에서 슬픔이 손실에 대한 정상적 반응이지만 사회 곳곳에서 가슴을 쥐어뜯으며 슬퍼하는 모습에서 사회에 만연된 슬픔을 이해할 수 있다. 왜 이리 어려운 세상일까 하며 잠자리에 들지만 사회적으로 만연된 슬픔은 화(火)의 원인이 된다.

그러므로 우리가 눈물 흘리며 아파하는 감성적 애도가 아닌 그 애도를 사회적 관점에서 성찰하는 것, 슬픔이 없는 맑고 행복한 사회를 만들어가기 위한 슬픔의 치유가 필요한 시대다. 개인적인 슬픔을 포함해서 우리 모두가 함께 살아가는 공적인 영역에서 슬픈 애도를 해소하는 것이 필요하다. 결국 국가정책은 국민의 균형 있는 삶의 질 보장으로 광범위하게 퍼져 있는 불안, 불행한 요소들을 제거해 국민들의 눈물을 씻어주는 프로그램이 개발돼야 할 것이다. (Roos, 2002).

이상에서 나 홀로 결론을 내기가 어렵지만 자신의 슬픔을 돌볼 여지없이 삶을 꾸려가기에 바쁜 현대인들이다. 힘들게 희망 없는 삶을 살아가는, 각자의 마음속에 자리잡고 있는 슬픔, 행복, 철학, 인생, 사랑 등의 의식의 흐름을 어떻게 관리할 것인가 하는 문제의식까지도 챙기지 못하는 듯하다. 난파당한 배처럼 이리저리 흔들리는 삶이라고 할까? 아니면 방향을 잃고 생의 노를 힘들게 저어가는 형국이라고 할까? 역설적으로 한국인은 절망적 삶 및 슬픔에 익숙해지는 듯하다.

따라서 우리는 정직하게 단호하게 직접적으로 세상을 보고, 그리고 다시 자신을 보고 그 슬픔이 거기에 있다는 사실을 알아가는 것이 중요하다. 만약 당신이 겪는 슬픔에 대해 이해하지 못한다면 당신은 행복을 느끼지 못할 것이다. 슬픔의 개념에는 여러 가지 상처 손실을 극복하면서 자기를 치유하는 힘이 포함되어 있기 때문이다. 현재 누구와 사별했을지라도, 누구를 사랑하지 못하더라도, 사랑을 놓쳤더라도, 친구를 멀리 보냈어도, 하지만 슬픔은 삶의 전환뿐만 아니라 반전의 기회라는 사실도 잊지 말아야 한다. 이것이 슬픔을 이기는 힘이요 사회적 원동력을 만드는 힘이다.

2-3. 슬픔의 사회학: 왜 슬픈 사회인가?

　우리가 경험하는 슬픔 가운데 '사회적 슬픔'이란 개념이 있다. 호르위츠(Horwitz)나 웨이크필드(Wakefield) 같은 심리학자들은 '사회적 슬픔'이란 욕구의 억압에 따른 괴롭고 답답한 감정이라고 말한다. 슬픔은 무언가 소중한 것을 잃거나 가지지 못하여 겪는 감정이며 복합적이란 것이다. 이러한 슬픔의 원인은 자신이 다른 사람이 되고자 하는 경우에 많이 발생한다. 때로는 가면(mask)을 쓰고 다른 존재로 살아가려는 것이다. 우리는 항상 다른 사람으로 되기를 원하기 때문이다. 영화에서 나오는 영웅적으로 행동하는 주인공처럼 살아가려는 욕망 같은 것이다. 성공한 사람들처럼 나도 그렇게 무의식적으로 모방하기를 시작하는 것이 인간의 본능이다. 프랑스계 미국인 르네지라르(Rene Girard, 2023)는 "모든 욕망은 존재에 대한 욕망."이라고 갈파했다.

인간은 경쟁적으로 타자의 욕망을 모방하며 살아간다. 균형이나 절제없이 잘못된 욕망에 빠진다. 그러다 보니 모두가 목격하는 일이지만 사회적 일탈, 폭력은 물론 사회적 죽음이 도처에서 일어나고 있다. 사회적 슬픔은 곧 '사회적 죽음'(Social death)과 관련된 감정이다. 사회적 죽음은 사회로 하여금 인간을 지켜주지 못한다는 의미가 있다. (Claudia Card, 2003) 사회적 죽음은 언제 생길지 모르는 불의의 사고로 죽는 상태를 말한다. 또 사회적 죽음은 '사회적 구조' 문제와 맞닿아 있다. 한국 사회를 슬프게 하는 죽음의 형태, 즉 자살을 비롯해 각종 사건 사고는 사회구조와 무관치 않다는 뜻이다. 사람들마다 죽어가는 형태가 좀 다르지만 대개 죽음의 종류로는 육체적 죽음과 심리적 죽음이라고도 불리는 뇌사상태의 죽음으로 나눠 설명한다. 의심할 여지 없이 '육체적 죽음'은 심각한 질병 혹은 사고로 심장의 기능이 영구적으로 정지된 상태다. 심리적 죽음이라고도 불리는 '뇌사형태'란 육체적 기능에는 이상이 없지만 뇌의 손상으로 인해 뇌의 기능이 정지된 상태다. 치매, 알츠하이머병을 앓으면서 정상적인 생활을 할 수 없는 상태에 빠지기도 한다. 그리고 '사회적 죽음'은 사회적 관계가 단절된 상태, 사회로부터 격리되고 고립된 상태로 '사회적 생명'을 잃은 상태를 의미한다. 즉 자살, 대형사건 사고로 인한 죽음들이 사회적으로 연결된 것이다.

□ 왜 슬픈 사회인가?

모든 사회체계는 다양하게 상호 관련된 부분들 사이에서 이익의 불균형, 긴장, 그리고 갈등을 드러낸다. 자기 이익을 어떻게 획득하고 관리하느냐에 따라 불평등 수준이 달라지게 된다. 근대화 과정의 산업화 도시화 과정에서 일어난 사건 사고의 배경에는 결국 '돈'이라는 탐욕이 지배한다. 돈 때문에 죽고 사는 가파른 삶이다. 정치경제학적 입장에서 보면 빈곤 · 노동 · 건강 · 지위와 역할 등이 단순히 '개인 문제'라기보다는 '사회구조적 문제'라는 시각이 지배적이다. 사회집단 내에서 수입의 정도, 직위의 고하, 교육 정도, 가치관의 차이에 따라 빈곤과 불평등적 사회현상이 구조화되는 것이다. (Minkers Estes, 1984).

그런 점에서 나로서는 '슬픈 사회'라는 주제에 관심이 간다. 슬픈 사회란 우선 암묵적으로 우리 삶 속에 슬픔이 늘 잠재해 있다는 사실을 전제로 하고 그 인과관계를 사회학적으로 규명하려는 것이다. 슬픔은 고뇌에 찬 표현으로 눈물을 흘리게 되는 원인과 그 대처 방향을 사회심리적으로 접근하는 영역이다. 후기 근대사회로 들어와 실존적 존재로서의 죽음, 슬픔을 사회적 감정, 병리 현상으로 보려는 것이다. 이런 견해는 탐색적이지만 눈물의 사회학으로 전개된다. 이러한 접근은 덴마크 알보그(Aalborg) 대학의 사회학과 교수인 미첼 야곱슨(Michael Jacobsen, 2019)의 설명과 안 뱅상 뷔포(2000)의 《눈물의 역사》에서 '눈물의 사회학'이라는 용어를 사용했다.

그렇다면 우리 민족의 사회적 슬픔은 어디까지일까?

우리나라는 1945년 8월 15일 광복 이후 70년 동안 세계 최빈국에서 무역 규모 세계 8위, 수출 규모 세계 6위의 경제 강국으로 부상하는 경제성장을 이루었다. 또 대한민국은 문화의 불모지에서 세계 콘텐츠 시장 규모 기준에서 8위의 문화강국으로 성장했다. 그러나 한국의 성공적인 현대사는 잘 살아야 하겠다는 열망에서 사실상 기업이 이룬 성과가 크지만 이에 따른 사회적 모순들도 많이 나타났다. 이를테면 전례 없는 불평등구조, 이념 갈등, 극단적인 소득 양극화, 높은 청년실업률, 고령 인구 증가 등은 자본주의 기존시스템에 강한 의구심을 갖게 할 정도다. 많은 사람들이 힘들게, 피곤하게, 슬프게 살아가는 것이다.

어쩌면 우리나라가 경제적으로 성공했지만 평등의 극대화 요구와 함께 열망과 '질투의 사회'로 변한 듯하다. 인간이 느끼는 감정 중 '질투'가 가장 불행한 감정인데 말이다. 자신이 소유한 것에서 즐거움 내지 만족을 얻지 못하고 다른 사람이 가진 것에 대해 질투를 느끼며 고통까지 수반하게 된다. 만성적인 불만족이 지나치게 강조되는 〈갈등사회〉, 〈위험사회〉, 〈피로사회〉, 〈분노사회〉로 확대되는 상황이다. 이제는 이런 절망적이고 부정적인 사회를 넘어 눈물과 한탄, 불안이 중첩되는 〈슬픈 사회〉(Sad society)로 변하는 듯하다.

영국 이코노미스트 한국 특파원으로 있는 다니엘 튜더(Tudor, 2012)는 "우리 사회가 고난의 역사 속에서 기적을 이루었으나 갈등, 분노, 피로감, 불편함 때문에 기쁨을 잃었다."라고 말했다. 기쁨을 잃었을 뿐만 아니라 슬픔도 이기기가 힘들어졌다고 했다. 영·호남의 끝없는 지역갈등, 중도 없는 극우·극좌의 충돌, 경쟁이 내면화된 삶이다. 더 나은 삶, 더 좋은 삶을 위해서는 남을 이겨야만 하는 무한경쟁 사회구조다. 일터에서는 주당 근무시간을 40시간으로 단축했다지만 여기저기서 '곡성'이 나온다. '저녁이 있는 삶' 혹은 가정의 행복과 여유는 아직 사치에 불과하다는 반응이다. 더구나 젊은이들은 취업절벽에 한숨 짓는다는 사실에서 이 시대의 젊은 세대들은 '슬픈 세대'가 아닐 수 없다. 요새 금수저·은수저·흙수저라는 '수저' 시리즈가 등장하고 있는 것도 이와 무관치 않은 것이다.

그렇다면 왜 이토록 사람들은 일상에서 피로하고 슬픔을 느끼는가?

앞장에서도 열거했지만 울게 되는 한국 사회다. 약소국으로서의 국난과 가난, 일제 침략, 6.25 전쟁, 광주항쟁으로 이어지는 산업화·민주화 과정에서 겪은 고통과 희생은 우리나라가 한(恨)의 민족으로 살아가는 질곡의 역사요 슬픔의 역사였음을 보여준다. 특히 근세에 들어와 언론과 지식인 사회가 염려하는 것이지만 한국호가 경제성장과 더불어 사회적 동질성의 불일치, 이질성과 갈등의 확대, 지위 불일치, 의자 차지하기의 반칙, 불공정 부정부패의 만연, 세대 간 갈등, 가족 기능의 약화 등이 확대 재생산되고 있다는 진단이다.

평균적이며 평범한 사람으로 사는 게 어려운가? 청장년들은 직장에서 "해고당할까 봐서, 전셋값 올려달라고 할까 봐, 애인이나 배우자로부터 헤어지자고 할까 봐" 등의 끝이 없는 선택과 결정, 보이지 않는 미래가 암담하기만 하다. 그래서일까? 한국을 떠나고 싶다는 소리도 자주 들린다. 상황이 이렇다 보니 사람들 간에는 상당한 피로감과 상호 불신의 벽이 크게 작용하게 된다. 상호작용에서 인간관계, 사회적 행위에서 내가 없는 삶을 살아가는 형국이다. 마치 노르웨이 작가 뭉크의 그림 〈비명, 절명〉에서 볼 수 있는 슬픔 · 의심 · 고독 · 죽음을 연상케 한다.

▲ 노르웨이 작가 뭉크의 그림 〈비명, 절명〉

또 사회적 이동이 지역 · 직업 · 계급의 이동은 사회구조변화에 따라 급격히 변하고 있다. 과장된 표현이지만 우리 사회는 '콩가루 사회'와 같아서 응집의 위기, 통합적 사회구성이 약한 흩어짐의 속성을 보이고 있다. 한국 사회의 이동은 산업화 이후에 전체성 · 급격성 · 과격성의 특징을 갖고 전 사회적으로 변동하고 있어 안정이 아닌 '흔들리는 사회' 모습을 보인다. 결국 한국 사회는 치열하게 경쟁하는 '전투 사회'와 같으며 '투쟁의 장(場)'과 흡사하다. 자기의 '만족지연'을 기다리지 못하고 있는 '빨리빨리'의 조급한 사회다.

결국 이 시대의 슬픔의 본질은 역사적 슬픔으로서의 전쟁과 기아, 한(恨), 갈등과 소외, 빈부의 양극화, 계층 · 세대 간 차이, 그리고 뿌리 깊은 이념적 차이 등으로 고통받고 있다. 최근에는 학교에서도 괴롭힘, 학대로 인한 자살도 일어난다. 어떤 지성적 답변을 내놓을 수 없는 현실 속에서 국민들은 답답해하며 한숨짓는다. 수천 겹의 사회적 모순들과 이로 인한 슬픔들은 단순히 정치적 경제적 이념적 담론으로 치유할 수 없는 상황이다. 자기 능력 범위 내에서 정서적 저항감, 상대적 박탈감을 조절할 수 없는 사회적 분노가 성장하는 모습이다. 솔로몬 같은 지혜를 가졌더라도 해결하기 어려운 사회적 문제들이 아닐 수 없다.

이 같은 맥락에서 사회적 고통과 슬픔이 장기화되면 시민사회의 구성 요소인, 즉 의식, 여론 등에 의한 이념, 조직, 운동 등에 의한 세력, 법, 기관 등의 의한 제도의 3가지 차원에서 왜곡이 일어나게 된다. 지그문트 바우만(Bauman, 2013)이 말하는 '도덕적 불감증'에 빠지면서 타인에 대해 벽을 강하게 치는가 하면 올바름과 그름에 대해 귀를 닫는 대중으로 변하게 된다.

결국에는 영혼의 암이 성장할 수 있는데 그 배경으로 △정치인들과 권력자들의 몰염치와 부패다. △좀비 기업들과 후진적 기업주들의 갑질이 국민의 분노를 일으킨다. △대형사고로 인한 고통과 죽음이다. △청장년들의 취업절벽이다. △계층의 양극화이다. △노인들의 빈곤율과 자살률이다. △이념적 갈등과 통일문제 등의 끝없는 대립이다.

많이 확장되었지만, 한국 사회는 갈등과 분노, 계층 간 불평등 구조가 심화되는 가운데 권력 격차가 상대적으로 큰 사회다. 사회 속에서 불안감, 피로감 속에 업무에 쫓기는 사람들, 불규칙한 규칙과 규범, 진심이 없는 인간관계에서 심한 소외감정을 느낀다. 합의할 수 없는 '이념적 우울증'에 시달리고 있는 것도 빼놓을 수 없는 한국병이다. 아쉽게도 정신적 빈곤, 삶의 만족도가 낮아지면서 '행복도'는 꼴찌 수준이다. 게다가 사회적 가치(social worth)로서 자기애와 개인적 효능감으로서의 자기역량 등의 자기자존감(self-esteem)을 유지하기도 어렵다. 경제 사회적으로 1인당 국민 총소득(GNI)이 3만5천 달러 시대라고 하지만 우리는 행복감을 느끼기보다는 반대로 모두가 살기 어렵다는 불안사회, 슬픈 사회 속에 살아가고 있다.

□ 사회적 존재로서의 슬픔

우리는 지난 세월호 침몰 사건과 이태원 참사를 지켜보면서 심한 우울과 죄의식·절망감을 경험하였다. 집단적 멜랑콜리에 빠져들기도 했다. 최근 세계 도처에서 일어나는 잔인한 테러, 묻지 마 칼부림, 묻지 마 살인 사건으로 사회적·정치적 슬픔은 계속된다. 라캉(Lacan)에 있어서 사회적 슬픔은 개인과 사회가 분리된 신체가 아니라는 사실을 보여준다. 가족들의 애도는 궁극적으로 사회적 정치적 행위로 변한다. 우리는 부당하게 죽은 자들의 영혼을 자신의 쉼터로 돌려보내지 못하는 끝없는 '슬픈 자'로 남게 된다. 애도는 슬픔을 마주하는 행위의 다름 아니어서 이 행위는 사회정치적 맥락을 빗겨 갈 수 없는 일이다.

영국 빅토리아 시대 시인 알프레드 테니손(Alfred Lord Tennyson, 1809~1892)이 쓴 "눈물이 까닭 모를 눈물이"(Tears Idle Tears)라는 시에서 사랑하는 사람을 잃은 슬픔, 그리움을 이렇게 노래하고 있다.

눈물이 까닭 모를 슬픔이 눈물이 왜 흐르는지
어떤 성스러운 절망의 심연에 흐른 눈물이
가슴에 솟아올라 눈에 고이네.
(중략)
행복한 가을 들판을 둘러보며

다시 오지 않을 그날을 생각하니
너무나 슬프고 새롭네. 사라지고 없는 날들이여.

　그러나 우리는 결코 슬퍼하는 일 없이 살 수는 없는 사회적 존재다. 우리들 자신의 슬픔을 느끼는 배경과 그 원인에는 두려움, 편견, 증오, 욕망, 신경증, 존재론적 결핍감과 불안이 자리하고 있기 때문이다. 실제로 슬픔은 끊임없이 불안을 몰고 온다. 불안은 무언가 좋지 않은 것을 피하지 못함으로써 경험하는 불편한 상태다. 슬픔은 눈먼 사람이나 건강한 사람 관계없이 누구에게나 오는 불가피한 현상이다. 역설적으로 현대사회에서는 슬픔이 많다 보니 그런 슬픔조차 지나쳐 버리거나 오래 가지 않는 듯하다. 삶에 지쳐 있다 보니 슬픔조차도 사치스러울 때가 있다는 얘기다.

　맙소사! 어떤 이는 더이상 먹지 못해서, 밥 먹을 힘조차 없어서, 죽어가고 있음을 알면서도 길거리에 쓰러져 있는 사람들, 눈물이 말라버려 더이상 울 수도 없는 사람들이 우리 주위에 얼마나 많은가. 삶의 밑바닥에 말똥구리 냄새가 묻을 수밖에 없는 비참한 생활 속에 허덕이는 사람들은 얼마나 슬플까? 전국의 무료급식소에서 줄을 서서 밥 한 그릇 먹기를 기다리는 노숙자들, 종로3가 탑골공원 뒷담 근처에서 무료급식소에서는 하루 400~500명 분을 마련하지만 이것도 부족하다고 한다. 이러한 빈곤한 생활과 이에 따른 슬픔은 사회와 관련된 것이다. 사회가 나를 만

들며 내가 사회를 생산한다는 사실, 곧 나는 사회인 셈이다. 그래서 우리는 사회적 동물이다

지나친 말이지만 한국 사회는 죽음을 방치하거나 죽음을 권하는 사회처럼 보인다. 자살을 통해서, 각종 사고를 통해서, 심각해지는 바이러스 감염병 확산 등에서 보듯이 애도의 분위기를 넘어 분노 사회로 치닫는 모습이다. 2014년에 개봉된 코미디 영화 '와일드 테일즈'(Wild Tales)는 분노에 휘둘리는 나약한 인간 모습을 보여준다. 분노는 참을 수 없는 순간으로 이판사판식으로 그려진다. 분노는 극이 달할 때 복수로 끝장을 보고 마는 분노조절 장애인처럼 행동하는 모습이다. 우리 사회가 그런 분위기다. 게다가 분노를 넘으면 슬픔과 좌절감에 빠지기 쉬울뿐더러 죽음은 바로 눈앞에서 발생한다. 질병의 상흔뿐만 아니라 삶의 실패, 애도, 이별, 실망, 배신, 나아가 신체적 질병들과 함께 세월 속에서 '노쇠의 증후군'을 느끼며 슬픔을 삭이는 것이 우리들 인생이다.

어떤 사람은 조금 더 많이, 어떤 사람은 조금 더 적게, 그 정도는 다르겠지만 이기적으로 살아간다. 고집불통 이기주의가 판을 치고 돈만 앞세우는 경쟁사회에서는 법과 윤리는 무력해진다. 아무런 통제도 못하는 사회처럼, 아니 신에 대한 두려움도 없어지는 사회가 된다. 대형참사들은 몰가치적인 행태, 우리가 살아가는 생활세계, 사회구조와 무관치 않다는 사실이다. 프리드먼(Friedman, 1980)은 "사회질서는 단지 경제영역에서만 한정되지 않고 인간 삶의 전 영역에 걸쳐서 복잡하고 정교한 구조를 만들어내기 때문이

다."라고 말한 바 있다.

우리는 개별적인 존재가 아니다. 우리는 자연인이지만 사회구성원이면서 동시에 직업인으로서 혹은 사회적 존재로서 살아간다. 거기에는 당연히 고통과 슬픔도 늘 같이 있게 마련이다. 열두 광주리의 햇살에도 녹이지 못한 아픔과 슬픔이 있다. 현실적으로 부딪치는 다양한 문제들은 사회발전의 구성적 요소들과 밀접하게 연결돼 있기 때문이다. 일상생활이 어려워서 혹은 질병 때문에 어떤 탈출구로 자살을 떠올리는 사람들도 마찬가지다. 현대인들의 고독과 좌절, 사는 게 뜻대로 되지 않을 때 남다른 고통과 슬픔을 느끼는 것이다.

너무 비관적인 생각일까? 사실 우리 사회는 사회적 슬픈 감정이 남달리 지배하는 듯하다. 슬픔은 서럽다는 느낌을 동반하지만 죽음이나 좌절에 의한 슬픔은 '통곡이 아니라 신음'이라는 말로 표현된다. 또 사회적 슬픔은 △집단적인 죽음 또는 공동체적 상실과 관련돼 있고, △집단적 열망의 좌절과 연관돼 있으며, △마음 놓고 울부짖는 통곡으로 표출되지 않는 공동체적 규율이 작동하고 있다. (정명중 외, 2013).

가시적으로 판별할 수 없지만 사람들은 사회집단이 복잡해짐에 따라 더 많은 슬픔을 경험하게 된다. 심리학자 랜디 코넬료 (Vingerhoet, and Cornelius, 2007)는 "눈물은 사회적 신호로서의 감정 표현을 통해 침묵에 가까운 눈물을 흘린다."라고 했다. 슬픔, 걱정, 정신적 허기, 신체적 아픔 등으로 고통을 받을 때 눈물을 흘린다.

흔히들 사람들이 "나는 슬프지 않아, 나는 슬프지 않아." 하면서도 눈물을 자주 흘리는 것이 나약한 인간의 모습이다. 이런 아픔에 대하여 사람들은 "곧 좋아지겠지, 곧 회복되겠지, 곧 끝나겠지, 곧, 곧, 곧, 하며 울음을 참으며 살아가는 것이다.

이제야 왜 우리가 슬픈지 알만하다. 그것은 살아남기 위해 눈물을 흘리는 것이다. 눈물은 치유의 과정이다. 물론 슬픔의 과정이 저마다 다를 수 있고 끝이 있는 것도 아니며 치유의 방식도 다르다. 문제는 다양한 슬픔에 대한 자기방식의 치유법을 이해할 필요가 있다. 죽기 전까지는 인생이 끝난 것은 아니고 슬픔은 계속되기 때문이다. 계속되는 사회적 슬픔은 또 다른 사회적 고통으로 사회적 배제, 거부, 부정적인 평가, 상실로 인한 사회적 단절과 불쾌감으로 이어지게 마련이다. 프로이트 같은 정신분석학자들은 건강 회복을 위해 죽은 사람과의 결속감정을 끊고 상실 이전 상태로 돌아가는 것이 슬픔의 치유라고 했다. 인간관계에서의 애착관계가 인간의 정서적인 안정에 크게 기여한다는 사실에서 상실에 대한 스스로의 성찰이 필요한 시점이다.

□ 슬픔의 사회적 재생산구조

흔히 '내가 왜 슬프지?' 하며 눈물을 흘릴 때가 있다. 늙어가면서 "가는 세월 그 누구가 막을 수 있나요?" 하며 흥얼거릴 때 나 자신도 모르게 눈물이 난다. 아름다운 노래마저도 슬프게 들리는 것이다. 시도 때도 없이 밀려드는 고독 속에 슬픔이 더 해지는 모습이다. 아마도 그 슬픔이 정상적인 반응인지 알 수 없지만 재미있는 이야기를 들어도 슬픔이 된다. 그래서 만물이 절대로 아름답게 보이지 않는 것은 마음에 병이 든 것이다. 그러니 아침에 맑은 햇살이 비쳐도 그저 슬퍼진다. 우리는 한숨지으며 먼 하늘을 자주 보게 되는 것도 우리들이 처한 환경이 어렵다는 증거다.

인생은 슬픔으로 가득하다. 하소연 할 데 없는 억울함 속에서 눈물을 흘리며 살아가는 사람이 얼마나 많은가? 이와 관련해 '슬픔의 사람'(man of sorrow)을 성경 이사야 53장 3절에서 볼 수 있다. "그는 멸시를 받아 사람들에게 버림받았으며 간고를 많이 겪었으며 질고를 아는 자라 마치 사람들이 그에게서 얼굴을 가리는 것 같이 멸시를 당하였고 우리도 그를 귀히 여기지 아니하였도다."라고 했다. 부처에게는 욕망이 슬픔의 원인이 되었다. 욕망을 정복할 때 모든 슬픔은 사라진다고 했다. 그러나 그것이 가능할까? 그밖에 많은 문학작품에서는 '존재의 슬픔'(Existential sorrow)을 자주 언급한다. 존재의 슬픔은 한마디로 죽음에 대한 불안이다. 인간은 죽음의 공포, 신체적 정신적 노쇠, 외로움 등으로 인해 숙명적으로 고독한 존재라는 사실이다.

더구나 인간은 가까운 사람과 누리는 관계가 좋지 않을 때, 스스로 통제할 수 있는 자유로움을 느끼지 못할 때, 사물에 대한 부정적 인식이 강해질 때, 건강한 신체 상태가 유지될 수 없을 때 심한 갈등과 좌절을 느끼는 법이다. 그럴 때 누구나 애통하며 눈물을 흘리게 된다. 이유 없이 나도 모르게 슬픈 감정이 찾아올 때도 많다. 그 같은 감정들은 어딘가 허전하고 고장이 났기 때문일 것이다.

그런데 인간의 마음속 심연을 들여다보는 것이 얼마나 어려운가. 우리의 머릿속은 새의 둥지와 같이 복잡하게 얽혀있다. 구스타프 융(Jung)은 인간의 정신을 의식, 무의식, 집합의식이라는 세 가지로 구분했지만 슬픔은 이를 다 포함하는 복잡한 감정의 표현이다. 또 융은 슬픔과 우울증의 현상학적 분석에 기초하여 '생물학적 정신의학'(biological psychiatry)에서 슬픔의 변화를 고찰하고 있다. 모든 행동, 사고, 감정을 생물학적 입장에서 접근하는 경향은 인간의 정신을 생물학적 관점에서 해명하려는 것이다.

한편, 이런 복잡한 감정의 표현, 슬픔의 진행 과정을 우리는 마을을 열고 폭넓게 이해할 필요가 있다. 일반적으로 슬픔과 관련해 나타나는 감정은 갑작스런 충격과 마비, 그리움과 애착, 절망, 고통, 슬픔, 분노, 죄책감, 불안, 물리적 행동과 인지적 행동, 회복의 순서로 나타난다. 이 같은 복잡한 감정을 미국의 정신의학자 퀴블러 로스(Kübler-Ross, 1969)는 슬픔의 진행 과정을 부정→분노→협상→우울→수용의 다섯 가지 단계로 진행된다고 했는데 이를 나는 다시 요약해서 3단계로 나눠보았다.

▷ 초기단계:

충격 및 실망감과 불신, 비정상적인 혼란스러운 상태로 감정기복이 심하다. 심리적 마비로 인해 무슨 일이 일어나는지를 모르는 단계이다.

▷ 중기단계:

강렬한 반응 속에 강력한 통증을 느끼거나 회복의 속도가 느려지거나 때때로 예민한 감정 표출이 자주 일어난다.

▷ 후기 단계:

슬픔을 극복하고 희망의 빛으로 변한다. 정상적 감각과 웰빙의 복귀, 삶에 대한 새로운 믿음으로 회복되는 과정이다.

이상에서 슬픈 감정을 살펴보는 것은 이론적이며 실험적 관심의 대상이지만 슬픔은 당한 사람들의 슬픔의 심각성, 인지적 요인(부정적인 기억, 건강수준, 회복력) 뿐만 아니라 개인차(애착, 의존성)에 따라 다르다. 초기 첫날, 몇 달 동안은 슬픔의 강도가 높고 치유 가능성이 없는 복합적인 슬픔을 보이거나 슬픈 장애를 겪지만, 사별을 적응해 가는 과정의 중기단계에서는 슬픔과 애도의 감정이 줄어들면서 부정적인 이미지, 미레에 대한 두려움이 사라지는 등의 심리적 조정과정을 거친다. 그리고 마지막 후기단계에서는 슬픔이 천천히 해결되면서 적당한 솔루션을 차아 정상적인 길로 들어서게 된다.

〈도표-4〉 **슬픈 감정의 흐름**

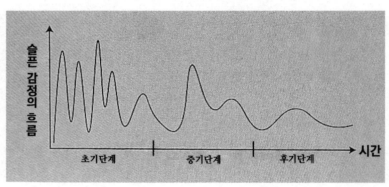

※ 자료: Grief, Loss, and Bereavement self-help, Psychology Tools, psychologytool. com.

　이런 맥락에서 지금 우리가 세계에 존재하고 있는 슬픔과 고통에 대해 깊은 관심을 갖는 것은 우리의 삶을 더 살찌게 살기 위해서다. 사람이 함께 웃고 울 때 같이 있다고 느껴지면서 서로 위로가 되기 때문이다. 인간의 정서는 통역이 필요하지 않다는 사실에서 슬프면 서로 눈물을 흘리며 사랑을 느끼게 마련이다. 경쟁 사회에서 이웃에 대한 눈과 마음을 닫는 세상에서 서로의 슬픔을 이해하는 것은 갈등을 넘어 사회적 공감을 얻어가는 길이다.

따라서 우리가 단순한 행복을 요구하는 것이 아니라 그동안 쌓인 한(恨)과 분노를 날려 보내며 슬픔을 조절해 가는 살아가는 데 필요한 사회적 슬픔에 대한 이해가 필요하다. 현대인들이 느끼는 상실감과 분노, 무너지는 슬픈 마음들이 사회적 불안 원인으로 작용하기 때문이다. 또한 아우구스티누스가 쓴 《고백록》에서 볼 수 있듯이 슬프고 혼란스럽고 삶에 대한 회의와 죽음에 대한 공포가 나란히 존재하는 현실, 슬픔의 애도는 더이상 '약함'이 아니라 한 사람의 건강에 가장 중요한 심리적 과정으로 이해돼야만 하기 때문이다.

□ 갈등사회, 피로사회, 분노사회로부터 슬픈사회로

슬픔에는 한 나라의 사회문화적 강박감이 작용한다. 슬픔의 상대적 무관심, 사회적 압력, 정서적 불안 등이 작용한다. 특히 앞에서 이미 설명했지만 우리 국민들에게는 가난이라는 한(恨), 일제강점기의 상실감, 6.25 전쟁의 비극적 체험, 산업화와 민주화에 대한 아픈 기억을 안고 살아간다. 더구나 요새는 신자유주의적인 살벌한 경쟁 속에서 피곤하게 살아간다. 자본주의 사회에서 살지만 역설적으로 인간의 욕구는 충족될 수 없는 불만족 속 상태에서 허덕인다. 국민 소득 3만5천 불 시대에 진입했다고 하지만 사람들의 삶은 기본적인 1차 욕구에 매달리고 있는 형국이다. 가시처럼 남겨진 아픔들이 치유되지 못한 상태로, 끝없는 불안 속에서 삶을 이어가는 우리들 삶의 모습이다.

아울러 현대사회는 자아와 타자와의 사이에서 갈등적 적대적 관계의 부정성이 지배하는 갈등사회다. 개인적으로 갑작스런 은퇴, 자녀교육, 주택 마련, 자녀 결혼자금 마련, 노후자금 부족 등 결핍의 시대를 살아가며 심한 갈등을 겪는다. 결핍은 채우라고 존재하는 공간이지만 사실은 그렇게 성과를 내기가 쉽지 않은 일이다. 대한민국 출신으로 독일에서 활동하고 있는 철학자 한병철은 지난 2012년 현재의 사회를 "성과사회, 이런 사회 속에 살고있는 인간은 성과의 주체"라고 했다. 그가 말하는 성과사회는 무언가 '할 수 있다'라는 최상의 가치가 추구되는 사회이다. 사회적 주체로서 자신의 존재감을 유지 발휘하자니 자연히 피로해지고, 그러자니 슬픔과 분노로 치닫게 되는 '분노사회'가 된다는 이론이다.

게다가 한국 사회의 고질적인 문제는 신뢰 결핍(trust deficit)이다. 직·간접적인 신뢰 무시가 더 큰 문제다. 심지어 비행기 조종사의 자살비행 가능성까지 의심하게 되었다. 종교마저도 영적 구원을 외치며 부정과 타락을 거듭한다. 종교인 성직자들이 자기 비우기, 무소유, 사회적 구원을 강조하지만 하나의 빈 꽹과리 소음과 같은 소리로 들린다. 가난한 과부의 엽전을 빼앗아가는 종교인들의 헌금, 시주의 강요는 눈을 찌푸리게 한다. 성직자들은 우리들에게 예수, 부처의 가르침을 공기처럼 마시며 살라고 하지만 실제

생활에서는 술주정꾼보다 못한 것 같아 비애감마저 든다.

회복되기 어려운 피로감, 질투심에 불타는 분노, 갑을(甲乙)관계에서의 긴장과 갈등감은 끝이 없다. 심지어 학교 내에서도 학부모들의 갑질로 인해 교사들이 고통받고 있다. 날 때부터 '갑과 을'이 정해져 있는 것은 아니지만 사회적 지위와 역할에 따라 대부분의 사람들은 '을'의 자리에서 힘겹게 살아간다. 시사적이지만 최근 '갑질사회' 모습을 보여 준 아파트 경비원, 주차요원, 백화점 서비스 직원, 대기업의 중소기업에 대한 '갑질'은 사회적 불평등과 차별을 통해 상대방을 폄하(貶下)하며 자신의 존재를 드러내고자 하는 우월적 감정이다. (최한석, 2015) 남을 밟고 올라타야 살아남는다는 뿌리 깊은 '갑을'관계의 내면 의식을 반영하고 있는 것이다. 사회구조상 갑을관계에서 No 하는 순간 모든 걸 잃는 불안한 사회가 아닐 수 없다.

가정에서도 마찬가지다. 아버지들은 정말 애처롭고 서글픈 지경이다. 아버지로서의 소금 맛이 없어진 지는 이미 오래되었다. 그저 돈이나 벌어다 주는 기계일 뿐이다. 돈은 벌지만 가족에 대한 자식에 대한 영향력이 없다. 화재 현장에서 노모보다 개를 먼저 구한 딸 이야기도 우리를 슬프게 한다. 서울 서초구에 사는 39세의 A 씨는 검은 연기 자욱한 빌라에서 개 한 마리를 품에 안고 허겁지겁 밖으로 나와 경찰에 도움을 요청한 사건을 말하는데, 이 이야기는 2015년 5월 22일 동아일보 기사를 통해 전 국민들에게 널리 알려지기도 했다.

또 세대 간 양극화, 불평등구조 역시 사회문제다. 토마스 피케티(Piketty, 2014) 교수는 "지난 25년간 최상위 계층의 0.1%의 평균 소득은 20배 증가했다."라고 했다. 1980년대 세계 인구 중의 부유한 나라 10%는 가난한 사람 10%보다 수입이 60배 증가했다는 것이다. 우리나라도 비슷하다. 국민건강보험공단의 '건강보험 직장 가입자 연령 소득분위별 평균 소득현황'에서 직장 가입자 1분위와 10분위 평균 월급에서 보면 2014년 직장인 상위 10%는 하위 10%의 월급 80만 5천 원의 11배가 되었다. 가난한 사람들은 살짝 열린 은행 문도 넘기 어렵다는 사실을 보여준다. 가난한 서민들의 생활이 얼마나 참담한가를 실감케 한다. 깊이 패인 얼굴에서는 비정에 지친 모습까지 스쳐간다.

젊은이들은 학력편중, 학력인플레, 학위를 따도 불리한 경쟁에서 시달린다. 학연, 지연에 얽매여 허덕인다. 대부분 사람들이 출세지향, 권력지향적인 삶이 곧 성공한 삶으로 인식하는 것도 사회적 가치문제요 슬픈 현상이다. 정부나 기업은 '맞춤형 일자리'를 약속하지만 인문계 대학 졸업자의 90%가 논다는 말이 있다. 취직을 했더라도 이리저리 채이면서 퇴근 버스에서 피로감과 함께 눈물을 쏟아낸다. 젊은이들은 살아서도 '미생'이요 죽어서도 '미생'인가 하는 회의감에 빠진다. 정글 사회 속에서 살아가려니 자칫 '과잉활동'(overactivity)도 마다하면서 피곤해한다. 오죽하면 염세주의적 젊은이들이 차라리 "이민 가겠다."라는 비탄의 소리를 하겠는가?

그뿐만이 아니다. 우리나라 산업재해통계에서 보면 2014년 국내 일터에서 질병으로 7,678명의 재해자가 발생한다고 했다. 2013년 한국인 자살자는 1만4427명이다. 하루 39.5명꼴이다. 인구 10만 명당 28.5명으로 경제협력개발기구(OECD) 국가 중 부동의 1위다. 흔히 '자살의 다리'로 불리는 서울 마포대교에는 감시 카메라까지 설치해 자살을 방지하고 있지만 13번 가로등 앞에서 일어나는 절망적 자살은 나이에 관계없이 계속 일어나고 있다. 죽기로 마음먹고 마포대교 난간 앞에서 슬퍼하는 사람들이 끊이지 않는다는 것은 그만큼 우리 사회가 불행하다는 것을 반증하고 있는 것이다.

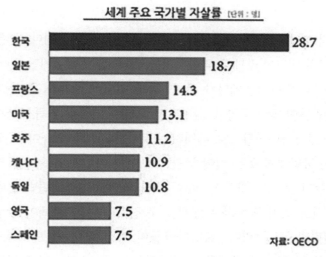

세계 주요 국가별 자살률 [단위 : 명]

국가	자살률
한국	28.7
일본	18.7
프랑스	14.3
미국	13.1
호주	11.2
캐나다	10.9
독일	10.8
영국	7.5
스페인	7.5

자료: OECD

▲ 세계 주요 국가별 자살률. 한국이 단연 1위다.

▲ 자살 다리로 이름난 마포대교. 자살 방지를 위해 현수막까지 붙어있는 모습.

한국적 한(恨)은 누구나 고생을 하며 살아온 고달픔이다. 한은 곧 화(火)의 원인이고 매우 역사적이다. 그 이유야 많겠지만 한국 사회의 구조적 불평등에다가 정치인들의 리더십 부재가 큰 문제다. 정치인들이 국민통합을 외치지만 오히려 분열을 거듭하다가 당파적으로 분당, 신당으로 나눠지는 것이 정치권의 모습이다. 정치인들이 국민에게 주는 것이 무엇인지, 아니 아무것도 속 시원하게 풀어주지 못하는 후진적 정치구조다. 사회적 일탈, 편법에 대해서, 그리고 법이 죄(罪)와 무질서를 못 잡으니 주먹, 떼법이 난무한다. 권력과 돈, 능력이 있는 사람들이 자식 군대 안 보내려고 별 꼼수를 다 부리니 국민들은 허탈해한다. 이와 관련해 부정부

패추방시민연합회 인터넷 방송인, '부추연 TV'에서는 국회를 '생선 뜯어 먹는 국회'로 몰아세운다. 국회의원에게 생선을 맡기었더니 다 뜯어 먹었다는 혹평이다.

그 비슷함을 넘어서 상류층이 아닌 속물 부르주아(BG) 계급들은 매우 이기적인 삶의 지배자들이 아닐 수 없다. 다른 사람의 불행을 통해 자기 배를 불리는 저질 자본가와 정치인, 남이야 어떻든 자기만 잘 먹고 잘살겠다는 이기적인 인간들이 많은 세상이다. 지배와 피지배층 간에 자주 충돌이 일어나는 것도 마찬가지다. 실례로, 영국 『가디언』 지의 보도에 따르면, 부르주아 사회와 일반사회 사이의 충돌로 나타난 것이 '땅콩 회항' 사건이란 것이다. '땅콩 회항' 사건은 세계의 수치로써 한국 사회의 속살을 파고든 가장 고통스러운 염증을 드러낸 사건이다. 이른바, 무소불위 기업 오너들의 그릇된 시대착오적인 행태가 아닐 수 없는 것이다.

그야말로 민초들의 불만, 억압감정, 갈등, 불안, 그런 정서와 아픔은 커져만 간다. 슬플 수밖에 없어 눈물이 자주 난다. 익숙한 상처를 안고 힘들게 살아간다. 술과 눈물은 같이 있는 것인지 모르지만 자꾸 슬퍼지니 술집에서 한 잔 술에 몸을 맡기는 미생들도 많다. 답답한 나머지 달마의 신통력을 믿고 달마 그림 한 장에 매달리며 위로받으려는 사람들도 있을 것이다.

제3장

생애과정에서의 슬픔

3-1. 젊은이들의 슬픔

    슬픔은 우리 삶의 일부이고 자연스러운 반응이다. 생애과정에서 계속 나타난다. 컬크 니일리(Kirk H. Neely)는 지난 2008년 '슬픔이 밀려올 때'에서 슬픔을 연령대별로 나눠 설명하고 있다. 유아기는 애완동물의 죽음이, 소년기에는 조부모의 죽음을, 사춘기에는 깨어진 꿈이나 우상의 몰락에 슬픔을 느낀다. 특히 청소년기는 열정적 연애에서 실패할 경우에도 심한 슬픔을 느낀다. 부모의 이혼과 별거로 인한 자녀들의 고통은 물론 형제자매의 죽음으로 인한 슬픔, 혼자 남았을 때의 슬픔도 마찬가지다. 사회 구석구석에 개인적 슬픔, 사회적 눈물이 퍼져 있다. 슬픔은 각 개인들이 만나는 상호관계 속에서, 그리고 문화 속에서 각양으로 나타나게 마련이다.

    젊은이들의 슬픔 또한 이 시대의 아픔이다. 20대 전후는 계단을 오르는 시기요 미지의 세계를 향해 탐험해야 할 도전의 삶이다. 그러나 자신들의 자리를 찾는 데 어려움을 겪거나 정체성을 형성하는 데 혼란을 겪고 있다. 청년들이 직면하고 있는 가장 큰 문제는 학점 따기, 취업, 결혼 등의 긴장이 연속된다. 하루가 초조한 데다 자존감마저 떨어진다. 일부 청년들의 경우, 주체 못할 욕망, 달콤함에 빠지거나, 반대로 삶의 의미를 찾지 못하고 은둔의 외톨이로 살아가는 모습이 보인다. 후자의 경우 "다른 삶은 행복해 보이는데, 왜 나만 이래. 왜 나만 괴로워. 왜 나만 슬퍼?" 하며 모든 '관계'를 끊고 사는 경우도 있다. 그러나 확신하건대 '쓴맛'과 '달콤함'이 같이 있다. 누구에게나 치명적인 아픔이 있다. 쓴맛은 인생의 어려움이고 달콤함은 행복의 상징이다. 기쁨과 슬픔, 행복과 고난은 우리 삶에서 매우 흔한 패키지다. 하나를 받아들이고 다른 하나를 거부할 수 없는 일이다. 그러니 눈물이 날 때마다 닦아내고 앞으로 나아가야 한다. 새로운 목초지는 어딘가에 있을 것이다.

□ 어항 속의 물고기 같은 존재들

어른들은 젊은이들이 어떤 세계를 살아가는지 얼마나 알고 있는가? 나는 젊은이들이 사회화되는 과정에 있고 또 그 구조 속에 존재한다는 의미에서 '어항 속의 물고기'처럼 느끼며 살아가는 형국이라고 본다. 젊은이들은 신분 상승 혹은 성공적인 삶을 만들어가는 데에 예기치 않은 역경 고난 슬픔의 눈물을 혼자 흘린다는 말이다. 물론 사회시스템이나 기업의 성장 여건이 구조적으로 좋지 않다는 사실도 부인할 수 없다. 젊은이들의 도전정신을 발휘하기 어렵다는 사실에서 지옥에 떨어졌다는 절망감도 느낄 것이다. 정부와 기업은 지난 1992년 부르디외(Bourdieu)가 말하는 사회의 '불안정한 삶의 일반화'에 대처하는 데 어려움을 겪는다.

근래에 들어와 취업절벽에 우는 젊은이들이 많다.

요새 일자리 싸움이 심각하다. 사회에서 날갯짓 한 번 해보지 못하고 주저앉는 청년들이 너무 많다는 얘기다. 청년실업 100만 명 시대에다 높은 취업절벽으로 인해 우리 젊은이들의 꿈이 좌절되고 있다. 취직을 못하는 대학생 45만 명 시대라는 말도 나온다. 통계청에 따르면 2010~2020년 평균으로 따질 때 한국의 전체 실업률은 3.6%, 그중 청년(만. 15~24세)의 실업률은 10.1%였다. 이같은 수치는 1999년 이후 가장 높은 수치다. 기업들이 임금 피크제를 통해 청년실업을 낮춘다는 하지만 취업을 하지 못하는 청년들이 거리를 헤맨다. 청년실업은 경제 불황의 탓도 있겠지만 초고학력 사회와 고령화 사회가 충돌하며 나타나는 성장통이다. 그러다 보니 젊은이들은 감정적으로 지쳐만 가고 있는 현실이다. 그야말로 젊은이들이 피로 증후군, 탈진 증후군, 분노증후군에 쌓여있다. 상처 난 가슴을 안고 어렵게 살아가는 모습에서 기성세대로서 미안한 감정마저 앞선다.

좀 더 자세하게 이야기해 보자. 국내 100여 기업에 이력서를 냈지만 취직을 못하는 청춘, 어렵게 취직을 해도 월 150만 원 내외의 적은 임금, 심지어 몇 개월 치 월급도 받지 못하고 회사를 그만두는 경우도 있다. 더구나 고령화, 저성장 상태에서 구직난이 겹치면서 젊은이들은 중층적 위기에서 허덕이고 있다. 악귀들 사이에 끼어들려고 기웃거려도 끼어들 틈을 찾기란 쉽지 않다. 성장사다리가 있다지만 그것도 기득권층이 틀어막고 앉아 있다.

▲ 청년실업 100만 명 시대에서 헤어나기 위해 우리나라 젊은이들은 취업박람회 현장을 날마다 누비고 다니지만 취업절벽의 높은 벽을 타 넘기는 여전히 어렵다.

일할 곳이 없는 젊은이들은 좌절된 소속감 내지 무력감 속에서 살아간다. 더구나 각자의 이익을 추구하는 개인과 소집단들이 크게 늘어나면서 갈등과 소외감정의 확산은 물론 사회적 불확실성이 증대되고 있다. 인간은 먹고 살아가는 생존지향에서 사회적 지향의 생활 지향으로, 그리고 자아실현 자아통합으로 가는 실존 지향적인 단계로 발전하게 되기 마련인데 많은 청년들이 먹고 사는 생존지향 문턱에서 좌절하는 모습이다.

아닌 게 아니라 2030 세대들은 나는 "왜 취직을 못 하나?" 하는 분노와 좌절에 빠지면서 사회적 원망을 하게 된다. 젊은이들의 경우 대학 졸업장만으로 밥 먹기도 어려울뿐더러 계층상승 사다리가 쉽지 않다. 젊은이들은 저 임금에다가 상승의 사다리가 만만치 않다. 아니 열심히 일해도 위로 올라갈 사다리가 부러졌다. 신분의 상승, 성공의 기회를 잡기가 어렵다는 뜻이다. 옛날처럼 개천에서 용(龍)이 나오기 힘든 사회구조다. 유명 일류대학을 나와 취직을 해도 막상 진정한 인간으로서 자아감이나 성취감 만족감을 느낄 수 없는 형편이다. 가난이 대(代)를 이어 계승되는 악순환 속에서 불평등 감정 속에서 살아가는 것이 서민들의 현주소다. 가난이 피를 통해 유전되는 것처럼 여겨진다.

직업선택의 문제도 마찬가지다. 직업의 수는 대충 한국의 경우 1만 2000개, 미국은 3만 개 정도라고 한다. 그 많은 일자리 중에서 내가 들어가 일할 만한 자리가 마땅치 않거나 부족한 실정이다. 일자리가 부족한 실업 상태에서는 헌법에서 보장하는 '직업선택의 자유'조차도 무의미해진다. 전부는 아니지만 판검사, 변호사, 교수, 의사, 같은 화이트칼라 직업은 소위 '있는 집' 자녀들에게로 돌아간다. 수백만 원의 학원비나 과외받을 경제적 여유가 없는 아이들은 사회진출 경쟁에서 뒤처질 수밖에 없다. 다시 말해 인생의 승패를 예측할 수 없지만 부모의 배경, 경제력이 자녀들의 앞길이 결정되는 꼴이다.

그러다 보니 삶의 질이 떨어진다. '루저'라는 말도 자주 쓰인다. 취업, 결혼, 학업에 성공하지 못한 사람을 지칭한다. 그러다 보니 한국 아동 · 청소년의 삶의 만족도가 100점 만점에 60.3점으로 경제협력개발기구(OECD) 국가들 중 최하위를 기록됐다.

▲ 우리나라 청소년들의 삶의 만족도가 OECD 최하위권인 것으로 나타났다.

2014년 11월 27일 통계청이 펴낸 '2014 사회조사결과'에 따르면 국민 50.9%가 한국 사회는 '불안하다'라고 답했을 정도로 웰빙 지수가 낮다. 이런 현상들은 개인의 능력을 가늠하는 자원인 재산, 교육, 지식과 사회적 상호작용이 어떤가에 따라 누적적 이득이 달라지는 결과들이다. 쉬운 예로서 평균 연봉 1억 원을 받는 고소득자가 있는가 하면, 알바 일용직의 노동자들은 생계비를 벌기도 벅찬 사람들이 있다. 요새 서민들은 집값이 오르고, 세금 올라가고, 물가가 올라가는 등 모두가 힘들기만 삶을 이어간다.

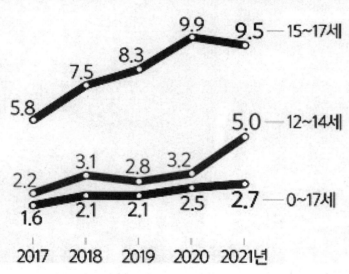

▲ 우리나라 아동과 청소년들의 자살률 추이. [자료: 통계청]

대단히 시사적이지만 자유로운 백 가지 해석이 가능한 것이 청년 문제요 사회현상이다. 청년들의 문제 역시 논쟁적인 사회문제요 국가의 지속 가능한 발전의 가능성과 맞닿아 있는 주제다. 한마디로 청년세대가 열심히 공부하고 일하더라도 미래가 불확실하고 삶의 의욕을 잃게 된다면 국가의 미래는 없는 것이다. 젊은이들이 취업 시장에 진입하기 어렵다 보니 취직을 포기하고 백수로 보내게 된다는 사실은 나라의 장래를 어둡게 만든다. 젊은이들은 일하고 싶고, 돈 벌고 싶고, 돈 쓰고 싶고, 연애하고 싶은 것, 이런 욕구를 어떻게 실현해 갈까? 하고 고민하지 않을 수 없다.

그러나 나는 믿는다. 젊은이들이여, 슬픔이 많은 인생길에서 어떤 어려움이 있더라도 그것은 기꺼이 받아들이는 것. 분명히 인생은 살쪄가야 한다고. 다이나믹 코리아가 아닌 김빠진 코리아가 돼간다는 우려도 있지만 내가 무엇을 하고 싶은가를 명확하게 성찰하며 전략적으로 내 삶을 창조해가는 일은 자기 몫이다. 청년기는 젊다는 것이 큰 밑천이 아닌가. 실패하더라도 도전정신만은 포기하지 말아야 한다는 뜻이다. 오히려 실패에 대한 두려움은 건강한 두려움일 수 있다. 인생은 공평하지 않지만 그렇다 하더라도 여전히 인생은 좋은 것이고 살만한 것이고 아름다운 것이다.

□ **청춘이니까 슬프다?**

청춘이니까 슬픈 것일까? 서울대 김난도 교수는 "청춘이니까 아프다."라고 했다. 당연히 젊어서 돈 많이 벌어야 하고 사회적 지위가 올라가는 시기이니 바쁘고 아픈 것이다. 청년층 70% 이상이 알바를 경험하거나 편의점에서 컵라면 하나 사 먹고 일터로 나가는 뒷모습이 아프고 슬픈 것이다. 1020대들이 24시간 편의점에서 밤을 샌다. '착한 알바' 시장도 드물다. 청년들의 노동을 헐값으로 아니면, 밥과 잠자리를 제공하는 것으로 시(時) 급료마저도 주지 않는 업주도 있다고 한다. 나쁜 사장들이 아닐 수 없다. 지금의 아르바이트 시장은 저임금에다가 부당한 대우로 젊은이들을 울린다. 하루 일을 끝낸 저녁이면 몇 친구들과 '알바비'로 술잔을 기울기도 한다. 슬쩍 슬픔을 훔치는 손등에는 눈물이 젖어 있다.

그리고 계층 간의 소비생활에서도 마찬가지다. 유한계급들의 소비수준에서 보듯이 여자들은 에르메스, 루이뷔통, 샤넬, 프라다, 브리앙 등 몇백만 원의 드림 백(dream bag)을 찾는다. 버킨백, 켈리백으로 품격있는 멋을 낸다. 특히 재벌 2~3세대들의 라이프스타일이 요란하다. 코트, 가방, 자동차, 주택 등에서 보이는 '명품 인생'에 어리둥절해진다. 심지어 '전셋값 패션'이라는 비아냥 섞인 비난의 소리도 들린다. 그들만의 쇼핑, 그들만의 브랜드, 그들만의 패션을 즐긴다. 패션 브랜드로 에르메스, 발렌티노, 로로피아나, 스테파노리치 등에 빠져 있다.

반면에 중산층 이하 계층에서는 안분지족(安分知足)의 삶을 잃어버리고 살아가는 듯하다. 안분지족은 마음으로 분수를 지켜 만족함을 느낀다는 뜻이지만 그들은 경제적 빈곤 속에서 중저가 옷을 사 입거나 외식 혹은 여유 있는 취미생활이 어렵다. 게다가 청년임금 노동자 409만 8000명 가운데 31.7%에 해당하는 130만 1000명은 비정규직으로 일하고 있어서 소비의 양극화도 무시할수 없는 실정이다. 그들은 정규직으로의 전환을 요구하고 있지만 기업으로서는 고용 구조상 간단치가 않다. 저소득층으로서는 재산 모이기도 어려워 가난은 계속된다. 심지어 빈곤을 이기지 못한 가족들이 해체되는 슬픈 현상도 벌어지고 있다.

▲ 청년임금 노동자 409만 8000명 가운데 31.7%에 해당하는 130만 1000명은 비정규직으로 일하고 있으며, 이러한 고용구조로 인한 사회적 슬픔은 끊어질 날이 없다.

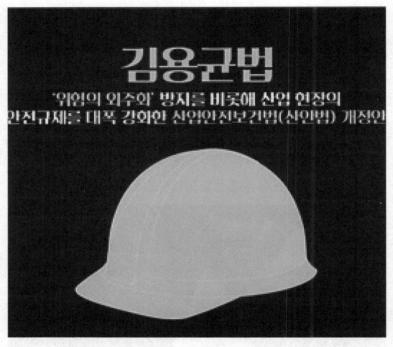

▲ 비정규직으로 일하고 있는 젊은이들은 정규직으로의 전환을 요구하고 있다 그러나 기업으로서는 고용 구조상 간단치가 않다. 이로 인해 우리 사회에서는 해마다 비정규직 젊은이들의 시위와 단체행동이 끊어지지 않고 〈김용균 법〉이라는 산업안전보건법 개정안이 만들어지기도 했다.

싱어송라이터 한 대수(1948~)는 '나는 졌소'(I Surrender)라는 노래 가사 제목에서 인생 패배자라는 이미지의 노래를 이렇게 부른다.

"나는 졌어 나는 졌어……빚더미에 올라앉아 고시원 입학했네

　태어나고 학교 가고
　시집가고 장가가고
　애기 낳고 취직하고
　집 산다고 대출받고
　빚만 지고 한강 가네."

　여러 이유로 젊은이들이 이 시대를 힘들게 살아간다. 부자나라로 진입하는 단계에서 겪는 좌절감의 눈물이 많은 슬픈 세대라고할 수 있다. 일터와 가정에서 자신의 재능 야망을 실현해 가는데비관적일 뿐만 아니라 젊은 세대들은 자신의 미래에 대해 두려움을 가지고 있다. 삶의 통과의례가 실망의 막다른 골목이 될 수도있다는 상실감을 느끼는 젊은 세대들이다. 그러니 인간의 가장근원적인 기쁨과 즐거움이 사라진다. 누굴 흉내 낼 생각도 없어지고 자신의 삶에 대한 자부심이나 호기심도 없어진다.

□ 청장년층의 사회적 욕구 해결은 어려운가?

　인생을 살아가면서 여러 장벽이 있게 마련이다. 장벽을 넘어보

지도 못하고 '거절당하는 인생'이 얼마나 많은가. 이 말은 2015년 5월 26일 미국의 개성파 배우 72세의 로버트 드니로(Robert De Niro)의 뉴욕대학(NYU)의 예술대 '티시스쿨'(Tisch, TSOA; The Tisch School of the Arts) 졸업식에서 한 말이다. 사실 많은 사람들이 열정과 열망으로 문을 두드리지만 수없이 거절당하는 인생으로 살아간다고 했다. 그래서 사람들은 멘토를 찾고 산골 마을 박첨지에게 삶의 길을 묻는지도 모른다. 혼자가 아니라 사회적 연대 혹은 존재들의 연합(united of being)을 추구하며 자신의 삶을 만들어가는 것이다.

일자리 경쟁에서 40대 이상의 윗세대에 밀려나는 2030세대들은 취업절벽에서 좌절하는 모습이다. 선배와 갈등하고 아버지와 아들이 일자를 놓고 경쟁하는 사회가 되었다. 대한민국 인구의 40%를 차지하는 젊은이들은 경쟁대열에서 취약하다. 아버지는 일하고 아들은 방바닥에서 뒹구는 현상도 나타난다. 나쁜 일자리도 얻기 쉽지 않은 상황에서 젊은이들은 슬픔을 느끼는 배경이 된다. 일할 수 있다는 것, 없는 일자리보다 낫다고 하지만 저임금에다가 임시직일 뿐이다. 무너지고 깨지고 상실되기 쉬운 젊은이들의 삶이 여간 어려운 것이 아니다. 이러한 현상은 한국 사회의 구조적 문제로써 고용구조의 불안정성, 청년세대인 자신들의 문제로 요약된다.

이렇게 보면 한국에서도 일본의 젊은이들의 현실을 표현한 '사토리 세대'(さとり世代) 즉 애늙은이 같은 달관 세대 같은 생활 모습이 자리 잡는 것 아닌가 싶다. 사토리 세대는 마치 득도한 사람처

럼 욕망이 없는 세대다. 소비에도, 돈에도, 일할 욕구도 없는 세대들이다. 책임감, 의무감을 느끼지 못하는 젊은이들이다. 1980~1990년대에 태어난 세대로서 장기불황 속에서 성장한 세대들이 이에 속한다. 돈벌이와 출세에 관심이 없는 사람들로서 월급이 올라도 편의점에서 도시락 먹는 걸로 만족해하는 신기한 현상이다. 결혼도 출세도 애기 낳는 것에도 관심이 없는 슬픈 세대들이다.

물론 일본의 20대에 해당하는 사람들 중 79%는 지금의 삶에 만족한다는 반응이다. 문제는 젊은이들을 바라보는 사회적 입장이다. 사회 구조적으로 양산된 세대로서 정부와 기업 사회가 해결책을 마련해야 한다는 입장과 젊은이들의 패기 열정의 결여에서 오는 젊은이 자체의 문제로 보는 입장이 대립하고 있다. 문제는 미래가 불확실하다 보니 욕심도 없고 소비조차 흥미를 잃으면서 경제성장에 부담이 된다는 사실이다. 그런 점에서 관조적인 눈으로 혹은 슬로건 수준에서 이들을 볼 것이 아니라 젊은이들이 살아가는 경향성에 근거한 '필드 통찰력'(field vision)으로 그들을 껴안는 정책이 필요하다는 데에 동감하고 있다.

따라서 삶이 불안전하고 불투명한 미래 앞에서 고통받는 청장년층의 사회적 욕구를 어떻게 충족시켜 나갈까? 하는 것이 이 시대의 책임이다. 어떻게 하면 우리 자식들에게 삶의 날개를 달아 줄까. 언제나 청년들의 바람을 불러일으킬까? 하는 문제는 이 시대의 고민이 아닐 수 없다. 사실 기성세대는 젊은이들의 문제 해결을 위한 명쾌한 답을 내놓지 못하고 있는 실정이다. 요새 시니어 오블리지(Senior oblige)라는 신조어가 있듯이 기성세대의 책임과 의무로서 기성세대의 양보를 촉구하는 목소리가 높아지고 있다는 사실을 주목하는 것이다.

그러면 성공적인 젊음의 탄생은 언제부터일까? 박근혜 대통령은 2015년 5월 26일 지금 우리에게 필요한 것은 "기성세대의 기득권을 조금 양보해서라도 우리 아들딸들에게 희망을 주는 소명의식과 용기를 불어넣어 주는 것이 결코 피할 수 없는 과제"라고 했다. 우리 모두가 시급히 해결해야 할 과제가 바로 청년 문제라는 뜻이다. 사람들의 가난, 성적, 취향, 장애 등 신체적 정신적 이질성을 공동체 안으로 수용하는 사회가 되어야 한다는 것이 이 시대의 주요 가치요 나아갈 방향이다. 미국 법철학자인 마사 너스바움(Nussbaum, 2006)은 "내가 원하는 자유사회는 모든 개인의 평등한 존엄과 공통의 인간성에 내재된 취약성을 인정하는 기반 위에 있는 사회"라고 했다.

물론 젊은이들 중에는 개인적인 가치에 따라 소비하는 포미족(For me 족)들도 있다. 주위에서 보면 20대들의 씀씀이가 상당한 것도 사실이다. 외모 등 자기관리를 위해 비용을 아끼지 않는 사람들도 있다. 물론 재산이 많더라도 자기 분수를 지켜가며 만족하는 사람들도 많다. 그러나 젊은이들이 현재를 살아가면서 사회적 가치로서의 자기애와 자기역량, 자존감이 약화되었다는 사실을 부인할 수 없다. 자기만족 조건인 일의 만족, 원하는 지위와 역할의 유지, 적절한 수입, 그리고 신체적인 건강 등이 현재뿐만 아니라 미래의 삶에 큰 영향을 미치게 마련이다.

　참고로 내가 젊은이들에게 새로운 안목은 아니지만 각자 숙고하고 영혼의 보충을 위해 권고한다면 이런 것이다.

- 외골수의 성공 코스를 고집하지 말라.
- 상대적 박탈감, 비교감에서 벗어나라.
- 개인적 욕망을 재조정하라.
- 사회적 생명을 확대 유지하라.
- 갈등 분노의 감정을 내려놓아라.
- 자기만의 삶의 의미를 찾아라.

　결론적으로 요새 사회학자들은 '마음은 사회'라고 말한다. 사회생활 모두가 선악, 미추, 성공과 실패, 슬픔과 기쁨이 늘 존재한다는 말이다. 미국 소설가 프란시스 스콧 피츠제랄드(Scott Fitzgerald, 1896~1940)가 쓴 단편소설 '모든 슬픈 청년들'(2014)에서는 인생의 가장 신나는 순간과 가장 우울한 순간이 같이 있다고 했다. 청년들이 각자 자기 처지에서 말하고 있지만 부, 사랑, 즐거움,

행복을 추구하지만, 그러나 모든 것 뒤에는 위기, 재난이 있음을 암시한다. 그러기에 살기 어렵다는 이유만으로 꿈마저 포기하는 것은 삶의 가치를 저버리는 것이나 어느 직업도, 어느 회사도 당신을 만족시키지 못한다. 물론 꿈을 이루는 데는 장애물이 가로막고 있지만 당신의 오늘 행동과 마음결심이 당신의 미래를 결정할 것이다.

자기 소망을 장밋빛으로 그리며 소원할 때 신(God)은 당신에게 자비의 손을 내밀 것이다. 젊은이들로서는 어려운 가운데서도 낙관적인 미래를 믿을 때 행복하고 즐거워진다는 사실을 잊지 말아야 한다. 취직을 하고 성공했더라도 곧 새로운 위기가 올 터, 눈높이를 조절하며 새로운 위기를 향하여 신발 끈을 졸라매야 하지 않을까. 2014년 한국을 찾은 프란치스코 교황은 젊은이들에게 "잠자는 자는 춤을 출 수 없다. 젊은이들이여 깨어 있으라."라고 했다.

3-2. 배우자 사별과 슬픔

당해 본 사람은 알겠지만 홀로 생활하는 것은 과부든, 홀아비든 쉬운 일은 아니다. 남편 사별 후 홀로 남은 여성들이 심한 고통을 느낀다. 남자들은 더 힘들다. 사회성이 떨어진다. 여성의 경우 음식을 만들고 청소를 하고 이웃 여자들과 쉽게 어울리지만 남자들은 그렇지 못하다. 사별하거나 이혼했을 경우 남녀 모두는 자존감의 저하, 극심한 분노, 상실감, 무력감, 심리적 피로감을 겪는다. 슬픔과 고독, 경제적 어려움, 사회적 관계 축소 등 한두 가지 문제가 아니다.

특히 홀로된 여성은 누군가의 아내라는 정체감이 무너지는 한편, 남편 수입에 의존했던 여성일수록 더 큰 경제적 고통을 느낀다. 사회적 지위와 역할도 하락하여 신체적 정신적으로 점차 약해지기도 한다. 반면에 남성들도 사별 후 비슷하게 고통을 당하기는 마찬가지다. 남자의 경우 아내에게 일상생활을 의존하는 삶을 하다가 사별 후는 무력감과 고독감을 느끼며 지내게 된다. 홀로된 남자들은 여자들보다 홀로서기가 어렵고 가족 간의 친밀도 역시 떨어지면서 고독한 노후를 보내게 된다.

상식적이만 우리 국어사전에서 보면 '과부'(寡婦, widow)란 "남편이 죽어서 혼자 사는 여자"이다. 다른 표현으로 미망인, 과수(寡守), 홀어미, 그리고 혼자 살아가는 집을 '과부집'(寡婦宅)이라고 한다. 정서적으로 과부라는 단어를 쓰기도 듣기도 거북해서 그런지 모르지만 습관적으로 '미망인'(未亡人)이라는 단어를 자주 쓰는데 그 뜻은 라틴어에서 유래된 비두아(Vidua)라는 말과 맥을 같이하는 단어다. 과부란 단어는 서로 떨어져 있다는 뜻으로 남편이 죽음으로 인해 분리되는 것이다. 미망인이란 "남편과 함께 죽어야 할 것을 아직 죽지 못하고 있는 사람"이라는 뜻이다. 2017년 국립국어원에서는 미망인을 "아직 따라 죽지 못한 사람"이라는 의미보다는 "남편이 죽고 홀로 남은 여자"로 재해석 놓았다.

또한 '사별'(breavement)이란 간단히 말해서 "죽음으로 인한 홀로"라는 뜻이다. 사별은 부모를 잃을 수도 있고 배우자를 잃거나 형제자매를 잃는 것일 수도 있다. 이때의 슬픔은 고통의 감정이다. 여자들의 경우 남편이라는 존재가 없어지면 모든 삶이 사라지고 마는 고통을 겪는다. 또 슬픔이란 단어는 고대 영어 표현으로 하트 패인(heart pain)인데, 이를 번역하면 '심장의 통증'을 의미한다. 말인즉 슬픔이 우리 육체에 상처와 고통을 준다는 뜻이다. 그런고로 사별에 따른 슬픔은 충격적이고 특별한 경험이다. 죽음과 상실은 보편적이지만 우리 삶에서 불확실성과 위험을 초래할 수 있다.

▲ 사별은 부모를 잃을 수도 있고 배우자를 잃거나 형제자매를 잃는 것일 수도 있는데, 사별에 따른 슬픔은 충격적이고 누구에게나 특별한 경험이 된다.

□ 배우자 사별 후의 심리적 반응은 복잡하다

현대사회로 진입하면서 여성의 사회적 지위나 생활양식에서 급격한 변화를 거듭하고 있다. 배우자를 잃은 사람은 배우자(남편)

의 죽음을 넘어 미망인으로의 삶이 슬프다. 배우자를 잃은 사람들은 잘못한 것이 없음에도 불구하고 주위에서의 시선은 때때로 좋지 않은 눈길을 보낸다. 왜 그럴까. 그 이유야 많겠지만 전통 윤리적 편견으로 사회적 냉대를 받기도 한다. 몇 년 전만 해도 과부가 돼서 핑크색 옷을 입고 나가도 주위에서 수군거렸다. 구약성경에서도 하나님이 모세에게 과부는 '속임수, 창녀와 같은 범주'로 몰아세웠다. 그러나 지금은 세상이 많이 달라졌다. 누구든지 타인의 삶을 비난하거나 죄악시할 수 없는 일이다. 어려운 가운데서도 미래의 자녀들은 꿈꾸며 희망을 갖고 살아가는 모습은 얼마나 대견한가. 설사 슬픔을 표현하더라도 슬픔은 당신의 가장 소중한 삶을 위한 최고의 성장이 될 수 있다.

사회복지학 교수인 에밀리 그린필드(Emily A, Greenfield. 2010) 박사는 슬픔은 "배우자와의 사별로 인한 반응으로 슬픔, 후회, 분노, 죄의식 등의 복잡한 감정으로 나타나게 된다. 배우자를 갑자기 잃으면 시간의 흐름에 따라 적응과정에서 '충격과 감정분출 단계-그리움과 원망단계-체념과 수용단계-삶의 재구성 단계'로 진행되는 것으로 풀이한다. 그리고 배우자 사별 후 위기를 겪는 수준 또한 다양하다."라고 말한다.

또한 결혼한 두 사람의 한평생 만족은 그 사별 후에 남은 아내의 삶에 큰 영향을 미친다. 살아생전에 '부부의 금실 정도'나 생애과정의 '부부의 주도권'에 따라 홀로 남은 여생을 감당하며 적응해가는 상태가 다를 것이다. 경제력, 건강상태, 가족관계에 따라 '운명적 상황을 끌어안기' 혹은 '생활 변화 시도'를 하는 등의 대처방법도 다양한 것으로 나타나게 된다.

▲ 사별로 홀로된 여성은 누군가의 아내라는 정체감이 무너지는 한편, 남편 수입에 의존했던 여성일수록 더 큰 경제적 고통을 느낀다. 사회적 지위와 역할도 하락하여 신체적 정신적으로 점차 약해지기도 한다.

쉽게 말해서 "나는 과부야" 하는 것은 내 남편이 죽었다는 의미 이상의 의미로 두렵고 슬픈 일이다. 죽음은 수백 가지의 질병, 사고로 죽는 것, 그리고 좋은 죽음을 말하지만 나쁜 죽음, 아니면 예기치 않게 당할 수도 있다. 미망인이 된다는 것은 한동안 "검은 옷"을 입고 다니는 것을 미덕으로 삼는 관습이 있다. 그러나 그 검은 베일 속에서 울어야 한다는 의미보다는 평안한 삶으로, 그리고 곧 사회로 다시 돌아가야 한다는 뜻이다. 내가 강조하는 요체는 슬픔 속에서 신음하더라도 슬프다고 길을 잃은 것은 아니라는 점이다. 홀로의 삶은 '외로움' 자체이지만 풍부한 시간을 만들 수 있어서 더 자유로울 것이다. 자유로움 때문에 더 우아한 삶, 즐거운 삶을 만들 수 있지 않을까?

물론 여성들의 경우 남성보다 심리적 상처가 크다. 임상심리학 교수이자 심리치료 전문가인 루셀런 조셀슨(Ruthellen Jossellen)은 1996년 옥스퍼드대학 학술지에 발표한 논문에서 "여성들이 이혼 혹은 사별 후 가장 많이 느끼는 감정은 '외로움' 혹은 '고독'이라는 병이다. 자신의 남편이나 자녀들에게 순종적으로 헌신하던 여성일수록 더 큰 고통을 느낀다."라고 말했다. 결혼해 살다가 갑자기 홀로 되었을 때 앞으로 살아갈 걱정에 무수한 고민을 하게 된다. 이러한 사별의 슬픔은 몇 달 후 점차 적응하게 되지만 일생 동안 지속되는 경우도 있다. 대체로 회복은 3개월에서 2년 정도의 적응 기간을 거치는 것으로 보고되고 있다.

반대로 남성의 경우를 보자.

38세의 강일선(가명) 씨는 난치병에 걸린 아내를 극진히 돌보며 빨리 회복되기를 빌었다. 아내를 돌보며 불평도 하지 않았다. 그는 아내가 세상에서 가장 아름답고 착한 여자라고 생각했다. 그러나 그런 행복한 시간을 오래 가지 않았다. 그는 아내를 돌보는 것이 하루의 일과였지만 그녀의 병은 악화되어 세상을 떠나고 말았다.

강일선 씨는 슬픔 속에 힘들게 자녀들을 키우며 외롭게 살았다. 그러던 중에 몇 달이 지나서 평소 알고 지내던 여자친구를 만났다. 그녀도 배우자를 잃고 딸 하나와 함께 살고 있었다. 그들은 서로 친구로 만나 데이트를 시작했다. 강일선 씨는 아내가 죽은 지 13개월이 지났을 때 새로 만난 여자친구인 35세의 김미영 씨와 결혼했다. 재혼한 아내 김미영 씨는 남편에게 첫 부인과의 사랑에 대해 전혀 질문하지 않았다고 한다. 다만 새 배우자를 만난 것만으로 기뻤다. 남편 강일선 씨는 새로운 아내와 하루하루를 즐겁게 보냈다.

이 이야기는 한 사람에게 국한된 것이 아니다. 모든 사람에게 해당되는 것은 아니지만 일부 사람들은 두 번째로 사랑을 찾으며 가정을 잘 꾸려가고 있다. 그런데 이런 재혼 과정에는 수많은 부정적인 일, 의견충돌이 나타나게 마련이다

이와 관련해 사회문화적으로 사별 및 상실에 따른 유형화된 감정과 우울 단계를 애착이론 연구자인 보울비(Bowlby, 1982)는 다음과 같은 4단계를 거친다고 했다.

• 무감각의 단계 :
사별 등 급작스런 일을 당했을 때 몇 시간 또는 몇 주일 동안 멍하게 어리둥절하며 긴장감과 신체적 고통을 느낀다. 흔히 배우자(남편)와 사별할 때 자신에게 분노한다 "하필 왜 나야?" 하고 말

이다.

• 그리워하는 단계 :

죽은 사람을 그리워하며 방황하는 단계로 좌절 분노 죄의식 등의 격렬한 슬픔을 몇 달 혹은 수년간 경험하게 된다. 심할 경우 식욕감퇴 불면증을 보이기도 한다.

• 혼란과 절망단계 :

죽음과 상실을 현실로 받아들이면서도 무력감 절망감 우울증이 오기도 한다. 혼란과 절망단계를 일단 지나면 극단적인 피로감과 많은 잠을 자게 된다.

• 재조정단계 :

점차 정상적인 일상생활로 들어가는 회복단계로서 슬픔의 감정이 오락가락 하지만 계속 이에 얽매이지 않고 자신의 삶을 재조정하게 된다.

이렇게 사별 후에 홀로 남은 여성의 심리적인 적응은 살아생전의 결혼생활이 어떠했느냐에 따라서 적지 않은 변화를 거듭한다. 노후에 배우자를 잃은 홀아비나 과부들이 느끼는 불안감이나 우울증 수준도 다르다. 그리고 노후에 남편과 사별 후 대부분의 여성들은 수개월 이상 심한 우울증을 느끼는데 그 원인과 배경을 요약하면 다음과 같다.

◉ 배우자에게 높게 의존하던 여성이 홀로 생활하는 데에 있어서 더 불안감을 느낀다. 슬픔은 그동안 유지해온 결혼생활 친밀도에 의해서 강하게 영향을 받는다.

◉ 사별 후 생활 적응은 결혼생활에서의 좋은 감정과 친밀도에 따라 다르게 나타난다. 적응과정은 남편에 대한 친밀도와 의존감, 정신적, 경제적, 안정감을 갖고 있던 사람일수록 더 큰 어려움을 겪는다.

◉ 남편에 대한 그리움은 살아생전의 부부관계의 특성, 질에 따라 다르다. 남편의 건강, 사회적인 지위, 취미생활 수준에서 남편에 대한 그리움은 오래 지속된다. 남편에게 더 많이 의존하던 여성일수록 그렇다.

◉ 남편에게 거의 의존하지 않던 여성은 홀로 된 이후에도 스스로 집안일을 잘 돌보고 자기관리도 잘하는 것으로 나타난다.

거듭 말하지만 일반적으로 슬픔은 무엇인가를 상실할 때 심한 고통을 느끼는 아픔이다. 사랑하는 사람과의 사별, 혹은 이별에 따른 고통은 더 심하다. 하지만 슬픔의 첫 단계는 분명히 자연적인 반응이다. 예를 들어 미칠 것 같은 감정이나 악몽에 시달리는 현상 혹은 종교적 믿음에 대한 회의감 같은 것이다. 누구나 경험하는 것이지만 참기 어려운 슬픈 감정에 휩싸이게 될 때 정상적인 생활을 할 수 없게 된다. 괜찮아, 괜찮아, 하면서 참다가 훗날 큰 병이 될 수 있다. 물론 비통함과 슬픔을 극복하는 데는 사실상 정답이 없다는 사실이다.

□ 배우자 사별 후 삶의 재구성

남자들의 경우 아내의 헌신적인 돌봄을 받는 사람이었지만 일단 아내가 죽으면 모든 삶이 사라지고 만다. 여자들은 남편이 사망할 시 자녀의 집으로 들어가 손자를 돌보거나 가사 일을 돌볼 수 있으나 남자들은 고립된 영감으로 살아가게 된다. 격리(분리)와 외로움은 스트레스 등의 질병을 증가시키고 수명을 단축시키는 원인이 된다. 외로움은 고혈압, 수면 부족, 인지력 저하 등의 신체 활동을 위축시킨다. 때로는 우울증에 시달리게 되고 하루 종일 침대에서 괴로워하며 사회적 단절을 하는 경우도 생긴다. 물론 사람마다 좀 다르고 비교 대상이 아니지만 슬픔과 비탄에 빠지는 것은 각자의 감정이고 남과 비교해 타협할 대상도 아니다.

과부가 된 여성으로서는 더욱 심한 경우가 많다. 배우자를 잃었을 때 여성들은 땅을 구르며 슬퍼한다. 통제할 수 없는 격한 감정이 휩싸일 것이다. 그러나 시간이 얼마 지나면 여자는 남편과 사별한 후 곧 슬픔에서 회복되어 아름답게 살아가는 반면, 홀아비들은 외로움에 시달리다가 질병에 걸려 넘어진다. 남자는 아내 없이, 그리고 섹스 없이 살아가기 힘든 동물이다. 배우자와 사별했을 때 마음의 고통이 정신병으로 느껴지기도 한다.

현실적으로 낙관주의가 필요하다. 미국 소설가 스튜어트 오난(Stewart O'Nan, 2011)의 소설 《에밀리, 홀로》(Emily Alone)은 80세의 과부의 삶을 그린 소설이다. 노년 말기 에밀리의 친구들이 하나둘씩 세상을 떠난다. 그녀의 삶은 정원 가꾸기, 고전음악 듣기, 늙은 반려견과 놀기, 멀지 않은 곳으로의 여행 등으로 세월을 보낸다. 늙었지만 그녀는 "과부로 살다가 과부로 끝날 것인가?" 하며 고민한다. 과부가 되는 것이 제 잘못이 아니듯 거기에 무슨 탄식이 있을까. 살아있는 동안에 가족들과 함께 즐겁게 행복하게 살아가야 한다고 다짐한다. 노년 말기에 그녀는 자신의 삶을 잘 이해하고 세상과 자신에게 평화를 만들고자 노력하며 죽음을 기다린다. 작품의 주인공 에밀리는 나의 어머니, 나의 시어머니. 나의 할매일 수도 있다. 할머니는 여자와 엄마를 넘은 마지막 코드다.

"사별은 당신에게 일어날 일이다. 슬픔은 당신의 기분이다. 애도는 당신의 일이다."

슬픔은 사소한 감정이 아니다. 진실과 영감을 받아들이는 계기가 된다. 종교적 믿음도 필요하다. 성경 〈창세기 23장 2절〉에 나타나는 아브라함은 훌륭한 신앙을 보자 사랑하는 아내 사라가 죽었을 때 그는 사라에게 안겨서 울부짖었다. 또 다른 인물로 다윗은 시인이자 음악가였고 매력적인 사람이었다. 그는 매우 명석하고 관용적이며 이기적인 모습도 보였다. 남의 여자를 탐하고 보복도 하며 죄를 범한다. 그러나 그는 회개하면서 자주 눈물을 흘리는 모습이다. 〈누가복음 18장 2~8절〉에서는 과부의 이야기가 나온다. 슬픔을 이기지 못하고 몇 년을 고생하던 과부가 재판장에게 원한을 풀어달라고 호소한다. 나는 이 장면에서 느끼는 것은 "하나님이시여 내가 얼마나 이렇게 슬퍼해야 합니까?"라고 묻는 것이나 다름없다. 이때 신께서 대답하셨다. 그것은 "사탄의 장난이다. 악마다."라고. 무슨 말인가? 하나님은 자기 백성이 사탄의 지배에 들어가는 것을 원하지 않을뿐더러 슬픔을 치유한다는 뜻이다. 슬픔에 대해 〈이사야 40장 1절〉에서는 "위로할지어다. 위로할지어다. 내 백성에게"라는 위로의 말이 나온다.

배우자를 잃은 여성들은 신체적 심리적 건강 및 안녕 상태가 깨지기 쉽다. 배우자 상실 후 1개월 정도는 건강상태가 크게 나빠지지는 않지만 그 이후는 신체적 정신적 건강상태가 많이 악화될 수 있다. (Utzs Caserta, 2012) 홀로 생활하면서 외로움과 슬픔이 증가하면서 건강에 위기를 맞을 수 있기 때문이다. 물론 사별 후 위기를 겪는 수준은 다양하다. 결혼한 두 사람의 한평생 만족은 그 사별 후에 남은 아내의 삶에 큰 영향을 미친다. 경제력, 건강상태,

가족관계에 따라 '운명적 상황 끌어안기' 혹은 '생활 변화 시도'를 하는 등의 대처방법도 다양한 것으로 나타나고 있다.

그런데 슬픔에는 두 개의 개념이 있다. 하나는 상실에 대한 슬픔이요 또 하나는 치유 회복의 눈물이다. 이 두 가지의 중요성을 알게 될 때 '자기 이해'로 돌아가 이겨 낼 수 있다. 그러나 사별이라는 극단적 이별에는 남다른 연습이 필요하다. 슬픈 감정을 간직하고 계속 살아갈 수는 없지 않은가. 홀로 살아가면서 '나 자신'이라는 정원을 관리하되 마음의 눈으로 나 자신의 정원을 바라보면서 내가 조화로운 삶을 살고 있는가를 점검하며 일어나야 한다. 때로는 마음 챙김의 걷기를 하거나 대인관계 능력의 회복, 생활의 탄력성 유지, 긍정적 정서의 회복, 자기 심리 조절능력 등의 회복력을 기르는 것이 필요하다. '하늘이 나를 낳았으니 꼭 쓸 곳이 있겠지.' 하는 긍정적인 마음이 필요하다는 뜻이다.

사실이 그렇다, "우리 삶은 어디서든 계속되는 거야.", 프랑스 미아 한센 감독이 지난 2016년 제작한 영화 〈다가오는 것들〉이 던지는 메시지는 단란한 가정을 이루고 살면서 아내가 남편으로부터 배신당하는 상실의 아픔을 딛고 일어나는 여성의 이야기다. 그녀는 쉽게 흔들리지 않고 자기 삶에 불어 닥친 변화를 능동적으로 받아들이며 "남편은 떠났고 아이들은 독립했고……이토록 온전한 자유를 경험해 본 적이 없어." 하고 외치는데 어려운 고비마다 우리 삶은 어디서든 이어진다는 내용이다.

흔히 하는 말마따나 대개의 경우 배우자 사별 후 개인은 새로운 삶의 방식을 찾아 나서며 삶의 변화를 시도한다. 물론 새로운 변화와 원칙이 자리 잡기 위해서는 많은 시간과 노력이 필요하다. 사람이 최선을 다해서 대응하려는 새로운 관점이나 행동방식을 시도하는 것은 새로운 삶을 창조하는 일이다. 새로운 패러다임으로 자아 속에 융합되는 재통합의 시기로 삼아야 한다는 의미이다. 같은 맥락에서 슬픔의 대처방법을 요약하면 아래와 같다. (Helpguide. org, 2011, Katherine Austen, 2013).

• 친구 혹은 가족들과 만난다.

당신이 슬픔을 나눌 수 있는 사람이 누구인지 알아서 그들에게 도움을 구하고 가끔 무엇이 필요한가를 말하라.

• 당신의 신앙으로 돌아가라.

당신이 종교를 가지고 있다면 슬픔을 내놓고 기도하며 영적으로 치유하는 일이다.

• 신체적 건강상태를 체크하라.

마음과 육체는 상호 연결돼 있다. 건강한 육체는 건강한 감정을 나타낸다. 충분한 휴식, 수면, 음식, 운동 등으로 스트레스를 이기는 것이다. 슬픔이나 고통을 해소하기 위해 알코올이나 약품에 의존하지 말라.

• 각종 지원단체들과 접촉하라.

슬픔과 고독감을 느끼는 비슷한 사람들과도 만나라. 예를 들어 인근 병원 자원봉사팀, 심리상담소 등을 찾아가 도움을 받는다.

• 치유전문가 혹은 카운슬러와 상담하라.

슬픔과 고독이 계속될 때 정신과 의사를 만나거나 전문 카운슬러와 만나 상담하라. 상대방이 내 마음을 알아주겠지 하는 '투명성 착각'(Illusion transparency)에 빠질 수 있다. 투명성 착각은 사람들이 자신의 속내를 잘 안다고 착각하는 심리 현상이다.

• 슬픔을 일소에 해소하는 방안을 찾으라.

당신 생애에 걸쳐있는 기념일, 휴일, 그리고 좋은 기억과 감정을 느낄 수 있도록 만들라. 감정을 날려 보내는 준비가 필요하다는 얘기이다. 생애과정에 있었던 기억 기념일을 맞춰서, 아니면 당신과 정담을 나눌 수 있는 사람들을 만나 대화하고 대처방법을 찾아보라.

이렇듯 배우자를 상실한 사람들은 모두 살아생전보다 정신적 육체적 고통이 따르고 삶의 의미까지 상실하는 경우가 생긴다. 때로는 병에 걸리기도 하고 심하면 몇 개월 내 따라 죽는 일도 생긴다. 극단적으로 사별 이후의 슬픔, 고독, 두려움을 경험하며 자살하는 경우도 생긴다. (Peterson, 1999).

문제는 "고통의 삶"에서 벗어나 새로운 삶을 시작하겠다는 의지가 필요하다. 인생은 좋은 날, 나쁜 날도 그대로 받아들이며 살아가는 것이다. 우리들 거의가 경험하는 것이지만 "시간이 치료약"이 된다. 슬픔이 어떠하든 간에 결정적 솔루션은 없다는 게 전문가들의 견해다. 미망인 과부의 60% 이상이 슬픔과 함께 회복되어 오히려 웃음 속에 살아간다고 컬럼비아대학의 임상심리학자 조지 보난노(Gorge A. Bonanno, 2002) 교수는 말한 바 있다. 이럴 때는 주변으로부터 돌봄이 필요하다. 그러나 대부분의 경우 시간이 지남에 따라 주위를 다시 챙기며 현재의 사고방식과 행동방식으로서는 해결할 수 없다는 위기의식 속에서 점차 정상적인 일상생활로 들어가는 회복단계로 돌아서는 것이 보통이다.

□ 새로운 출발로서의 연애와 재혼

남녀관계는 사랑과 결혼으로 이어지는 것이 일반적이지만 이혼, 별거, 사별, 파혼, 졸혼 등 다양한 관계가 형성되기도 한다. 결혼한다는 것은 둘 사이의 '약속'이고 합의를 통해 두 사람은 하나가 된다. 우리나라 "부부의 날은 매년 5월 21일이다." 21일은 둘(2)이 하나(1)가 된다는 뜻이다. 상호작용하는 듀엣처럼 살아가는 것이다. 부부로 만나 평생 공생하는 것은 아주 특별한 관계이며 행복의 원천이다.

그러나 사별 후 재혼의 현실은 생각보다 어렵다. 재혼은 과거의 결혼생활을 망각하는 것이다. 미망인이 새로운 사랑으로 새로운 삶을 찾았기 때문에 이전에 살았던 삶을 어떻게든 망각 속으로 사라지게 된다. 죽은 배우자에 대한 슬픔, 애도의 마음도 자신이 선택한 새로운 삶을 위해 잊어야 한다. 사실 새로운 사랑을 만나면 슬픔이 치유되는 것이다. 문제는 재혼 부부의 전쟁 같은 결혼생활이 될 수 있다는 점이다. 남은 여생을 같이하자고 했지만 남편이 되면 폭언 폭행의 남자가 될 수 있다. 존중과 배려가 사라지는 괴로운 고통만 계속될 수 있다.

그러면 물어보자. 남편을 잃은 미망인이 언제쯤 재혼하는 것이 좋을까? 꼼꼼히 생각해 보는 시간이 필요하다. 물론 기다려야 할 시간이 없다는 생각도 들 것이다. 빨리 재혼하더라도 잘못은 아니다. 남은 사람이 자기 행복을 찾는 것은 당연한 일이다. 다만 7~8개월 정도의 애도 기간은 지나서 만나는 것도 죽은 남편에게도, 이웃 가족들에게도 떳떳한 것이다. 애도의 기간 없이 빨리하는 것은 윤리적으로, 사회적으로 불편한 일이다.

이렇게 재혼하거나 재혼한 미망인을 둘러싼 분위기는 긍정/부정으로 나타나기도 한다. 어느 노래처럼 "재혼을 잘했어, 행복할 거야." 하는 측면이 있고, 아니면 "죽은 사람만 불쌍하지, 얼굴이 훤해졌어." 하는 부정적인 소리가 있다. 어느 미망인을 보고 동네 사람들은 "저 여자는 남편이 죽었는데 전혀 슬퍼하지도 않아." 하고 이러쿵저러쿵할 것이다. 슬픔 없이 모든 것을 잊어버린 듯 활기차게 살아가는 모습을 보고 못마땅하다는 소리다.

물론 미망인으로 4~5년 혼자 지내다가 재혼하더라도 전 남편을 잊지 못하고 사랑하는 마음을 간직하는 사람들도 있다. 재혼을 하면서 미안한 생각도 들겠지만 멋진 남자와 사랑에 빠지는 것은 당연한 변화라고 할 수 있다. 배우자의 사망으로 내 인생의 즐거움이 끝나서는 안 되는 것이다. 미국의 시인 알프레드 디 수자(Alfred D. Suja)의 시에서 "사랑하라. 한 번도 상처받지 않은 것처럼." 무슨 뜻인가? 이미 사랑 속에는 상처가 포함되어 있다는 것이다.

나는 산티아고 순례 도보여행 중에 만나 며칠간 같이 먹고 자면서 대화했던 67세의 여자가 기억난다. 그의 말은 대충 이렇다. "나는 40대에 56살 되는 새로운 남자를 만났어요! 내 나이보다 15년 많은 남자였지만 사랑도 잠시 남편과 사별한 후 혼자 살고 있어요. 재혼 자체가 아침의 찬란한 태양 속으로의 여행이었는지 아니면 하산길의 여정이었는지, 아니면 숙명적 만남이었는지 모르겠어요. 그냥 재미없이 지나갔어요……"라고 했다.

한마디로 재혼의 행복감을 느끼지 못했던 표정이다. 여전히 외로움과 갈망, 결핍과 만족과의 사이에서 헤매고 있는 듯이 보였다. 그의 재혼 생활이 내적, 외적 삶의 균형을 이루고 있는지 궁금하지만 "사랑은 어려운 것이다."라는 점을 암시하고 있었다.

그러나 사랑에는 마지노선이 없다. 사별과 재혼(Bereavement and remarrige)은 많은 의미를 던진다. 나이를 먹어도 이성이 그립다. 재혼하는 꽃님의 꽃할멈의 사랑실험은 성공할까? 물론 배우자 사별 후 다른 남자의 만남은 "미친 거래"일 수도 있다. 좌충우돌하는 영혼을 줄 것 같이 허풍떠는 사랑의 사기꾼들이 활개 치는 세상이니 그렇다. 그러나 안 해도 고민, 해도 고민은 있다. 2013년에 개봉된 미국 영화 '페이스 오브 러브'(The Face of Love)에서는 남편을 잃은 후 슬픔과 로맨스를 찾는 내용이다. 남편과 사별한 지 5년이 지난 미망인(안넷)은 자신의 죽은 남편과 똑같은 남자(하리스)를 만나 잃어버린 행복을 되찾는다.

아주 행복한 결혼생활을 했던 사람이 사별 후에도 빨리 결혼할 가능성이 높다. 어떤 남편은 내가 죽더라도 "재가"하지 않으면 좋겠다고 말한다. 미친 소리다. 지나친 이기심이다. 낯설어도 남녀는 쉽게 가까워질 수 있다. 다시 말해 "인생은 때로는 낯선 운명을 받아들이는 것이다." 이 말은 터키의 노벨문학상 수상자 오르한 파묵(Orhan Pamuk, 2017)의 《내 마음의 낯섦》에서 던지는 말이다. 남편을 잃어버린 여성이 집에 혼자 앉아 비참하게 울어야 한다는 문화는 청산돼야 한다. 결혼 및 데이트 상대를 구하는 데 있어서 연령의 파괴 현상도 일어난다. 경제력이 있고 건강하다면 나이가 문제 되지 않는 분위기이다. 성의 무질서 시대처럼 나이에 관계없이 즐기는 평생 연애 시대로 접어든 것이다. 사회 심리학자들은 장수사회로 변하면서 이른바 남녀관계가 '연속적 일부일처

제'(serial monogamy) 형태로 변하고 있다고 진단한다. 독일 미래 트렌드 전문가 마티아스 호르크스(Horx, 2007)는 "인간의 수명을 고려할 때 앞으로 2~3번의 결혼을 통해 새로운 가족을 형성하는 것이 기본"이라고 말한 바 있다.

지금도 세상에 우리는 한 번도 경험하지 못한 순간들을 맞이한다. 그게 사별과 재혼이다. 배우자 사별 후 치유의 힘은 바로 당신에게 있다. 그리고 다른 삶을 선택해 새로운 인생을 달콤하게 살아갈 수 있다. 인생은 선택의 길로 가득 차 있지 않은가? 어렵게 선택한 그 무엇은 신이 당신에게 준 자유다. 틀에서 벗어나는 자유를 주었다. 살아가면서 먹고 자는 자유, 사랑하는 자유, 명품의 삶을 살 능력을 주었다. 이뿐만 아니라 누군가를 새롭게 사랑하라. 사랑이 없다면 어떤 일도 견딜 수 없다. 같이 아파하면 새로운 길이 열리고 힘을 보태 세월을 기다릴 수 있을 것이다. 돈보다 서로 의지하고 도움을 주고받으며 함께 있어 줄 사람이 있어야 한다.

여하간에 나는 이 말을 하고 싶다. 각자는 유일무이한 존재들이라는 사실을. 당신은 신의 사람, 자비의 대상이 아닌가? 수많은 사람들 중 단 한 사람의 중요성, 개인의 가치가 중요하다. 세상에서 가장 아름다운 것은 남이 아닌 자신뿐이다. 1위를 차지 못하더라도 나름의 값진 인생을 만들어 낼 수 있다면 그것이 진정한 행복이요 자아 찾기다. 욕구 충족에서 70% 만족은 있겠지만 100% 만족은 없다. 자기가 하는 일에 가치를 두는 사람이면 행복한 것이고 자기를 지키는 사람이다. 요한 볼프강 괴테는 "우리가 우리 자신을 잃는다는 것은 모든 것을 잃는 거나 마찬가지다."라고 했다. 살기 위해서 무엇인가 해야 한다는 것, 아무것도 하지 않는 것(doing nothing)은 죄악이고 가족과 사회에 해를 끼치는 것이다.

3-3. 노년기의 슬픔에 대하여

노인들에게 "요즘 어떻게 보내요?" 하고 물으면 그 답이 궁색하다. "글쎄, 왜 사는지……." 하고 혀를 차며 쓸쓸해 한다. 지나온 삶을 서로 나누다 보면 말라붙은 주름살 속에서 어려웠던 삶을 헤아릴 수 있다. 어느새 목이 메는 가운데 지난 세월의 거품이 사라지고 아픈 추억만 남는다. 현실적인 꿈도 이상적인 꿈도 다 허사가 된 듯하다. 후회나 회한이 아니라 그저 매 순간의 아쉬움이 남지만 그것은 늙어가면서 느끼는 다양한 상실감 때문이리라. 열정의 세월도 있었겠지만 지금은 텅 빈 가슴이 아닐 수 없다.

노인의 슬픔, 지금 내 모습이 추해짐을 새삼 느낀다. 노인들 세대를 중심으로 만나는 사람들이 대개 몸이 아프고 힘들다고 한다. 심신의 피로에다가 경제적 빈곤, 외로움이 겹치다 보니 모두가 슬픈 감정 속에서 하루를 보내는 듯하다. 노인들의 슬픔 속에는 초라함, 불안, 걱정, 허무, 상심, 고독감, 불화, 무력감 등이 섞여 있다.

목숨을 이어가지만 꿈이 없고 비전이 없을 뿐더러 무엇에 미쳐 볼 수 있는 대상도 보이지 않는다. 감정의 뇌를 어떻게 다스려야 할지도 모르는 삶이다. 1,000년을 살 것처럼 달려왔지만 100년도 살기 어려운 유한한 존재임을 다시 깨닫게 될 뿐이다.

더구나 한국이 경제적으로 성공해 잘 살아가는 시대지만 역설적으로 젊은이들로부터 노인에 이르기까지 고달픈 생활 속에 슬픔이 강물처럼 넘친다. 사회적 역동성을 잃은 듯하고 오지 않은 미래를 상상할 힘도 소진된 듯하다. 어쩌다가 버스, 지하철 타고 어디를 가도 기쁨이 없고 피곤할 뿐이다. 요새 사회 분위기가 그렇다. 슬픈 사람이 많아지면 사회적 비용도 더 늘어나게 마련이다. 그러나 슬픔이 많은 사회구조 속에서 살지만 남다른 용기와 삶의 기술이 필요한 시대다. 슬픔에서 새길을 찾지 못하면 헛된 슬픔이 되기 때문이다.

□ 노년기 슬픔이란 무엇인가?

늙으면 마음도 몸도 늙게 마련이다. 노인을 지칭할 때 노파, 노땅, 노털, 꼰대, 꼴통, 늙다리 등의 부정적 용어가 난무한다. 여기다 질병이 들거나 배우자 혹은 가족들을 잃었을 때는 더욱 슬픈 감정에 빠지게 된다. 때로는 슬픈 감정이 깊어지면서 삶의 의미를 잃고 상실감 빠진 상태에서 하루하루 보내게 된다. 슬픔의 자궁인 가족, 일, 집, 몸, 사랑, 사회 속에서 '나'가 느끼는 나만의 감정이 슬픔이다. 슬픔은 생애과정에서 끊임없이 만나는 거부할 수 없는 현실이다. 누구에게나 슬픈 스토리가 있다는 얘기다. 쇼펜하우어는 "인생의 이야기는 항상 고통의 이야기다"고 했다.

늙으니 한평생 살아온 삶은 어딘가에 슬픔으로 머물러 있다. 무엇보다 일상적 삶에 상처를 받을 때, 상실을 경험할 때, 삶의 가치를 느끼지 못할 때 많이 슬프다. 삶의 피로감은 심각한 허무주의와 의미의 상실로 이어지는 슬픔을 자아낸다. 심지어 지금 세대는 잘 살고 고급차를 타고 다녀도 만족을 모르는 슬픈 세대다. 노인들도 이와 비슷해서 그저 별 이유 없이 세상을 배회하며 슬퍼하는 것이다. 누구에게나 나타나는 슬픔은 마음속에 잠복해 있다가 어떤 사건 사고, 심신의 허무감이 올 때 고통으로 슬픔으로 다가온다. 그야말로 인류는 사랑과 함께 슬픔을 간직한 존재들이 아닌가 싶다.

"내 인생 참 슬프다. 아! 이게 인생이로구나."

맞는 말이긴 한데 우리는 어렵게 슬픈 사회에 살고 있다. 어린 자식을 잃어버린 엄마가 한평생 거리를 헤매는 감정과 같은 형태의 슬픈 사회다. 특히 노년 후기에는 손실이 크고 죽음이 가까워 온다는 사실에서 슬픔은 더욱 커진다. 남몰래 동굴 속에서 한 마리 짐승처럼 단칸방에서 신음하는 노인세대들도 많다. 일생 동안 지속될 줄 알았던 소중한 기억들도 하나둘씩 빠져나간다. 모두가 늙어가는 생명의 소멸 과정이다. 만나는 노인들 모습에서 미세한 얼굴 색깔, 근육 상태, 고뇌와 고통, 기쁨과 슬픔이 중첩되어 있음을 발견하게 된다.

게다가 장수사회에서 말 그대로 수명은 길어지지만 건강을 잃으면 "좋은 삶"은 결코 아니다. 늙으면 대개 요양병원으로 옮겨간다. 미국 노인 인구의 50%가 요양원이나 병원에서 사망한다. 임종이 의사와 간호사, 호흡기 치료사 등 수많은 의료진에 의해 환자는 의식이 들락날락하면서도 튜브를 주렁주렁 달고 임종을 맞이한다. 어느 순간에 모든 게 끝나버린다. 폴 칼라니티(Paul Kalanithi, 2016)가 쓴 에세이 《숨결이 바람 될 때》는 남편의 죽음과 미망인의 삶을 다룬 내용으로 그간의 기쁨은 곧 빛을 잃고 사라진다. 여기서 던지는 메시지는 그의 생애가 끝날 무렵 그에게 가장 중요한 것은 가족과 함께 시간을 보내는 것이다. 환자가 죽어가는 과정에서 통증과 고통을 어떻게 수용하느냐에 따라 좋은 죽음 나쁜 죽음이 될 수 있음을 보여준다. '존재의 죽음'(Being Mortal)에 대해서 의사나 가족들 모두가 폭넓게 이해하며 '삶과 죽음, 사랑의 상실'의 모든 범위를 통해 접근하는 것이다. 이 모두가 슬픔에 대처하는 방법들이다.

우리들은 어느 순간의 끝에서 웃으면서 얘기를 나눠도 눈물이 날 때가 있다. 신이 버린 듯한 처절한 아픔을 겪는 사람을 보면 당사자는 물론 보는 사람들의 가슴도 아프고 슬프다. 사실 우리 주변에서 보면 일상생활에 지친 나머지 불안하고 우울하게 보내는 사람들이 너무나 많다. 한(恨)이 많은 나라다. 더구나 우리의 삶은 순조롭게 살다가도 갑자기 닥쳐오는 환란과 불균형, 슬픔과 분노의 사건을 만날 수 있다. 슬픔은 이성이 아닌 다양한 감정의 산물로 나타나게 마련이다.

현자들은 노년이 인생에서 가장 좋은 시기라고 했는데 그 말은 일부는 맞는 말이고 일부는 틀린 말이다. 분명한 것은 건강하게 보내는 사람도 많지만 몸이 서서히 망가져 간다는 사실이다. 늙어 가니 권력의 갑질도 사회적 거리도 행복한 미소도 옆에 누워있는 아내도 안개처럼 사라지고 내 생명을 잡아둘 어떤 힘도 빠져나가는 기분이다. 저마다 야망과 아픔을 가지고 있다. 아마도 7080세대라면 "운전대를 잡을까? 휠체어를 타야 할까?" 하고 고민할 때가 있으리라. 그래서 노년기는 슬픈 것이다. 우리가 겪는 슬픔은 손실과 실패, 사별, 질병의 유형에 따라서, 그리고 갑자기 혹은 느리게 오는 경우가 있는가 하면, 슬픔은 특유의 문화 사회적 상황에 따라 다양하게 나타나게 된다.

결국 누구나 숨어서 많은 눈물을 삼키면서 살아왔을 것이다. 늙어서 오는 슬픔과 고통은 우리 삶에서 일상적인 것이며 상처 위에 상처를, 아픈 기억 속에 가슴 아픈 슬픔을 안고 살아가는 것이 현존의 감정이다. 앞으로도 비 올 때 우산을 빼앗기는 경쟁사회에서 살아가는 한 우리는 슬픈 사회 속에서 살아갈 가능성이 높다. 그러나 그런 슬픈 감정을 이겨내야 한다. 살아야 한다. 우리는 계속 진보해야 한다. 외적인 감정에 휘둘리지 않고 진정으로 '나 다움'을 느낄 수 있어야 한다. 문제는 그것을 어떻게 대처하느냐의 문제는 자신의 능력뿐이다. 우리는 스스로 깨닫고 노력해야 한다.

□ 슬픔이 노년기 삶에 미치는 영향

당신이 7080세대라면 많은 슬픔을 경험했을 것이다. 우리가 예전보다 잘살고 있지만 원한과 분노, 갈등, 피로감에 지쳐 있다. 많은 노인들의 삶이 그렇다. 나 역시 늙음에서 얻는 슬픔을 본능적으로 느낀다. 늙는 것은 무언가 잃어버리는 것이나 다름없다. 아이가 쑥쑥 자라듯이 늙음도 쑥쑥 싸여간다. 늙어가면서 혹은 나이테가 넓어질 때 우울해지기 쉽다. 노인들이 "어서 죽어야지." 하며 입버릇처럼 중얼거려도 '내일'을 위해 살아가는 나약한 노인들의 삶이 오히려 우리를 슬프게 한다. 가끔 노인들이 가는 세월을 존재론적으로 느끼며 뭔가 불편한 원망의 중얼거림에 가슴이 아프다.

노년기에 슬픔에 영향을 주는 요인들도 다양하지만 특히 노년기 자아존중감에서 느끼는 정서적 감정은 자기 성취감과 인정감, 가족 평안, 경제적 자립, 영적 안녕 등에 영향을 받게 된다. (Mruk,

2006). 노인기에는 신체적 노쇠, 정체감 상실로 인하여 일상생활 욕구에 대처하는 데 어려움을 겪게 된다. 더욱이 사별과 손실로 인한 심리적 불안감, 고립감, 삶의 만족도 등 모두가 노인들의 삶을 지배한다. 삶의 불안정성은 매시간 혹은 하루 간격으로 짧게 불규칙하게 흔들리며 자기 삶에 대해 비관적으로 받아들이게 된다.

슬픔은 마음이 아픈 것이다. 7080세대라면 많은 시간을 이미 잃어버렸다. 이름뿐인 노인, 홀로 내팽개쳐진 삶, 너무나 쓸쓸한 모습이다. 이제는 늙으니 울 수 있는 능력까지 잃어버린 듯할 것이다. 한평생 처자식 밥그릇에 자신의 생명을 걸었지만 그들이 구박한다. 차이콥스키(Tchaikovsky)의 교향곡 6번 '비창'은 비탄에 잠긴 사람들을 위로하는 음악이지만 어떤 이는 어깨를 들먹이며 흑흑 울기도 한다. 슬프니 길거리에서 빵 굽는 냄새조차 모를 것이고 정원에 곱게 핀 장미꽃의 아름다움조차도 잊고 살아갈 것이다. 그럴 때 끔찍한 생각도 든다. 고령사회에서 "노인이 죽었다고 슬피 우는 사람이 어디 있을까?" 하고 말이다.

그런데 노년기에도 슬픔이 계속되면 불면증, 두통, 근육의 긴장, 식욕부진 등 불안장애를 겪을 수 있다. 다양한 생활고, 사건사고, 손실, 슬픔과 슬픔의 결과는 지속적으로 정신건강에 부정적인 영향을 미친다. 불안과 우울증으로 인해 약물 남용에 빠질 수도 있다. 남자들의 경우 쉽게 슬픔에서 벗어나거나 아니면 감정을 숨기기보다 분노하기도 한다. 남자들은 슬픔을 피하기보다는 폭발하거나 일탈 행동으로 남에게 피해를 주기도 한다. 홀로 살다가 고독사를 당하는 경우도 있다. 1인 가구 시대에 혼자 살다가 고독사를 당하는데 이는 사실 '고립사'에 다름 아니다.

인간의 본성은 한계가 있다. 어느 정도의 아픔, 기쁨, 슬픔이 넘칠 때는 자연적으로 약화되거나 사라지게 된다. 슬픔은 당신의 마음을 긍정적으로 녹이는 역할을 한다. 슬픔은 정서적 사회의 자연적 표현이며 독소를 밖으로 몰아낸다. 슬픔을 딛고 다시 일어날 수 있는 기회가 될 수 있다. 회복의 길이 열리는 것이다. 정신을 가다듬고 자신을 다시 찾는 생애 성장 과정을 밟게 된다는 의미다. 건강한 라이프스타일을 위해 사소한 것들을 정리하는 한편, 새로운 단계를 만들 수 있는 즉 슬픔의 낙관적 측면으로 발전하게 된다.

그런 점에서 슬픔은 심리적 치유뿐만 아니라 가족 및 사회적 화합을 이뤄 가는 데 도움이 된다. 시편 90편 10절에 "우리의 연수가 칠십이요 강건하면 팔십이라도 그 연수의 자랑은 수고와 슬픔뿐이요 신속히 가니 우리가 날아가나이다." 환난의 날은 빨리 지나간다는 얘기다. 과거의 슬픔을 기억하겠지만 그 슬픔을 다른 상상력으로 바꾸는 능력, 그것을 하나님께서 주신 것이다. 사람은 과거를 회상하며 슬픔에 빠지는 습관이 있지만 슬픔이 변하여 기쁨이 될 수 있다. 따라서 나는 노인기에 슬픔은 다음과 같은 기능을 한다고 믿는다.

첫째, 노년기 슬픈 감정은 과거와 현재의 자아감을 확인하는 계기가 된다. 과거와 현재 속에서 나를 긍정 부정적인 시각을 드러내며 삶의 연속성을 보여준다. 이럴 때 슬픔은 외로운 감정, 우울증을 극복하는 데 도움이 된다. 지금까지 살아온 모습을 돌아보며 후회하기도 하며 자아감을 확립하게 된다. 너무 늦은 슬픔은 없는 것이다.

둘째, 노년기 슬픔은 동기부여의 가능성을 제공한다. 슬픔의 기능은 긍정적인 감정으로 자신의 삶을 돌아보게 하는 계기가 된다. 과거에 어떤 기회와 일들이 주어졌을 테지만 그것을 간과하고 지나온 사실을 발견하게 될 것이다. 미래의 부자보다 지금 당장 나 자신을 위해 먹고 싶은 것, 입고 싶은 것, 즐기고 싶은 것을 찾아보는 계기가 된다.

셋째, 노년기 슬픔은 낙관적으로 영감을 자극하고 창의성을 유도한다. 돌이켜 보면 과거의 실패가 낭비이고 슬픈 일이었지만, 그러나 슬픔이 학습되어 좋은 경험으로 나를 이기게 한다. 현재 자기의 가치를 이해하고 충분히 내가 할 수 있는, 그리고 자기를 지키려는 높은 미래의 자신을 소중히 여기는 마음이 생길 것이다. 늙었어도 과거의 일들을 거울삼아 '생각하는 힘'을 키워나가야 한다는 말이다.

넷째, 노년기 슬픔은 죽음에 대한 두려움에 대처하는 데 기여한다. 흔히 죽음, 죽어가는 과정은 우리 삶의 주요 부분으로 받아들이게 된다. 늙으면 자주 죽음을 생각하게 된다. 과거에 이렇게 한껏 살았는데, 아니면 이제까지 잘 살아왔으니 지금 죽어도 여한이 없다는 감정을 느끼는 것이다. 노년 후기에는 죽음이 무섭지 않은 편안한 감정을 유지할 수 있는 자아통합의 길로 진행될 것이다.

결국 인간은 망각의 동물이라고 하는데 그것은 자연적인 뇌의 퇴화과정이면서 동시에 허무하다는 결론에 이른다. 노인들이 슬픔에 자주 빠지는 것은 매우 자연스러운 인간의 성향이요 공통의 현상이다. 울음은 가장 인간적이고 가장 일상적인 감정이다. 몸이 시련을 받으면서 반응하는 문제로서 일종의 살기 위해 일어나는 호르메스(hormesis) 현상이다. 호르메스란 질병, 스트레스를 피하기 위해 신체 내 세포와 유기체가 환경위험에 대처하도록, 즉 신체 내에서 정상적인 생리기능을 회복시키는데 유익한 호르몬 반응이 일어난다는 것이다. 결국 슬픔은 자신에게 익숙한 생활공간, 삶의 향기, 오래된 사진들은 삶의 전환에 대처하는 영양소가 된다.

□ 노년기 슬픔에 대처하기

삶이란 항상 불안하다. 우리 삶을 돌이켜 보면 참으로 끔찍하다. 우리 삶은 여전히 무겁기만 하다. 사회적 고립 내지 슬픔은 인간관 속에서 작용하는 것으로 지위와 역할이 없어지면서 고립감 속에서 슬픔을 더 느끼게 된다. 노인들의 처지가 그렇다. 노인들 중 1명은 완전하지 않은 가정에서 살아간다. 신체활동이 급격히 줄어들면서 감옥 같은 집에서 오로지 번뇌, 고뇌, 외로움을 안고 밤 시간을 헤맬 때도 있다. 가까운 친구가 죽었다는 소식에 아련했던 과거의 기억을 더듬으며 눈물을 흘린다. '멜로드라마'에서 보여주는 사랑 이야기도 슬프다. 영화 '은교'(정지우 감독, 2012)에 나오는 시인 이적요는 "너희 젊음이 너희 노력으로 얻은 상이 아니듯, 내 늙음도 내 잘못으로 받은 선물이 아니다."라며 늙음을 항변한다. 이렇게 노년기에 느끼는 슬픈 감정은 끝이 없는 상태이다.

그러면 천년의 슬픔은 언제 끝날까? 당신의 가슴 통증을 어떻게 치유할까?

첫째, 자신의 신념과 가치, 지식 정도, 의사소통능력에 따라 대처 능력이 다르다는 사실을 깨달아야 한다. 노인은 자신이 느끼는 슬픔, 분노, 외로움, 절망감, 그리고 언제 올지 모르는 자신의 죽음에 어떻게 대처하느냐 하는 방법은 오직 자신의 능력과 감정을 잘 처리하는 의지에 달려 있다.

둘째, 자기만의 치유방식을 찾아야 한다. 자신만이 슬픈 이유를 잘 알기 때문에 자기감정을 스스로 조절하며 치유할 수밖에 없다. 당신 외에는 아무도 당신의 눈물을 멈추게 할 수 없다는 얘기다. 또 부정적인 감정, 결핍감, 상실감으로 인한 슬픔에 대처하지 못하면서 벙어리 냉가슴 앓는 방식으로 자신을 가두는 것은 슬픔을 치유하는 자세가 아니다.

셋째, 자기 스스로 치유의 한계가 있다는 것을 인정하고 누군가와 함께 울어라. 혼자 우는 것보다 다른 사람들과 슬픔을 나누면 훨씬 더 쉽게 치유할 수 있을 것이다. 어느 누구도 내 슬픔을 알아주거나 해소해 주지 못하지만 분명히 내 어머니 내 아버지 내 할아버지 내 할머니 내 형제자매, 내 자식은 큰 힘이 된다. 물론 다른 사람이 슬픔을 달래는 데는 한계가 있지만 그러나 가족들, 자녀들에게 당신이 슬프게 우는 모습을 보여주는 것도 괜찮다.

넷째, 열린 자세로 타인의 생각을 잘 듣고 받아들이는 것이다. 듣기(hear)는 스쳐 가는 귀의 반응이라고 한다면 경청(listen)은 집중해서 듣고 반응하는 것이다. 노인들은 70~80대에 들어서면서 남의 소리를 듣지 않고 자기 세계 속에 빠져드는 경우가 많다. 집착 기질이 심화고 완고해지기 때문이다. 그러나 열린 자세로 사물을 대하라. 혹시 슬프더라도 상대방의 지원과 배려를 받아들이며 웃는 연습이 필요하다.

　이러한 슬픔의 의미는 치유와 위로를 전제로 한다. 슬픔의 위로는 결국 사랑하는 것이다. 덧붙이면 "슬프다"는 것은 바로 "웃다, 웃어라"의 반대말이 아닌가? 슬픔은 너그러워지는 순간이다. 날카로운 모서리는 언젠가 부드러워지게 마련이다. 노년기는 슬픈 일이 많겠지만 이를 잘 관리하면 머지않아 그로부터 벗어나 부드럽게 변할 것이다. 그러니 마음껏 웃고, 즐거워서 웃고, 함께 웃고, 한번 웃고 또 웃는 노력도 연습해 보자. 하하 허허 껄껄 킬킬대고 웃는 모습을 그려보라. 좋은 생각으로 환하게 즐겁게 기쁘게 웃으면 슬픔은 사라지고 희망적인 삶이 찾아올 것이다.

　또 당신의 건강 정도, 가까운 가족과 친구들의 죽음, 그리고 신분 지위 관계의 상실, 독립과 자율의 제한, 생활 빈곤에 따라 슬픈 감정의 치유 정도가 달라질 것이다. 즉 노년기에 홀로 사는가, 가족들과 잘 지내는가, 사회활동이 재미있는가, 무언가 일거리가 있는가에 좌우될 것이어서 자기만의 대처방법을 터득해야 한다. 깊어만 가는 슬픔에서 벗어나기 위해 자신의 누적된 잠재력을 극대화하는 일, 신체 건강의 최적화, 소셜네트워크를 확대해가는 일이 곧 노년기에 오는 슬픔을 멀리할 수 있는 방법이다. 아니면 무조건 슬픔을 진정시키기보다 소리 높여 울면서 흥분된 감정을

조절하는 것, 혹은 깊은 명상으로 스트레스 울분을 가자 앉히는
일이 중요하다.

제4장

슬픔과
눈물의 생리학

4-1. 슬픔과 눈물의 생리학

인간은 정신적 고통을 당할 때 눈물을 흘리는 유일한 동물이다. 눈물은 일종의 사회적 동물로써 생존기술이 된다. 신경학적으로 슬픔과 비참함을 느끼는 정서가 먼저 나타나고 그 뒤를 이어 동반되는 것이 울음이다. 성인의 울음은 신체의 자연적 치유 시스템의 작용이다. 눈물을 몸 밖으로 배출하는 과정을 거쳐야만 묵은 슬픔이 녹아내릴 수 있다. 울음의 형태에서 아기는 무의식적으로 큰 소리로 울지만 성인은 조용히 울고 아기들보다 스스로 통제할 수 있다. 하지만 조심스러운 것은 슬픔을 드러내지 못할 때는 그 슬픔이 내면으로 침잠하게 된다.

그런데 인간은 생각하는 만큼 강하지 않다. 매우 연약한 존재다. 인간은 크고 작은 일로 마음을 아파하며 눈물을 흘린다. 이러한 우리의 눈물은 고통의 표시, 약점의 표시, 기쁨의 표시, 소통의 가능성을 높이는 방법이다. 눈물은 슬플 때, 기쁠 때뿐만 아니라 두려움, 슬픔에 대한 감정 표현이다. 눈물은 무력하게 지친 상태에서 강력한 무기가 된다. 한나라의 성(城)도 여자의 눈물 앞에서 무너진다는 말이 있다. 많은 사람들이 사랑하는 가족을 잃었을 때 의식, 무의식적인 눈물을 흘리는 것은 내면의 정신적 고통을 반영하는 자연적 반응이다.

따라서 슬픔과 눈물은 동일시 된다. 눈물은 행복한 것, 슬픈 것, 그리고 회복되는 과정의 표현이다. 이를테면 암 환자가 살아난다면 안도의 눈물, 기쁨의 눈물을 흘릴 것이다. 실제로 사별 혹은 손실, 이별을 당했을 때, 크고 작은 사건들로 인해 슬픔의 눈물을 흘린다. 우리가 살아가면서 간절히 원하는 것은 기쁘고 즐거워야 하는 것이지만 적지 않게 슬프게 울 때가 많은 것이 우리의 삶이다. 우리 삶 속에서 모든 것이 즐겁기만 한 것은 결코 아니기 때문이다.

□ 눈물은 무엇이고 왜 흘리는가?

현대인들의 마음은 에덴동산을 상실한 보헤미안의 서글픈 운명 속에 살아가는 듯하다. 사실 우리는 슬프게 살아간다. 슬픔은 인간에게 있어서 피할 수 없는 현상이다. 독일의 문호 괴테는 1773년 고통이 큰 나머지 자신은 "내가 카인의 저주를 받고 있다.”라고 했다. 젊은이들의 랩 노래에서는 “슬픔! 그딴 거 내 알게 뭐냐? 개나 줘 버려. 씹어 먹어. 토해버려. 다시 안 올 거야.” 하며 울분을 씻어낸다. 하지만 우리는 어느 땐가 골방에서 혹은 강둑에 홀로 앉아 고통과 슬픔을 삭이며 눈물을 흘렸으리라. 아내는 설거지하며 한(恨)과 눈물을 흘려보냈으리라. 아니면 속 풀이로 먹는 동치미 국물로 슬픔을 가라앉힐 것이다. “세상 사람 모두가 기뻐하는데 나만 슬프고 멍청인가?” 하며 밤하늘의 별들 사이를 헤매었을 것이다.

일반적으로 감정 시스템에서 슬픔은 감성, 두려움, 분노, 기쁨 등 4가지로 구성돼 있다. (Edgll, 2015) 구스타프 융(Jung)은 인간의 본질적인 토대는 감성이라고 했다. 여기서 감성이란 느낌, 심정, 격정, 정서를 의미한다. 이런 요소는 두 가지 측면인 슬픔과 우울증으로 크게 나눠지는데 슬픔으로 인해 통제할 수 없는 불안, 걱정 근심 등이 쌓일 때 일반화된 불안장애(GAD)를 경험하게 된다. 나아가 슬픔이 강렬하고 오래 지속될 때 ‘슬픔장애’ 혹은 ‘우울장애’를 겪으면서 만성적인 우울장애로 확대될 수 있다.

그렇다면 사람은 왜 슬픔의 눈물을 흘리는가?

눈물은 인간의 특별한 감정 표현이다. 슬픔은 복잡하고 예측할 수 없고 고통스럽다. 수 없는 손실에 마음 아파한다. 눈물은 진화론적인 입장에서 방어적이며 자신이 약함을 보여주는 행동이다. 이스라엘 텔아비브 대학의 진화생물학자인 오렌 하손(Oren

Hasson, 2009)은 "사람이 우는 것은 매우 진화된 행동으로써 자신의 약함을 방어하고 도움을 얻으려는 외침"이라고 말한 바 있다. 인간은 여러 가지 이유로 울고 있지만 특히 감성적인 이유로 울고, 미적 경험에 대한 응답으로 눈물을 흘린다는 사실이다.

이러한 눈물은 다양하게 나타나는데 미국 저술가 톰 러츠(Tom Lutz, 2001)는 이와 관련해 눈물이 인간이 자주 겪는 슬픔, 행복, 고통, 자부심, 감정이입, 카타르시스, 속임수 눈물(악어의 눈물) 등의 생리적 현상이라고 보았다. 예술과 문학에서 수많은 고통의 눈물들이 나오는데 소크라테스, 도스토옙스키, 셰익스피어 작품 속에서 비극적인 슬픔과 비탄의 울음을 찾아볼 수 있다. 또 호머(Homer)의 일리아드와 오디세우스(Odysseus) 작품들 속에서도 눈물을 흘리는 인간의 근원적 슬픔을 이해 할 수 있다. 오디세우스가 맹인 시인 데모도코스(Demodocus)의 탄식을 듣고 흐느껴 운다. 호머는 머리를 묻고 여자처럼 운다. 아킬레우스는 그의 친구이자 애인인 파트로클로스(Patroklos)의 죽음을 보고 역시 슬프게 울고 있다. 이러한 슬픔에 따른 울음은 인간의 비극적 삶을 반영하는 것이다.

나는 병원에서 항암치료를 받는 중 어디선가 흑흑 소리 없이 우는 모습을 자주 목격했다. 엉엉 우는 소리가 들리면 뭔가 마음이 아프고 듣는 사람도 슬퍼지게 된다. 그러기에 누구나 눈물의 물리학적 이해, 사회적 반응으로서의 눈물, 남녀 간의 눈물 차이, 그리고 마지막으로 우리의 건강을 위한 힐링과 눈물의 관계를 살펴보는 것은 인간으로서의 연민이다. 이뿐만 아니라 살기 힘든 사회의 가장자리로 밀려나 울거나 슬픔을 참고 침묵하는 이들의 삶에 생기를 불어넣어 삶의 용기를 갖도록 하는 일도 중요하다. 사실 나는 "눈물을 흘릴 줄 아는 사람이 이 세상에서 자기 비전과 이상을 실현해 갈 확률이 높다."라고 생각한다.

내적 갈등과 슬픔 속에서 하루의 일과를 시작하지만 "아픔과 슬픔을 언제 내려놓을까?" 하고 고민하지만 눈물은 끊이지 않는다. 슬픔 속에 내재돼 있는 상실감, 고통, 불안을 극복하기 위한 신체적 반응이기 때문이다. 수많은 욕망은 존재의 욕구를, 그것도 자기가 원하는 시간에 성취를 위한 눈물이다. 또 눈물은 인간관계에서 우정(플라토닉 우정) 혹은 로맨틱한 사랑을 표현하는 눈물이기도 하다. 동시에 정신적 심리적 건강을 돕는 눈물이다. 인간은 영적으로 눈물을 흘려야 치유될 수 있다. 한 마디로 욕망 없는 눈물은 없는 것이다.

눈물을 뿌리고 거두는 것이 삶의 여정이다. 하나의 눈물보다 더 큰 행동은 없다. 영국의 정치가 토마스 홉스(Hobbes)가 말한 대로 "아기와 여성의 울음은 하나의 특권"이라고 했다. 그러나 울음은 약함의 표시요 또 힘의 원천이 되기도 하지만 시간이 흐르면 울음은 끝나게 마련이다. TV 만화 '캔디'의 주제가에서는 "외로워도 슬퍼도/ 나는 안 울어/ 참고 또 참지/ 울긴 왜 울어……" 하며 힘든 상황에서도 울음을 참고 웃음을 잃지 않는 캐릭터를 볼 수 있다. 말인즉 슬픔은 상실 고통과 마주하면서 나는 '알았다' 하며 눈물을 같이 흘리는 모습이다.

부연하자면 슬픔이 자연적인 것인가? 신경시스템의 의존하는 심리적 구조인가? 하는 문제는 논쟁거리이다. 하지만 분명한 것은 우리가 흘리는 눈물은 뭔가 고독할 때, 아플 때, 상실했을 때 나오는 심리적 신체적 반응이다. 눈물은 과연 우리 삶 속에서 어떤 의미가 있을까. 몇 가지만 요약해 보자.

첫째, 인간관계에서 공격자에게 복종하는 것을 눈물로 보여줌으로써 상대방과 싸우지 않는다는 표시다. 눈물은 자신이 무방비라는 상태를 보여주는 것, 친밀함을 위한 기회라는 점, 가장 어려운 때를 벗어나는 과정, 그리고 정직한 마음을 보여주는 것이다. 잠재적 적에게 자신의 약점 또는 실패에 따른 감정 표현인 것이다. 상대방에게 자비를 유도하거나 다른 사람들로부터 동정을 끌어내려는 행동이다. 개인 관계에서 약자로 인식되거나 불평등한 대우를 받을 때 나오는 눈물은 하나의 사회적 적응 수단이 된다.

둘째, 눈물 흘림은 다른 사람과 아픔을 공유함으로써 감정의 결합, 한 공동체를 만들어가는 데 긍정적인 역할을 한다. 개인으로서는 자기방어가 약하지만 다른 사람들과 같이 눈물 흘림으로써 생존전략을 꾸릴 수 있다는 것이다. 남의 눈물을 보는 사람은 일종의 연민(Compassion)은 느끼는 것도 같은 맥락이다. 울고 있는 사람을 내 고통으로 받아들이는 연민의 태도로써 나(I)와 울고 있는 타자(Other)와 동일시 하는 감정이 생기게 된다.

셋째, 눈물은 신체적 우울증, 답답함 등의 부정적인 감정 상태를 나타내는 표현이다. 동시에 치유하는 힘으로써의 긍정적 효과를 얻을 수 있는 것이 울음이다. 심한 스트레스, 흥분, 호흡의 진정성 등의 효과가 있다는 점에서 그렇다. 그런 의미에서 우리는 슬플 때 목 놓아 울음으로써 마음을 열 수 있고 완전한 인간이 될 수 있다. 고통의 눈물은 모든 인류를 통합하는 영향소가 된다.

그러니까 이 얘기다. 인간은 '슬픔의 잔'을 마시며 우리 삶의 최종적이고 완전한 삶으로 만들어가는 존재이다. 슬픔과 울음은 우리를 우울하게 만들지만 때로는 우리가 올바른 길로 나가도록 도와주는 길잡이가 된다. 가톨릭 수도사 토마스 무어(Moors, 2005)는 "슬픔을 일상적 활동에서 오는 극단적 손실이나 고통의 기간을 통해 우리가 하고자 하는 일에 초점을 맞추게 함은 물론 개인적인 성공의 기회를 제공한다."라고 했다. 이렇게 눈물은 무한한 부드러움으로 울적해진 마음을 진정시킨다. 인간은 감정에 따라 슬퍼하는 사회적 동물로서 가정의 경조사, 사건 사고로 인한 아픔 때문에 자주 눈물을 흘리는 존재, 이것은 우리가 정상적인 인간임을 표시하는 것이다.

□ 생물물리학적 반응으로서의 눈물

일상생활 속에서 고통스럽게 눈물을 흘리는 것은 당신이 사회적 인간관계에서 충돌하기 때문이다. 욕망의 리스트가 충족되지 않거나 꿈을 이룰 수 없다는 사실, 일상에서 '마음의 장벽'을 제거하지 못할 때, 아니면 뭔가 상실했을 때에는 통상 몸이 아프고 눈물이 나게 마련이다. 이와 같은 울음에 대한 연구는 주로 생물물리학적 입장에서 눈물, 웃음, 울화, 떨림 같은 심리변화를 연구하게 된다. 일종의 눈물 흘림의 물리학(Physics of teardrop)적 입장이다. (Clara Moskowitz, 2008).

따라서 울음은 정신적 신체적 감각을 통해 얻어지는 슬픔과 즐거움을 망라하는 개념이다. 미국의 생화학자 윌리엄 프레이(Frey)가 1985년에 발표한 연구논문에 따르면, 사람들이 흘리는 눈물은 49%가 슬퍼서 눈물을 흘리고, 21%가 행복해서 눈물을 흘리며, 10%는 화가 나서 눈물을 흘리고, 9%는 불안해서 눈물을 흘리고, 나머지 7%는 공감 등으로 눈물을 흘린다고 했다.

이처럼 사람이 흘리는 여러 종류의 눈물 속에는 타액과 비슷한 단백질 소금(염분)이 포함되어 있는데, 사람이 울 때 뇌 속에는 통증을 감소시키는 천연 아편 같은 물질 엔케팔린(enkephalin, 감각조절물질)이 생성된다고 한다. 또 인간의 눈물에는 냄새와 행동에 영향을 미치는 페로몬(Pheromones, 동종의 동물들끼리 나누는 화학적 신호)이라는 호르몬이 포함되어 있다. 감성적 눈물을 흘릴 때 부교감신경활동의 조절과 회복을 돕는 화학물질이다. 긴장을 풀어주는 생물학적 변화가 발생하게 되는데 이는 우리 마음을 풀어주는 아드레날린 수준을 높여 준다고 한다. 그밖에 눈물은 안구를 촉촉이 적셔주면서 세균의 감염을 방지하는 기능도 한다는 사실이다.

그렇다면 눈물은 구체적으로 무엇인가?

눈물은 슬픔, 행복, 기쁨, 피로감 등으로 시작되는 생리적 현상이지만 눈물 속에는 크게 세 가지 감정의 눈물이 있다고 한다. 그것은 지속적으로 눈 상태를 유지해주는 기본적 눈물(basal), 자극을 받았을 때 반응하는 반사적 눈물(reflex), 희로애락의 감정에 반응하는 정서적 눈물(emotional)이 그것이다.

첫째, '기본적 눈물'은 눈의 피로, 건조증을 유지하기 위해 연속적으로 소량의 눈물로 나와서 눈을 보호하는 작용이다. 박테리아 등의 감염으로부터 눈물을 보호하는 기능을 한다. 인간이 기본적으로 하루에 10온스, 1년에 30갤론(gallon : 1갤론은 3.785리터)의 눈물을 흘린다는 보고가 있다. 여성은 한 달에 평균 5.3번을 울고, 남자는 한 달에 1.3번을 운다고 한다. 이때 눈물은 지속적으로 단백질이 풍부한 항균 액체를 분비한다고 한다.

둘째, '반사적 눈물'은 일상생활에서 경험하는 바람, 연기 냄새를 포함한 자극으로부터 눈을 보호하는 눈물이다. 예를 들어 양파를 깔 때도 연기를 마실 때도 눈물이 나온다. 이러한 눈물의 반사적 반응은 우리가 생활하는 과정에서 쉽게 경험하는 눈물이다. 먼지 등의 이물질(異物質)의 침입으로 인해 일어날 수 있는 염증은 물론 유해입자들을 방어해 주는 눈물이다.

셋째, '정서적 눈물'은 스트레스, 슬픔, 비통함 등에 의해 나오는 정상적인 눈물이다. 인간의 정서적 눈물은 자연적인 현상이다. 이 같은 눈물은 우리가 느끼는 슬픔, 고통, 기쁨 또는 육체적 질병에 대한 반응이다. 슬플 때 나오는 눈물은 스트레스를 일으키는 호르몬, 기타 독소를 해소하는 것으로 알려져 있다.

그 외 감정 없이 흘리는 눈물과는 다르게 기쁠 때나 슬플 때 흘리는 눈물에는 카테콜라민(Catecholamine)이 다량 함유돼 있다고 했다. 인간의 눈물은 카테콜라민을 몸 밖으로 자연스럽게 배출시켜주는 자기방어 수단이 된다. 한마디로 눈물은 우리 몸에 해를 입히는 유해 세균을 죽인다는 사실이다. 윌리엄 프레이(Frey, 1985) 역시 "정서적 눈물 속에는 유해 물질이 포함돼 있다."라고 했다.
이렇게 다양한 이유로 나오는 눈물은 주관적인 경험이 뇌 네트워크상에 나타나는 복잡한 생물학적 작용이다. 일시적인 슬픈 경험은 과학적으로 측정하기 어렵지만 슬픔은 안정의 반대되는 부정적인 감정과 관련된 것으로서 신경증의 현상으로서 비관주의, 회피, 소외 등에 빠지는 불안장애를 초래할 수 있다. 신경증은 우울증과 불안과 같은 높은 수준의 질환을 가져올 수 있다. 슬픔으로 인한 생리학적 장애는 안면근육의 떨림, 찡그림, 심장 기능, 호흡의 불규칙상태에 빠질 때도 있다. 슬픔의 절정기와 이완, 해소에 있어서 혈압의 수치에서 차이가 난다. (Juon, Arias, et al, 2020).

□ 남성의 눈물, 여성의 눈물: 과연 여성이 남성보다 더 울까?

전통적인 서구사회에서 남성의 역할이 여성의 역할보다 훨씬 많아지면서 자연히 여성은 감정적으로 남자에게 의존하는 반면에 남자는 자기통제, 독립적 그리고 합리적으로 문제 해결을 추구한다. 남자는 가능한 자신이 '남자다움'을 보이려고 애쓰면서 남자로서의 자부심, 용기, 충성, 승리, 패배 등을 합리적으로 해결하려 한다. 그렇다고 눈물을 안 흘리는 것은 아니다. 다만 사내대장부가 훌쩍거리는 모습은 보기 안 좋으므로 보통 남자들은 속으로 울음을 삼킨다.

반면에 여성은 자주 눈물을 흘린다. 성별 차이는 특정 국가의 특성에 따라 다르지만 대개 전통적인 문화 속의 여성들보다 평등과 자유가 주어진 서양문화 속의 여성이 더 많이 운다고 피츠버그 대학의 로렌 빌스마(Bylsma, 2008) 교수는 강조한다. 여성은 생물학적으로 남성들보다 눈물을 많이 흘린다는 사실에서 여성은 눈물을 분비하는 세포가 남성과 좀 다르다고 한다. 예를 들어서 남성의 눈물 턱, 눈물길(Tear duct)은 여성보다 크다는 점에서 차이가 난다. 남자와 여자가 같이 울 때 여자의 눈물이 빨리 뺨을 적시며 흐른다는 진단이다. (Louann Brizentin, 2007).

남자와 여자 모두가 사랑하는 사람에 대해, 로맨틱한 이별 혹은 죽음에 대해 울고 있지만 여성은 작은 일에 자주 우는 모습을 보인다. 남녀가 슬픈 영화를 본다고 할 때 여자가 많이 울고 감동을 받지만 남성은 비교적 담담하게 받아들이며 눈물을 숨기려 한다. 남자들의 가부장적 지배 속에서 엄숙함을 강요당하며 '남자 됨'을 보여주어야 한다는 감정 때문에 남성들이 여성보다 평균수명이 짧다는 가설도 나온다.

일반적으로 남자들은 울음이 나와도 주위 사람들을 의식하면서 눈물을 삼킨다. 남자들은 혼자 남모르게 눈물을 삭인다. 어떤 남자는 스스로 '눈물에 약하다.'라는 말도 한다. 사회적으로 남자는 울지 않아야 한다는 '강한 남자'로서 강요받기도 한다. 물론 울고 싶어도 눈물이 나오지 않는 경우가 있다. 그것은 감정이 충분히 강하지 않거나 너무 충격이 큰 경우일 것이다. 하지만 내가 보기에는 남자들도 남을 의식하지 않고 울 수 있어야 한다. 가짜 허세를 버리고 울고 싶을 때 울어야 새로운 깨달음을 얻고 새로운 자기 이해를 할 수 있기 때문이다.

그 밖에 감성이 풍부해서 '감정적 자유'(Emotional freedom)가 원만

한 상태의 경우에 더 슬프게 우는 경향이 있다. 감정적 자유란 부정적인 감정으로부터 자신을 해방하고 삶을 전환하는 감정이다. 찰스 다윈은 처음으로 영국을 주축으로 한 서양문화와 다른 비서구 문화 사람들 간에 눈물을 흘리는 수준이 다르다고 했다. 미국·영국의 남성과 여성은 헝가리 남성과 여성의 2배 정도 더 많이 운다고 했다. 사회발전이 촉진되고 자유가 보장된 나라는 그렇지 못한 나라보다 더 많이 울고 있다는 진단이다. (Vingerhoetsand Cornelius, 2012).

부연하자면 행복한 눈물, 슬픈 눈물에서 기본적으로 큰 차이는 없다. 무엇보다 공통적인 것은 강렬한 정서적 각성의 표현이 곧 눈물이다. 뇌 영역에서 눈물을 촉진하는 뇌간에서의 감정적인 흥분을 일으키는 정도가 남녀 간에 다르기 때문이다. 또한 외상(트라우마)을 갖고 있는 사람, 혹은 불안한 사람, 외향적/내향적 차이에 따라 슬픔의 정도가 다르다. 그리고 여성은 내향적인 측면에서 외향적인 남성보다 더 많이 울 가능성이 높다는 설명이다. 그 밖에 여성의 눈물 속에 포함된 염분 등을 분석하여 슬픔의 정도, 성적 매력을 평가할 수 있다는 주장도 있다. (Gelsteinand Sobel, 2011).

이와 관련해 실제로 남녀 간의 눈물 흘리는 차이를 찾아보자.

첫째, 여성이 남성보다 더 많이 눈물을 흘린다.

지난 2004년 네덜란드 임상심리학자 이반 니클리체크(Ivan Nyklicek)와 그 동료들의 연구보고에 따르면, 여성은 남성보다 눈물을 자주 흘리는데 이를테면 한 달에 남자들보다 여성이 2~5회 정도 더 운다고 했다. 여자는 매달 5.3회 남자는 1.4회를 운다고 한다. 눈물을 흘리는 시간도 여자는 6분을, 남자는 2~4분 정도에 지나지 않는다. 또 다른 예로써 월드컵 경기에서 자기 나라 팀이 아깝게 패했을 때 남성보다 여성이 더 울었다는 조사도 있다. 여성은 20% 남자는 8%만이 울었다는 평가이다. 기타 치명적인 화재사고를 만났을 때 여성은 12%를, 남성은 5%가 울었다고 한다.

둘째, 여자는 감정의 눈물을 자주 흘린다.

여자는 감정적인 눈물(Emotional tears)을 남자보다 많이 보인다. 아기가 첫마디 말을 할 때, 상실을 경험할 때, 즐거울 때 남자보다 더 눈물을 흘린다. 장례식장이나 결혼식에서도 더 많은 눈물을 흘리는 것이 여성이다. 무엇에 대한 슬픈 감정을 느끼면서 "나도 몰라." 하며 자신의 감정을 잃고 외치듯이 우는 모습을 자주 볼 수 있다. 여성은 남자들보다 자신이 사랑에 빠질 때, 상대가 자신에게 사랑을 고백할 때, 아니면 상대가 자신을 비난하고 싫어할 때 눈물을 더 흘린다.

셋째 남자는 억제된 조용한 눈물을, 여성은 크게 소리 내며 운

다.

　남자의 눈물은 뭔가 실패했거나 남들의 관심에서 벗어날 때 울고 싶어진다. 남자는 일, 출세욕이 강해지면서 남몰래 눈물을 조용히 흘린다. 눈물 흘리는 것을 부끄럽게 생각하거나 애써 피하려고 한다. 반면에 여성은 비교적 소리 내어 운다. 윌리엄 페리(Frey, 1985)에 의하면 울음의 소리 평균 주파수는 남성 1.4사이클에 비해 여성은 5.3사이클로 조사됐다.

　넷째, 생식호르몬 분비의 차이다.

　여성은 출산과 함께 생식호르몬(Prolactin)이 증가하면서 감정적 눈물이 더 나온다. 남성 역시 나이를 더해 가면서 남성 호르몬인 테스토스테론 수치의 감소와 함께 감정적 눈물이 나올 가능성이 높다. 노인들이 대화 중에 자주 눈물짓는 모습은 이를 반영한다. 건강이 악화되면서 호르몬의 변화와 함께 에너지, 열정, 활력, 정력, 삶의 의미 상실로 인해 남모르게 눈물을 흘리는 것이다.

　여러 가지 느낌을 주지만 남녀 간의 사회적 활동, 정서적 감정에서 차이를 보인다. 남녀 간의 차이는 주로 직업, 일의 능력과 기회의 획득 차원에서 차이를 보인다. 남성은 대개 근육노동에서 일하고 여성은 감정 노동 분야에서 일한다는 사실에서 정서적 사회적 적응과 그 대처 방식이 다른 것이다. 본질적으로 남자는 바

깥 세계와의 관계, 즉 외적 관계에 의해 영향을 받는 자기소외적 신경증에 걸린 상태에서 눈물을 흘리는 경향이 높다. 반면에 여자는 내적 관계로써 정신의 내면세계, 내적 관계의 모순 속에서 눈물을 흘린다.

이렇게 다양한 해석이 가능한데 치명적인 슬픔에 이어 오는 울음은 자아로 하여금 내면세계로 연결되는 심리적 안정, 사회적 관계의 인격적 관계를 잘 맺게 될 때 울음을 극복할 수 있다. 그렇게 보면 울고 싶을 때는 눈물은 흘려야 한다는 점이다. 일부 드라마에서는 여성 시청률을 높이기 위해 눈물 나게 하는 콘텐츠를 개발하고 있는 것도 같은 맥락이다. 울고 난 후에는 마음이 가벼워지는 기분을 느끼는데 이는 눈물의 정화과정 때문이다.

4-2. 슬픔에 가치 부여하기

　슬픔은 우리 삶의 신비와 덧없음을 이해하고 인간의 삶을 만들어가는 효소다. 슬픔은 위에서 내려오는 하나님의 선물이라는 말도 있다. 삶에 영혼을 부여하는 슬픔은 우리 영혼을 깨끗이 씻어주기 때문이다. 자기 스스로 다시 태어나게 해주는 힘으로서 슬프다는 것은 자신의 진정한 빛과 사랑을 보이기 위해서다. 영적으로 우리 육체를 정화하는 영혼의 울림은 크다고 하겠다. 스피노자가 '에티카'에서 말했듯이 슬픔이란 무한대로 자기 스스로를 인식하는 삶의 한 방법이다.

　누구나 경험하듯이 모든 사물은 기본적으로 공허하다. 우리는 세상 무대에서 뭔가 움켜쥐고 뽐내려다가 사라지는 서툰 배우들이 아닐까? 변한 건 아무것도 없는데 왠지 슬퍼지고 얼굴을 찌푸리게 된다. 그러기에 우리가 살아가면서 겪는 장애물에는 슬픔과 눈물이 담겨 있다. 사랑 연민 동정 기쁨과 평안 등이 모두 눈물로 표현된다. 아픔은 애통 혹은 비통(悲痛)을 수반한다는 점에서 옛말에 '애이불비'(哀而不悲)라는 말이 그렇다. 즉 '속으로는 슬프지만 겉으로는 슬픔을 드러내지 않는다.'라는 뜻이다. 슬프지만 참는다는 의미에서 슬프더라도 애(哀)와 비(悲)의 슬픔 정도가 다른 것이다. 애는 속으로 드러내지 않는 슬픔이고 비는 겉으로 드러내는 슬픔이다.

□ 문학예술에서의 슬픔과 눈물

내가 발동을 걸어 놓은 주제는 슬픈 눈물의 의미를 알아보는 것인데 그러면 문학예술에서 던지는 슬픔은 어떤가? 누구나 경험하는 것이지만 문학예술은 어느 것이 우리 삶에서 참가치이고 아닌지를 잘 설명해준다. 문학예술은 우리의 정신세계 반영한다. 문학예술은 퍼즐 풀기와 같은 삶의 여정에서 슬픔을 극복하며 좋은 감정 열정을 공유하는 데에 도움이 된다. 문학예술은 슬픔뿐만 아니라 기쁨 상상 자유 위안을 제공하는 영혼의 양식들이다. 우리 삶의 목적이 불확실하거나 손실감, 성취 가능성이 없을 때, 자신의 존재감과 긍정적인 생각을 하도록 유도하는 것이 다름 아닌 문학예술, 철학 등의 인문학적 영역이다.

분명히 슬픔과 눈물은 문학예술 세계에서 심오한 주제로서 슬픔의 의미를 깨닫게 한다. 예술 문학은 전통적으로 사랑, 슬픔, 종말론이라는 주제들을 통해 인간의 실존문제를 다루고 있다. 기원전 5세기부터 시작된 그리스의 3대 비극은 아이스킬로스(오레스테스), 소포클레스(호메로스의 서사시, 오이디프스), 에우리피데스(엘렉트라)이다. 희극보다 비극이 먼저 시작되었는데 신과 운명 앞에서 고군분투하는 나약한 영웅들의 모습을 그린다. 역경을 이겨내는 인간들의 웃고 웃는 비참한 운명을 보여준다. 이들을 비극이라고 하지만 비극의 결말은 꼭 슬프지만 않다. 슬픈 이야기 끝에 기뻐서 우는 모습들, 슬픈 이야기의 반전으로 모두를 웃게 만드는 것이다.

특히 세상만사 이야기가 셰익스피어, 괴테 등의 작품 속에 이미 다 들어있다. 셰익스피어의 대표적 작품 《로미오와 줄리엣》, 《햄릿》 등에서 이별과 슬픔이 녹아있다. 이 중에서도 리처드 2세(Richard II)의 끝부분에 이르러 거울 속의 자신의 얼굴에서 슬픔을 보는 모습이 나온다. 얼굴에 나타난 "외면적 비탄은 단지 보이지 않는 슬픔의 그림자"일 뿐이라고 말한다. 이 슬픔은 "고통스러운 영혼 속에서 조용히 부풀어 오른다. 이 슬픔은 모두 우리들 내면에 존재한다."라고 리처드는 소리친다.

우리는 영원한 시간과 공간 속에 존재한다. 요새 소설 문학 영화의 드라마 특색은 대개 로맨스, 휴머니즘, 스릴러, 사운드라는 네 가지로 구성된다. 사랑과 휴머니즘 모험 도전 속에는 공통적으로 눈물 흘리는 모습이 자주 나온다. 슬픔은 여든 살 할머니의 울음, 자식을 잃은 애 엄마의 눈물 모습이 좀 다르지만 애처롭기는 마찬가지이다. 노르웨이 출신의 요아킴 트리에 감독이 지난 2016년 내놓은 '라우더 댄 밤즈'(Louder Than Boombs)는 아내 엄마를 잃은 3부자의 고통을 그린 내용으로써 상실의 아픔은 폭탄보다 무섭다는 사실을 일깨운다. 슬픔이란 감정은 각자의 경험과 사람이 위치에 따라 다르지만 죽음과 상실의 고통은 치명적인 아픔이다.

프랑스 작가 라캉(1995) 역시 '햄릿'을 끌어들여 슬픔을 풀어낸다. 햄릿은 아버지를 잃은 슬픔과 절망, 분노로 인해 오랫동안 무기력한 우울증에서 헤어나지 못한다. 햄릿은 자신의 아버지를 죽인 삼촌과 결혼한 어머니의 욕망으로부터 떨어지지 못하는, 오히려 어머니의 욕망에 참여하며 복수를 미루고 있는 모습을 보인다. 햄릿은 복수를 망설이다가 끝내는 미친 척하고 자신의 생명을 희생시키고서야 복수를 행동으로 옮기는 것이다. 그리고 햄릿은 한 참 지나서야 묘지에서 레어티즈의 슬픔을 본다. 애도하지 못하는 주체는 다른 욕망에 의존하면서도 신체가 무기력해 짐을 보여주고 있다.

유명 그림들에서도 슬픔은 비슷하게 묘사된다. 빈센트 반 고흐의 1882년 작 '슬픔'(Sorrow), 피카소의 1937년 작 '우는 여인'(Weeping Women), 로이 리히텐슈타인의 1964년 작 '행복한 눈물'(Happy tears, 1964)이 그렇다. 또한 네덜란드 화가 램브란트(Rembrant Van Rijn)의 1630년 작 '예루살렘의 파괴로 슬퍼하는 에레미아'(Jeremiah Lamenting the Destruction of Jerusalem)에서는 예루살렘의 파괴로 인한 고뇌와 불운한 예루살렘 사람들을 생각하며 에레미아가 슬픔에 잠겨 있는 모습이다. 가슴 아픈 상황 속에서 늘 평안을 추구하는 감정의 치유, 영혼의 회복을 노래한다.

▲ 램브란트(Rembrant Van Rijn)의 '예루살렘의 파괴로 슬퍼하는 에레미아'
(Jeremiah Lamenting the Destruction of Jerusalem, 1630)

그렇다면 우리나라의 문학예술에서는 어떻게 표현되는가?

내가 일일이 제시하지 않지만 우리의 고전에서 보는 한의 슬픔을 표현하는 내용은 많다. 우리나라는 고조선이라는 이름으로 국가의 틀을 갖추면 발전해 온 이후 다양한 모습으로 표현되었다. 우리나라는 질곡의 역사 속에서 크고 작은 전쟁과 침략, 가난, 질병으로 인한 한을 안고 살아왔다. 힘없는 백성들은 먹을 것, 입을 것이 없었고 발 뻗고 편히 잠잘 집조차도 부족한 가난의 삶이었다. 하루가 천년 같은 괴로운 슬픈 삶의 과정이었다. 이런 아픔은 수많은 고전 문학예술 작품에 잘 표현되어 있다.

슬픈 노래 중에 하나로 '공무도하가'(公無渡河歌)가 있다. 이 작품은 고조선에서부터 전해져 내려오는 고대 가요로써 고조선을 세운 단군이 하늘 굿을 벌이면서 백성을 축복하고 춤추던 노래다. 또한 《삼국유사》에 나오는 '제망매가'(祭亡妹歌) 역시 슬픔을 달래는 노래다. 신라 경덕왕 때 월명사(月明師)가 지은 향가로서 자신보다 일찍 죽은 누이동생의 명복을 비는 노래다. 누이를 잃은 슬픔과 종교적 구원을 비는 글로써 2006년 강정규가 쓴 '제망매가'에서 그 내용을 보자.

삶과 죽음의 길은(生死路隱)/

여기(이승)에 있으니 머뭇거리고(此矣有阿米次兮伊遺)/

(죽은 누이가 말하기를) 나는 간다는 말도(吾隱去內如辭叱都)/

못다 일렀는데(내가 말하기를) 어찌 갑니까?(毛如云遺去內尼叱古)/

어느 가을 이른 바람에(누이가 빨리 죽어서) 저 떨어진 잎과 마찬가지로(於內秋察早隱風來)/

한 가지 이파리가 나듯이(누이와 나는 한 어머니로부터 태어났는데) 어디로
갔는지 모르겠구나(一等隱枝良出古)/
아마 극락세계에서 만나볼 나는(阿也彌陀刹良逢乎吾)/
불도를 닦으며 기다리겠노라(道修良待是古如).

그리고 조선조 선조 광해군 때에 허균이 쓴 《통곡헌기》(慟哭軒
記)에는 사회적 비주류요 약자로서의 슬픔을 담고 있다. 허균 자
신이 살았던 시대에 자기를 알아주지 않는 세상, 그렇다고 한 세
태에 진입하지 못하면서 시대와 불화하며 고통스럽게 살아가는
모습을 그렸다. 허균은 내 조카 허친(許親)이 집을 짓고 나서 '통곡
헌'(慟哭軒)이란 이름의 편액(扁額)을 내걸었다는데 이를 보고 사람들
은 크게 비웃으며 아래와 같이 말했다.

"세상에는 즐거운 일이 무척 많은데 어째서 통곡으로써 집의
편액을 삼는단 말이요? 통곡하는 사람이란 아버지를 여읜 자식
이거나 아니면 곧 사랑하는 이를 잃은 부녀자들일 것, 하물며 사
람들은 그 소리를 듣기 싫어하는데 그대만 혼자서 사람들이 꺼리
는 바를 범하여 걸어 놓는 것은 어째서인가?"

이에 대한 대답은 이렇다.

"무릇 곡하는 데도 역시 도(道)가 있소. 대체로 사람의 칠정(七情) 중에서 쉽게 움직이며 감발(感發)하는 것은 슬픔 만한 것이 없소. 슬픔이 일면 반드시 곡을 하는 것인데 슬픔이 일어나는 것도 역시 단서가 여러 가지이지요. 그러므로 시사(時事)를 행할 수 없는 것에 상심하며 통곡한 이는 가태부(賈太傅)에 가의(賈誼)요, 흰 실이 그 바탕을 잃은 것을 슬퍼하며 곡을 한 이는 묵적(墨翟)이요, 갈림길이 동서로 나뉜 것을 싫어하며 운 것은 양주(楊朱)요, 길이 막혀서 운 것은 완보병(阮步兵)의 완적(阮籍)이었으며, 운명이 불우함을 슬퍼하며 자기를 세상 밖으로 내쳐 정을 곡(哭)에 부친 자는 당구(唐衢)입니다. 이들은 모두 품은 생각이 있어서 운 것이지 이별에 상심하여 억울한 마음을 품으며 하찮은 일 때문에 운 것이지 아녀자의 통곡을 흉내 낸 사람들이 아닙니다." (지학사 편집부, 2015)

그 비슷함을 넘어서 조선 후기 실학자인 박지원의 《열하일기》 중에 '호곡장론'에서 통곡의 의미를 찾아볼 수 있다. 호곡장론(好哭場論)이란 박지원이 요동반도를 처음으로 보고 여기를 "통곡할만한 자리로구나(好哭場可以哭矣)" 한 것에 유래한다. 박지원 역시 칠정(七情)의 감정에 쌓이면 울게 된다고 했다. 태아가 어머니의 태중에서 나왔을 때의 울음처럼 꾸밈없는 울음을 터뜨려야 한다고 했다. 벅찬 감정의 순간에 감탄 대신 울음을 터뜨린다는 것이다.

그렇다면 박지원은 이 같은 '호곡장론'을 왜 펴는가?

그는 "기쁨(喜)이 극에 이르면 울게 되고, 노여움(怒)이 극에 이르면 울게 되며, 즐거움(樂)이 극에 이르면 울게 되고, 사랑(愛)도 극에 이르면 울게 되며, 미움(惡)도 울게 되고, 욕심(欲)도 극에 이르면 울게 된다." 이어 그는 "울음은 천지간에 우레와도 같은 것, 지극히 정(情)이 우러나오는 것, 그러나 울음과 웃음이 어찌 다르겠습니까?" 하고 묻는다. 박지원은 사람들이 칠정 가운데 "슬플 때만 우는 줄 알고 칠정 모두가 울 수 있는 줄을 모릅니다. 불평과 억울함을 풀어버림에는 울음소리보다 빠른 것이 없습니다."

대관절 이게 무슨 말인가?

박지원은 "천지에 가득 찬 울음, 쇠나 돌 같은 것으로부터 울려 나오는 울음소리를 들어야 한다."고 했다.

또 다른 교훈적인 예는 추사 김정희(金正喜, 1786~1856)가 제주도에서 귀양살이할 때 아내를 잃고 슬퍼하는 모습을 볼 수 있다. 추사는 귀양 중에 외롭게 지내다가 뜻하지 않게 아내를 잃었다. 그것도 바다를 건너 아내가 죽었다는 소식을 들은 것은 한 달 후이다. 그는 하늘이 무너지고 땅이 꺼지는 슬픔에 찬 나머지 아내에 대한 시를 써서 애도했다. 그 내용은 이렇다.

"월하노인을 시켜 명사(冥司, 수명을 관리하는 저승사자)에 하소연 하길(那將月老訴冥司)/

내세에선 우리 부부를 서로 맞바꿔 달라 하리라(來世夫妻易地爲)/

나는 죽고 당신은 천 리 밖에서 살아남아(我死君生千里外/
당신이 내 슬픔 맛보게 하리라(使君知我此心悲)."

그 외 조선 시대 머슴들의 애환도 남다르게 다가온다. 농사짓는 집에서 일하던 머슴살이는 고된 생활이었다. 매년 음력 2월 초하루에는 "머슴들이 담장을 잡고 운다."라는 말이 있다. 머슴들은 삽자루 끝을 잡고, 하녀는 물레를 잡고 운다는 것이다.

그만큼 머슴살이들의 삶이 고달프다는 얘기다. 이런 내용뿐만 아니라 우리 민족이 한(恨)을 안고 살아가는 모습은 곳곳에서 찾아볼 수 있다. 역사 속에 살아가는 민초들의 개인의 열망과 좌절은 너무나 큰 고통이었다. 우리 민족의 역사는 처절함이요 슬픔의 땅이었던 것이다. 박경리의 대하소설 《토지》에서 보듯이 우리 조상들의 고된 생존기를 볼 수 있다. 민족의 희로애락, 여인들의 아픔과 한풀이 내용이 씨줄 날줄로 엮여져 있다.

그런가 하면 민속적으로 내려오는 노래들이 한 많은 슬픔을 노래한다. 전쟁 중 혹은 갑자기 죽은 이를 위한 '진혼곡'(레퀴엠), 진혼의 춤사위, 죽은 이를 극락으로 보낸다는 씻김굿(死靈祭)은 귀향의 안식을 찾지 못한 영혼들에게 길을 찾아주는 노래다. 한의 정서를 담은 상여노래(만가, 輓歌), 밀양아리랑, 판소리, 사물놀이, 시집살이 노래 역시 한 많은 슬픔을 달래는 곡들이다. 노래 '한오백년' 장사익의 '비 내리는 고모령' 혹은 '단장의 미아리고개' 등의 트로트 가요는 마음과 영혼을 불러오는 노래로서 서러움과 한을 달래는 힘을 갖고 있다. 대중가요에서 '눈물은 사랑의 씨앗'이라고 한다. 노래들이 눈물 나게 한다. 눈물은 희망의 씨앗이다. 고독과 슬픔, 그리움과 소망, 사랑, 회복 등을 소원하는 내용들이기에 철학적이다.

특히 여인들의 애달픈 사연은 많다. 우리 어머니들이 전해주는 한 많은 '시집살이' 노래는 애달픈 여인들의 사연을 담고 있는데 그 가사를 살펴보면 "시집살이 개집살이, 고추보다 매운 시집살이, 귀먹고 삼 년 눈멀어서 삼 년, 울었든가 말았든가 베갯머리 눈물에 젖네." 등의 시집살이 노래가 지방마다 약간씩 변형돼 전해지고 있다. 우리의 뿌리 깊은 가부장 사회에서 여성들의 슬픔이 한으로 남겨져 전승되는 모습이다.

한편 근대에 와서도 비슷하다.

내가 2000년에 읽었던 기억이 있는 조창인의 소설 《가시고기》에서는 먹지도 자지도 않고 아들을 돌보다 죽는 아버지의 이야기가 나온다. 백혈병에 걸려 죽어가는 10살 아들을 보살피는 시인 아버지가 가시고기처럼 희생하는 사랑의 이야기다. 인간 아버지가 물고기 가시고기를 비유해서 쓴 글이다. 엄마 가시고기는 알들을 낳은 후 어디론가 달아나 버린다. 아빠 가시고기는 혼자서 다른 물고기의 공격을 막으며 알들을 기른다. 그런데 알에서 깨어나 크게 자란 새끼물고기들은 어느 날 아빠 가시고기를 남겨 놓고 제 갈 길로 떠나 버린다. 홀론 남은 아빠 가시고기는 돌 틈에 머리를 처박고 죽는다. 그리고 죽은 몸마저 자식들에게 내준다. 아빠 가시고기의 삶이 한평생 슬픈 것이다. 백혈병이 걸린 아들을 살려보려고 하다가 몸도 마음도 지쳐서 자신이 간암으로 먼저 죽는 아버지가 '가시고기' 처지와 같다. 아버지란 존재에 대해 많이 생각하는 내용이다.

국립극단의 연극작품, 강량원 감독이 2011년 연출한 《상주국수집》은 군대에서 자살한 아들을 20년이 넘도록 마음속에서 떠나보내지 못하는 치매 걸린 어머니의 모성을 그려내고 있다. 그녀는 쓰라리고 잔인한 삶의 사건 속에서 기억이 멈춰져 있다. 어머니는 아들이 자살한 날을 살고 또다시 살며 그 죽음을 자신의 것으로 만들며 살아가는 모습이다. 영화를 보거나 억울하게 죽은 사람을 보면 "너는 슬프지 않아?" 하고 공감을 표시한다. 감동을 받으면 눈물을 흘리게 마련이다.

또 다른 예를 들어 김춘수, 정호승 시인을 비롯해 많은 문학가들을 통해 존재의 슬픈 모습들을 찾아볼 수 있다. 존재에 대한 부정 혹은 회의, 거부 등으로 지각된 세계를 보여주고 있는데 우선 김춘수(金春洙) 시인의 1948년 작 '구름과 장미', 1959년 작 '부다베스트에서의 소녀의 죽음' 등에서 존재의 슬픔을 엿볼 수 있다. 〈꽃〉, 〈가을의 저녁시〉, 〈처용단장〉, 〈부재〉, 〈푸서리〉, 〈불나비〉 등의 시편에서는 비애 의식을 느낄 수 있다. 박미경의 2013년 시집 《슬픔이 있는 모서리》에서 보면 슬픔은 존재론적 아픔이요 우리 삶의 한 형식이다. 슬픔은 사랑의 에너지에 의해 치유될 수 있다는 메시지를 던진다. 눈물을 흘리는 감정, 슬픔과 울음이란 시어가 많이 등장하고 있는데 이는 사유의 모든 측면, 즉 슬픔과 동시에 실존적 아름다움을 동시에 노래하고 있다.

이상에서 내가 슬픔에 대하여 지나치게 가치를 부여하는 것은 아닌지 모르겠다. 하지만 슬픔의 가치를 중시하는 것은 우리가 바로 인간이기 때문이다. 우리 현실이 모두 편안하게 질병 없이 살아갈 수 없는 존재들이니 그렇다. 그런 점에서 문학예술은 바로 사회적 생산과정이요 감각의 내재적 존재론이다. 자신의 의미 세계를 구성하고 삶의 스타일을 구축해 가는 것은 작가의 개인적인 자유요 사회 참여다. 하지만 삶이란 무엇인가? 하고 다시 보게 된다. 우리 삶 속에서 보이는 슬픔은 살아있는 존재 양식이다. 생사고락을 몸으로 느끼며 좋은 삶을 만들어가는 여정이어서 더욱 그렇다. 여기에는 필연적으로 슬픔, 괴로움, 상실감을 마주하며 살아가게 마련이다. 고통과 상실에 따른 슬픔은 호흡만큼이나 일상적이며 우리 삶의 일부분이다.

□ 암 병동의 슬픔과 절규

오스트리아 출신 의학자인 빅터 프랭클은 인간을 '고통받는 인간'(homo patience)이라고 했다. 인간은 많은 세월을 아픈 몸으로 살아가기 때문이다. 병에 대한 환자의 분노, 병세, 의심, 공포감은 인간의 당연한 약점이다. 찬란했던 삶은 쉽게 사라지고, 고난이 생생하게 다가온다. 안 아프게 죽는 약은 없다. 누구나 쉽게 경험하는 것이지만 건강하게 살다가 죽기를 소망한다.

내가 암 병동에 입원해 있을 때 옆 침대 환자들의 "엉~엉~어~흐~" 하며 흐느끼는 고통의 소리를 잊을 수가 없다. 사막에서 물을 찾는 사람의 고통보다 더한 무엇과도 비교할 수 없는 황소 같은 신음 소리다. 누가 더 괴로운지 모르지만 옆에서 보기조차 힘들어진다. 그것이 인간의 실존적 고통이다. 노년기 병원에 실려가 수술받는 도중에 사망하는 테이블데스(table death)를 당할 수 있다. 내 목숨 한 번 숨을 들이마시고 내쉬지 못하면 죽은 몸이다.

병원에 가보면 다양한 아픈 사람들을 만나게 된다. 병원응급실에서는 보호자와 환자가 섞여서 고통과 두려움에 지쳐 있다. 진료실 복도에서는 진료시간을 기다리며 초조하게 서성거린다. 병원 내를 오고 가는 사람들이 서로 가면을 쓰고 웃는다. 배설 주머니, 즉 오줌주머니를 옆구리에 매달고 걷는 환자, 뇌경색으로 팔다리가 마비된 사람, 휠체어에 의지해서 움직이는 사람 등 참으로 다양하다. 2~3살 돼 보이는 어린애가 백혈병을 앓으면서 마스크를 하고 휠체어에 앉아 있고 어머니가 눈물을 닦는다. "저렇게 어린 아이가 어떻게 나쁜 병에 걸릴 수가 있을까?" 하는 생각이 내내 뇌리를 벗어나지 않았다.

나는 2018년 10월 서울대 분당병원 이비인후과 및 암센터로부터 혈액암'을 선고를 받았다. 이비인후과 의사는 그동안의 여러 가지 검진자료들을 들여다보면서 한 참 망설이다가 "좋지 않은 병이네요, 어려운 병이에요." 하며 말끝을 흐렸다. 나는 다시 이틀 후 암센터로 옮겨 CT, MRI, PET, X레이, 혈액검사 결과 림프종 4기라는 진단을 받았다. 왼쪽의 콧속에 이상세포가, 우측 허리 근육에는 10cm 정도의 종양이 자라고 있었다. 나는 침묵 속에 "할 수 없지." 하고 체념상태에 빠지기도 했다. 그러면서도 나는 온통 사랑받고 태어나서 이제 죽어가는 몸으로 변해가는 좌절감을 느끼며 치료에 매달렸다. 6개월간 입원해 전신 암 치료를 받으면서 고통도 슬픔도 많이 겪었다. 병든 몸의 현실과 환상의 경계에서 서성거리는 내 모습이 처량하기만 했다. 현재 내가 앓고 있는 병은 장래의 운명이 아닐까? 하고 하루하루 버텼다.

　나뿐만 아니다.

　항암제 치료를 받는 사람들의 모습은 머리카락이 거의 빠졌다는 사실에서 그 고통을 알 수 있다. 내가 누워있는 병실에는 암 환자 5명이 같이 있었는데 그들의 신음 소리가 몹시도 괴로웠다. 1번 침대에 누워있는 50대의 남자는 "엄마, 아파 아파! 엄마 죽겠어." 하고 울부짖는다. 5번 침대의 70대 노인은 기력이 완전히 떨어진 듯 사경을 헤매는 듯했다. 심장박동을 나타내는 ECG(Electrocardiogram) 즉, 심전도 곡선이 급하게 움직인다. 때때로 웨이브 파동(V-tach)이 악해진다. 죽음이 가까이 오는 신호인가. 의

사들과 간호사들이 바빠진다. 응급심폐소생술을 동원한다. 어휴! 그렇게 해서 살아야 하나? 안락사 집행관은 없나? 나를 포함해서 암 병동에 들어와 있는 사람들에서 이런 모습을 자주 본다. 생명이 붙어있다고 진짜 살아있는 게 아니다. 끔찍한 상상이지만 병원 복도를 걸으면서 건강 회복을 빌던 사람이 이미 시체실에 놓여있는지도 모른다. 참으로 사는 것 자체가 고해(苦海)가 아닌가 싶다.

한 달간 입원해 치료하던 46세의 이민우 씨는 골수암으로 사경을 헤매고 있었다. 체온이 40도까지 올라가면 의식을 잃거나 땀을 많이 흘려 하루에 옷을 몇 번이고 갈아입는다. 70대의 노모가 간병을 하며 가슴을 찢으며 눈물을 흘리고 있다. 또 병원 복도를 걷는데 어디선가 엉엉 우는 울음소리가 들렸다. 검은 옷차림의 40대 여인이 창가에서 먼 하늘을 보면서 흐느끼고 있었다. 소리 없이 신음하는 슬픔, 인간의 신음 소리는 계속되었다. 항암치료를 받다가 죽어가는 남편을 붙들고 울부짖는 아내의 모습인가? 슬픈 자에 대한 연민과 측은지심으로 그 여인을 보면서 삶의 비극이 멀리 있지 않다는 것을 느꼈다.

어느 날 내가 있는 병동에서 어린애와 어른 한 명이 세상을 떠났다고 한숨을 쉬며 수군거렸다. "오늘도 두 사람이 죽어 나갔어." 하고. 암 환자들은 속수무책으로 죽음을 향하는 듯하다. 병동 휴게실에는 무거운 침묵이 흘렀다. "고생만 하다가 겨우 살만하니까 죽었어." 하고 안타까워한다. 안쓰럽고 딱한 것! 이를 악물고 눈물을 삼키는 모습도 볼 수 있다. 그야말로 눈 닿는 곳마다

아픔이요 슬픔이다. 유방암으로 인해 유방을 잘라낸 젊은 여자
는 "누가 나를 사랑해! 난 지금 22세인데……." 하고 눈물을 짓는
다. 어떤 환자는 하룻밤에도 통증을 이기지 못해 진통제를 놔 달
라고 소리친다. 간호사가 빨리 와서 진통제 주사를 놓고 나간다.
환자는 고통을 잊고 곧 조용히 잠든다. 하룻밤을 무사히 보냈을
것이다.

　암의 은유적 시사점은 생물학적 이상의 의미를 갖는다. 암은
삶과 죽음을 좌우하는 동시에 은유를 던진다. 병원이란 이 세상
에서 가장 눈물겨운 경험의 장소다. 알렉산드로 솔제니친이 쓴
《암병동》이란 소설에서 "이 세상에서 제일 무서운 건 종양인가,
암만큼 무서운 건 없지." 하며 치명적인 질병이 암이라고 했다. 말
기 암 환자들은 죽음과 마주한 채 남아있는 생명을 어렵게 보내
고 있다. 저렇게 의식을 잃고 몇 달씩 누워지내는 사람은 도대체
왜 살고 있을까. 병을 앓아보지 않은 사람은 자신의 한계를 모르
고 누워있을 뿐이다. 아마도 자기들만의 고통 속에서 쾌유의 희
망을 안고 투병생활을 하리라.

　예술 평론가 수잔 손탁(Susan Sontag, 1933~2004)은 타자의 고통에
대해 많이 고민했다. 어떻게 타인의 고통에 다가갈 수 있느냐의
문제였다. 질병에 걸려보지 않은 사람은 다른 사람의 병을 추상적
으로 생각할 뿐이다. 어떤 질병을 앓아보기 전까지는 아는 것이
아니다. 환자의 고통을 구체적으로 느끼지 못할 것이라고 했다.
어쨌든 질병은 나에게만 일어나는 재수 없는 것이 아니라 누구에

게나 일어날 수 있는 보편적 현상이다. 그러므로 슬픔, 슬퍼하는 사람들의 증언 간증은 어떤 판단도 행동도 규정되지 않은 표현으로서 우리는 단순히 그들의 소리를 듣고 공감하는 것을 넘어서 치유와 건강을 회복하도록 돕는 데에 있다. 그러니 환자들에게는 집, 돈, 명예 등이 아니라 본질적인 건강한 몸으로 기쁨을 찾아가는 것이 투병 생활이다. 이것은 인간의 본성이요 권리다.

어떤 환자는 항암치료를 받지 않고 견디며 4~5년 덜 살지 모르지만 항암 치료, 방사선 치료 혹은 수혈을 받을 때 1년도 못 사는 경우가 있다. 만약 수술 중에 죽을 수도 있다. 이때 환자는 자기 결정 장애에서 망설여진다. 이어령 교수는 암에 감영된 이후 늙음의 병상에서 마지막 남는 것은 '눈물 한 방울'이라고 했다. "나를 위해서가 아니라, 모르는 타인을 위해서 흘리는 눈물 한 방울이 절실합니다." 슬픈 사람들에게 배려, 사랑, 관용의 '눈물 한 방울'이 필요하다고 했다.

과연 내일이 내 것일까? 암 병동을 가보라. 병실은 고통과 고독으로 넘쳐난다. 암 병동은 세상의 축소판이고 삶의 끝 지점이다. 삶이 죽음과 패배와 충돌한다. 끝까지 이기는 자가 있고 실패하는 자가 있다. 자존심 하나로 세상을 호령했지만 병들어 몸 하나 내 의지대로 움직일 수 없는 몸이 된 것이다. 살았어도 그저 일시적 유예, 병에서 벗어난 할 순간을 바랄 따름이다. 그러다 보니 병든 사람들은 어디서도 환대받지 못한다. 슬픔과 고통이 있을 뿐이다. 그럴 때 모든 환자가 일반인에 비해 자신에 대한 부정적 사고, 자기 도피, 허무감을 나타내게 된다. 또 병에 걸린 사람들은 그 병을 통해 사랑하는 사람에게 고통을 준다. 그들을 돌보는 가족들의 눈에서 내린 눈물은 심장에서 멈추는지, 심장에 와서 끝나는지는 모를 일이지만 오장이 아픈 그들이 아닌가? 나는 깊은 상념에 빠진다. 저들의 영혼이 세상으로 열리어 모든 고통, 인간의 모든 절망이 말끔히 사라져 "지금부터 더이상 불행한 삶이 안되었으면 좋겠다."라고 빌어 본다.

□ 종교가 슬픔에 미치는 영향

나는 로마교황 요한 바오로 2세의 1984년과 1989년, 두 번의 한국방문과 2014년 8월의 프란치스코 교황의 우리나라 방문을 기억한다. 그리고 내가 유럽 여행 중에 로마 바티칸 성 베드로 대성당에 들렸을 때 그곳 광장에서 교황의 자비의 메시지를 기다리는 군중들의 모습들이 경이로웠다. 교황이 움직일 때마다 수많은 군중들이 모여들어 교황을 보고 싶어 하는 모습들이다. 무슨 이유일까? 그것은 가톨릭 신자들이 아니더라도 종교(신앙)가 더 좋은 삶과 행복을, 그리고 정신건강은 물론 영혼 구원을 갈망하는 것과 같은 깊은 관련이 있기 때문이다. 나는 산티아고 순례길에서 중세시대로부터 이어져 내려오는 210여 개의 성당을 만났고, 일본 시코쿠 불교 순례길에서는 반야심경을 외우며 각자의 소원을 기원하는 모습들을 지켜봤다. 또 나는 기독교 신자로서 구원의 믿음를 갖고 있다. 모두가 절대 신에 대한 믿음과 소망 사랑을 실천하라는 가르침을 받는다. 게다가 정신건강과 치유의 긍정적인 결과를 가져다준다는 연구결과도 많다. (Timothy et al, 2003).

이렇게 종교는 건강이 좋지 않거나 우울증을 치료하는데 완충적인 역할을 하는 반면, 종교가 없는 사람들에서는 우울증이 높게 나타난다는 점이다. 그 이유 중의 하나는 종교가 사람들에게 삶의 의미를 부여하고 그들에게 일어나는 부정적인 일들을 돌이켜보는 회심(회개)하는 데 도움이 되기 때문이다. 생물학적으로 명상과 기도, 찬송은 머리 부분의 전두엽을 포함해서 정서적 반응을 조절하는 뇌 영역이 활성화된다고 뉴버그(Newberg, 2011)는 말한 바 있다.

이러한 종교생활로 오는 뇌의 활동은 더 차분하게 덜 예민하게 스트레스 요인에 잘 대처한다고 한다. 특히 종교가 제시하는 신념과 가르침, 용서, 자비, 사랑, 연민이 뇌에 어떻게 작용하느냐에 따라 뇌가 더 활성화되고 두뇌 신경회로가 강해진다는 점이다. 그러나 종교가 정신건강과 스트레스 해소에 긍정적으로 영향을 미치지만, 또 다른 한편으로는 종교적 신념이 강한 나머지 지나친 집착, 도그마가 되어 불신자에 대한 증오나 배제는 지역 공동체에 해를 미치게 된다. 한나라의 합의된 도덕, 규범, 법을 벗어나는 행동, 아니면 '불신자 지옥'이라는 극단적 발언은 오히려 남에게 혐오감을 불러일으키고 자신에게도 스트레스 원인이 되어 매우 고통스러운 생활이 된다고 경고한다. (Koenig, 2015).

수도승이 아니더라도 건강 혹은 슬픔, 정신건강과 영성 종교의 관계는 매우 흥미 있는 관계를 갖는다. 생과 영은 둘이 아니다(生靈不二)라는 일원론, 인간은 물질적 성질(몸)과 비(非)물질적 성질(정신·영혼)로 구성돼 있다는 2분설(dichotomy)과 몸(flesh)과 혼(魂, psuche), 영(靈, pneuma)으로 구성돼 있다는 3분설(trichotomy)이 얽혀있기 때문이다. 바울은 영적인간(anthropos pneumatikos)과 육적인간(physical anthropos)으로 구분(고전 2:14, 롬8:5) 하지만 영과 육이 하나로 통합된 유기체로 본다.

그런데 우리는 여기서 영혼 영성이란 의미를 이해할 필요가 있다. 영어의 spirit는 두 가지 의미가 있는데 하나는 사람 안에 있는 생기 정신 영혼이 있다는 것이고, 또 다른 하나는 사람 밖에 있는 영적 존재 신령 성령이 그것이다. 특히 성령을 뜻하는 경우에 대문자로 the Spirit, the Holy Spirit를 뜻한다. 덧붙이면 '영혼'이란 모든 생명체에 깃들어 있다가 생명체가 죽으면 떠나가는, 우리 눈에는 보이지 않는 어떤 힘이라고 한다.

플라톤과 아리스토텔레스는 생명체가 자신의 몸을 움직일 수 있다는 사실이야말로 생명체 안에 영혼이 깃들어 있다는 표시라고 했다. 아리스토텔레스 철학에서 영혼은 모든 생명체에 깃들어 있는 반면 정신은 인간에게만 있다고 보았다. 영혼이란 단어는 바람·숨결·호흡 등의 뜻을 담고 있어서 육체의 숨과 호흡처럼 잡을 수 없고 사라져 버리는 그 무엇을 가리킨다는 의미에서 정신과 비슷하다. 하지만 정신은 육체에 얽매이지 않고 포괄적이고 독립된 원리라는 점에서 영혼과 다르다고 할 수 있다. 정신이란 보통 삶의 비물질적 원리, 사고, 능력으로 이해된다. 아리스토텔레스는 정신을 최고의 완벽한 상태에 도달한 모습이 영혼이라고 정의한다. 그리스 전통에서 정신은 이성적 자의식이라고 풀이했다.

영성과 종교 관계에는 의심의 여지 없이 슬픔 극복에 깊은 인과관계가 있다. 그리고 우울증 등의 질병을 다루는 데는 종교 문화적으로 깊은 관계를 지닌다. 종교성(religiosity)과 평안의 관계는 종교계에서 폭넓게 인정되고 있기 때문이다. 하지만 질문은 여전히 남는다. 즉 건강에 대한 신앙심의 영향이 '직접적으로 어떤 것인가?' 하는 점이다. 영성, 자아정체성, 영적 믿음(spiritual beliefs), 이성과 계시 같은 것이 모두 논쟁의 대상이다. 영성은 '자기초월적 능력'으로 살아있는 경험, 삶의 통합, 자기초월, 궁극적 가치 등 4가지와 관련돼 있기 때문이다.

슬픔은 인간으로 하여금 종교로의 귀의 혹은 신앙을 갖도록 이끈다. 어느 종교든 인간의 슬픔과 고통, 눈물에 대해 큰 관심을 갖는다. 인간이 신과 만나서 위로를 받는다는 것, 그래서 사랑하는 사람과의 사별 후에는 종교에 귀의하는 사람이 많다. 내가 병원에서 느낀 것이지만 환자들이 성직자들의 방문을 통해 말씀과 기도를 받는다. 존재론적 고난 속에서 신에게 구원을 바라는 것이다. 종교성(religiosity)은 인생 만족, 행복, 그리고 슬픔이나 우울증 완화에 도움이 된다는 입장이다. (Rileyand Foner, 1968).

의심할 여지 없이 종교는 인간의 고통과 늘 같이 있다. 구약성경 다윗의 우울증을 볼 수 있는데 시편 38장 6~18절에서 "내가 아프고 심히 구부러졌으며 종일토록 슬픔 중에 다니나이다……. 내 죄악을 아뢰고 내 죄를 슬퍼함이라."라고 했다. 또 시편 73편에서는 "내 마음이 쓰려졌을 때 창자가 끊어지는 듯하다."라고 했다. 사도바울의 슬픔(고전 7: 10)은 하나님으로부터 멀리 떨어져 있을 때 세상의 슬픔(worldly sorrow)이 들어온다고 했다. 성경에서는 '눈물의 골짜기'라는 표현이 나오는데 그만큼 슬픔이 적지 않다는 뜻이다. 물론 슬프다고 해서 저절로 신앙심이 생기는 것은 아니다.

한편, 불교에서는 영성을 불성(佛性)으로 보고 인간 내면에 있는 부처의 성질, 부처가 될 가능성으로 자성청정(自性淸淨)을 요구한다. 불교에서는 '집착'을 버리는 것이 성불(成佛)이다. 무엇을 버리지 못하고 매달리는 상태가 집착이다. 힌두교의 경전인 《바가바드기타》에서는 '해탈'(moksa)을 말한다. 해탈은 영혼이 모든 속박에서 벗어나 절대 자유의 경지에 이르는 상태이다. 이를 위해서는 △지혜의 수련, △행위의 수련, △헌신을 통해서, △명상(Dhyana)을 통해서 가능하다고 했다. 유대교에서는 셰마(Shema)로 알려진 신앙에 대한 확신, 기도시간, 율법(Torah)의 가르침 등을 통해 고통에서 벗어남은 물론 구원에 이른다고 말한다. 공자님 말씀에서는 '문질빈빈'(文質彬彬)이라 했는데 이는 외양(文)과 내면(質)이 충실해야 조화로운 상태를 만들 수 있다는 것이다.

알아차리기 쉽지는 않겠지만 인간은 영적(spiritual)인 존재로서 영성을 소유하는 유일한 피조물이다. 인간은 종교적 동물로서, 우리 모두는 신앙을 가질 잠재성을 가지고 있다. 영국사람들은 72%가 기독교인으로서 활동하고 있고, 미국은 47%가 기독교 신자로 살아가고 있다. 오스트레일리아는 64%가 기독교에 참여한다. 미국인의 경우 65세 이상 사람들의 76%가 종교를 자기 인생의 대단히 중요한 부분으로 고백하고 있는데 그중에서도 16%는 종교가 인생에서 상당히 중요하다고 응답했다. (Mcfadden, 1996) 그러다 보니 조그마한 동네에도 기독교 · 불교 · 무슬림 사원 또는 무속 신당들이 있다.

인류의 역사는 모두가 행복해지려는 진화였는 사실, 유대교, 그리스도교의 유일신론적 전통에서 신은 구원자로 받아들여진다. 고통과 죄로부터 해방시켜 주는 존재다. 종교적 인식과 심리적 안녕감은 생애과정에서 겪는 정신 및 신체적 건강, 사회적 고립감 등을 극복할 수 있도록 동기를 부여하고 이길 힘을 부여한다. 비종교인들에게 있어서 영성은 명상 기도 또는 요가 등의 훈련수행으로 이해할 수 있다. 런던 칼리지 해부학과 루이스 월퍼트(Lewis Wolpert, 1999) 명예교수는 인간에게 '믿음의 엔진'(belief engine)이 있기에 신을 믿는다고 했다. 월퍼트 교수는 무신론자요 진화론자이지만 종교 활동은 심적 스트레스를 줄이고 행복감과 낙관론을 고취 시킴으로써 신체상의 스트레스를 경감시키는 데 도움이 된다고 했다. 신과의 만남은 좌절과 실패에서도 일어설 수 있는 힘을 얻게 된다.

요는 어느 종교를 갖느냐는 문제는 자기 선택이다. 자신이 선택한 종교가 당신 삶에 다가오는 리스크를 줄여가는 데 도움이 된다. 영국의 역사학자 아놀드 토인비(Arnold Joseph Toynbee 《역사의 연구(A Study of History)》)에서 고등종교와 저급한 종교로 나눈다. 고등종교의 경우 대부분의 종교는 믿음·소망·사랑을 강조한다. 이를테면 기독교, 불교, 이슬람 등 어느 종교나 갖고 있는 공통점은 신앙활동을 통한 '깨달음'이다. 예수는 하늘나라, 내세에 대한 소망을 말하고 있는데 하나님의 뜻에 맞는 생활, 하나님에게 묻고 그것으로 하나가 되도록 생활하고 실천하는 훈련을 받는다. 그때 '지금 여기'가 하늘나라가 된다. 하나님과 함께하기 때문이다. 불타(佛陀)는 29세 때 출가해 수도승이 되면서 인간생활의 생로병사, 비애, 불순 등의 현실을 보고 인생의 의미를 탐구했다. 부처는 생사해탈(生死解脫)의 본을 보여주었다. 유교에서는 인간을 정신과 몸이 기(氣)로 이루어져 있으며 영원불변하지 않고 언젠가는 소멸하는 존재로 보았다. 죽은 후에 몸은 천지의 기로 흩어지며 영혼도 혼백(魂魄)이 있어 혼은 하늘로 올라가 천지운행의 기와 합하고 백(魄)은 지하로 내려간다고 말한다. 탄생과 죽음은 단지 기(氣)가 뭉치고 흩어지는 과정으로 이해하는 것이다.

이 모든 가르침이 이상적이고 유토피아적인 인간의 염원으로 작용한다. 하지만 어느 종교가 나에게 맞는지는 확증적으로 결론을 내기 어렵다. 그렇지만 종교는 스트레스 해소 역할로서 종교의 참여를 증가시키고 이에 따라 개인의 대처 능력을 강화한다. 사람들의 스트레스 정도에 따라 종교의 상대적 효과성이 나타나게 된다. 교황의 사도적 서한 〈인간 고통의 그리스도교적 의미에 관하여. (On the Christian Meaning of Human Suffering)에서는 "몸이 심하게 아프고 완전히 움직일 수 없게 되어 삶의 모든 능력을 잃게 될 때 더 큰 내적 성숙과 영적 위대함이 분명히 드러나게 된다."라고 했다. (John Paul II(1920~2005), 1984).

그게 사살이라면 종교란 단순히 스트레스 해결이 아니라 그 이상의 성스러움을 추구하는 것으로 유도한다. 동정, 염려, 그리고 복지 차원으로 우리를 이끈다. 아퀴나스(Aquinas)는 "자비가 다른 미덕보다 우선한다."라면서 신앙심을 키우는 것은 어떤 도구가 아니라 믿음이라고 했다. 자신의 종교적 믿음을 통해 영적인 삶의 여정을 이끌어가는 것이다. 멀리 있는 하늘나라를 찾는 것이나 현실에서 하늘나라를 찾는 것은 삶과 수행이 둘이 아닌 '생수불이'(生修不二)의 자세이다. 생사불이(生死不二)를 바탕으로 종교에 깊이 들어가면 그 본질을 이해하게 되고 결국 자신이 보이게 마련이다.

제5장

슬픔의 극복과
치유를 위한 미학

5-1. 슬픔과 기쁨 그리고 욕망

경험적으로 모두에게는 슬픔과 기쁨, 행복과 불행, 좋고 나쁨이 있다. 이와 관련된 눈물은 삶의 현실이고 리얼리티이다. 우리 인간은 항상 슬프지도 않고, 그렇다고 마냥 기쁘지도 않다. 세상 사람 모두가 기뻐하는데 나만이 슬픈 것도 아니다. 슬픔은 인간 조건의 한 부분이 되기 때문이다. 그런 점에서 당신은 행복을 알기 위해 슬픔을 경험해야 한다. 슬픔을 이해해야 두려움·우울증·분노·고통·외로움·질병 등을 극복할 수 있다. 슬픔을 경험할 때 좋은 하루가 올 것이다. 어둠의 슬픔 없이 행복한 밝은 삶을 만들 수 없다.

그런데 우리들 모두에게는 불행하게도 분노·두려움·슬픔 같은 어두운 영혼이 있다. 이와 관련해 심리학자들은 인간의 감정을 6가지로 나누고 있다. 예를 들어 폴 에크먼(Eckman, 1999)은 공포

· 혐오 · 분노 · 놀람 · 행복 · 슬픔을 제시하고 있다. 또 로버트 플러치크(Plutchik, 2002)는 행복 대 슬픔, 분노 대 공포, 신뢰 대 혐오, 놀라움 대 기대 등 8가지로 나누기도 했다. 문제는 이런 감정들이 우리 삶 속에 다양한 감정으로 교차한다는 사실이다. 고달프고 바쁘게 살아가는 현대인들에게는 억압된 감정과 슬픔이 같이 섞여 있다. 고난을 마주하며 분노할 수 있고 좌절하며 눈물을 흘리는가 하면, 때로는 현실에서 도피할 수 있고 일탈에 빠지기도 한다.

그러나 우리 한번 생각해 보자.

우리가 마냥 슬퍼하며 눈물을 흘려야 한다면 얼마나 인생이 비참한 일인가? 하고 말이다. 우리는 그런 '고통의 역사'에서 벗어나 슬픔의 아름다움(beauty of sorrow)으로 바꿀 수 있다. 슬픔의 아름다움을 여러 곳에서 찾아볼 수 있는데, 예를 들어 우리들 각자 마음속에 내재된 한을 묘사하는 소설 문학을 비롯해 우리가 즐기는 판소리, 트로트 가요, 난타 등과 같은 것이다. 이런 예술 문화는 이제 대중화되고 세계로 뻗어 나가는 K-팝 문화를 형성하고 있다. 이제 우리는 한과 슬픔을 넘어 희망, 아름다운 문화로 변해가고 있는 것이다.

□ 슬픔과 기쁨의 관계를 어떻게 볼까?

보통 슬픔의 감정은 경험적으로 "갑작스런 충격(정신 혼란·마비) → 우울함·그리움(상실감) → 슬픔(몸과 마음이 아픔) → 공항 상태(절망 고통) → 상실에 대한 죄책감 → 분노 → 희망 찾기(삶의 재구성과 회복) → 현실 수용(인지적 활동)으로 진행된다. 정상적인 눈물은 치유의 과정을 밟게 되는 것이다. 곧 우리는 감정을 표출해야 살아갈 수 있다. 그런 점에서 눈물샘이 있고 눈물이 나올 이유가 있다면 눈물을 흘려야 한다. 다시 말하면 슬프면 "슬퍼하라. 하지만 소망이 없는 사람처럼 슬퍼하지 말라. 슬퍼할 가치가 있는 것이라면 주저하지 말고 슬퍼하라."라는 것이다.

참고로, 우리의 감정은 크게 주관적 경험, 생리적 반응, 행동/표현 등의 3가지로 구성된다. 그래서 슬픔은 내 삶의 문제를 이해하는 틀이 된다. 슬픔이라는 감정은 우리 삶의 핵심까지 잃어버릴 수 있는 고통의 눈물로 변할 수 있다. 반대로 '기쁨! 네 기쁨, 내 기쁨?' 이런 기쁨은 모두에게 행복 유지의 본질이다. 우리 삶 속에서는 기쁨과 불행이 공존하게 마련인데 자신의 행복을 위해 자신의 기쁨, 자신의 즐거움을 유지하는 것이 인간으로서 살아가는 기술이다. (Hockenburys Hockenbury, 2007).

의심할 여지 없이 슬픔은 우리 몸에서 일어나는 물리적 현상이다. 이와 관련해 많은 의학자 및 심리학자들은 뇌 과학에서 슬픔의 감정이 어떻게 작용하는가를 연구해 왔다. 슬픔은 생리학적(Lange, 1994), 감정이론(Myers, 2004)에서 많이 다뤄진다. 특히 사별에 따른 슬픔은 종종 우울증을 낳는다는 점에서 슬픔이 어떻게 뇌에 반응하는가를 연구한다. 또 개인주의적 문화권 속에서 슬픔은 사회적 압력이 어떻게 작용하는가를 살펴본다. 독일 과학자 겸 언론인 슈테판 클라인(Klein, 2006)은 "슬픔이 신경과학과 개인주의적 문화 간에 깊은 관계가 있다."라고 말했다. 독일 문화권에서는 '치명적인 고독'을 별 이상 없이 받아들이는 전통과 깊은 관련이 있음을 강조한다. 심지어 고독감 내지 외로운 감정은 자신의 내면의 자아 형성에 바람직하다는 진단을 내린다.

사실 인생의 오르막이 있으면 내리막길이 있고 기쁜 일이 있으면 슬픈 일이 있게 마련이다. 정상에 올라갔다고 너무 기뻐할 것도 아니고 밑바닥에 떨어졌다고 해서 너무 슬퍼할 일도 아니다. 슬픔 역시 고통스러운 것이지만 시간이 지나면서 멀리 사라지게 마련이다. 노자(老子)의 《도덕경》에서 보면 "고난을 당하는 까닭은 내 몸이 있기 때문이요 내 몸이 없어진다면 무슨 고난이 있겠는가? (吾所以有大患者 爲吾有身 及吾無身 吾有何患)"라고 했다. 사회적 동물로서 개인적인 고통과 슬픔은 필연적임을 암시한다.

이렇게 여러 가지 느낌을 주지만 우리가 가끔 "슬프다, 기쁘다." 하는 것은 이분법적 감정의 영역이다. 그렇지만 사회철학적 측면에서는 명쾌하게 구별되는 것은 아니다. 슬픔과 기쁨을 한 꺼풀 벗겨보면 도긴개긴이 아닐까 싶다. 다만 양극의 조화를 통해 실존적 고독을 이해해야 할 대상일 뿐이다. 한때 죄수로 복역했던 사람들이 찬송가 '에메이징 그레이스'(Amazing Grace)를 썼다는 것은 우연이 아니다. 슬픔 속에 신을 찾아 기쁨을 얻는 것이다. 일상생활 속에서 슬픔을 무시하거나 거부할 것도 아니고 마냥 기뻐할 것도 아니라는 의미다. 말인즉 슬픔 없이 기쁨으로 '바로 가기'는 힘들다. 우리가 슬픔을 자유자재로 조절하기 어렵지만 우리의 성공은 슬픔 없이 완벽한 행복을 맛볼 수 없다. 우리가 살아 숨쉬는 한 기쁨과 슬픔은 강력한 우리 삶의 일부분이 되기 때문이다.

엘라 휠러 윌콕스(Ella Wheeler Wilcox)의 시 '고독'(Solitude)에서는 슬픔과 기쁨을 이렇게 노래한다.

"웃어라, 세상이 너와 함께 웃으리라.
울어라, 너 혼자만 울게 되리라.
낡고 슬픈 이 세상은 환희를 빌려야 하지만
고통은 그 스스로도 충분하다.
  (중략)
기뻐하라, 너의 친구들이 많아지리라.
슬퍼하라, 너의 친구들을 다 잃으리라."

그게 사실이라면 행복이 모두 즐거운 것은 아니다. 세상은 반짝반짝하는 아름다운 것으로 채워지지 않는다. 오히려 행복한 기간보다 슬픈 시간이 많지 않은가? 슬픔, 불안, 분노 같은 부정적인 감정이 절반쯤 차지하지 않을까. 모든 것이 멀리 사라질 때, 즉 친구, 일, 사랑을 상실할 때 등 모두에서 슬픔이 따라온다. 줄여 말하면 행복에서 슬픔을 분리할 수는 없다. 행복하지만 어느덧 다시 슬프게 된다는 것, 슬픈 사람들 역시 행복한 사람들과 크게 다르지 않다는 것, 행복은 몸에 유익하지만 마음의 능력을 개발하는데 슬픔이 더 필요하다는 뜻이다. 다만 슬픔의 해소를 위한 기쁨·울음·혐오·분노·공포 등에 대한 정서적 균형이 중요할 뿐이다.

□ 슬픔과 행복은 같이 있다

사람이 태어나서 죽어갈 때 "나 행복하게 잘 살다가 돌아간다."라고 말할 사람이 몇이나 될까? 진정으로 행복하고 만족스러운 사람이 있을까? 아니면 슬픔이 행복한 감정보다 더 강할까? 슬픔을 행복으로 바꿀 수 있을까?

무슨 말인가? 진정으로 세상을 보고 살아가는 가운데 있어서 우리는 슬프고 상처를 주고받는 과정이며 눈물을 흘리게 된다는 사실이다. 슬픔 속에서 드러나지 않는 본질을 아는 것, 인간은 슬픔 속에서만 본질을 마주하게 된다. 문제는 그 눈물이 나쁘지만은 않다는 사실이다. 반대로 고통 속에서도 아름다운 세상을 볼 수 있다. 인생살이가 때로는 끔찍하지만 좋은 일도 너무 많다. 진실한 삶에서 흘리는 눈물은 아름답지 않은가? (Forgas, 2017).

따라서 우리가 추구하는 행복을 논리적으로 설명하기 어렵다. 마찬가지로 슬픔 역시 우리들 마음속에 있는 것으로 매우 복잡한 감정이다. 다만 슬픈 경험의 높고 낮음이 있을 뿐이다. 우리 삶은 긍정과 부정적 측면에서, 그리고 기쁨과 슬픔이라는 감정의 스펙트럼 어느 중간에서 살아가게 마련이다. 우리 삶 속에서 자주 부정적인 슬픈 감정이 지배할 때가 많다. 그렇지만 이에 대한 긍정적인 감정, 즉 감사함으로 받아들이는 유전자를 우리는 물려받았다. 문학예술에서 보듯이 슬픔이 바람직하다는 것이 아니라 전적으로 적절한 반응이고 존재의 중요한 부분이다. 슬픔과 행복의 관계는 정신건강을 이해하는 중요 요소로서 심리치료에 영향을 미친다.

나는 스스로 내게 묻는다.

"내게 행복한 순간이 있었던가? 과연 행복이란 기대할 만한 것인가?" 하고 말이다. 나는 불행하게 살았다고 생각되지는 않는다. 그렇다고 잘 살았다고 말할 수는 없다. 부친이 43세에 6년간 병중에 시달리다가 세상을 떠났는데 나는 아버지가 살은 기간보다 배나 오래 살아가고 있다. 적당히 가난했지만 평생 책을 벗 삼고 글 쓸 때가 어떤 시간보다 더 즐겁다. 80대로 접어들고 있지만 주위로부터 "얼굴은 늙은이인데 뒤는 청년 같다."라는 소리를 듣는다. 시간 나는 대로 한라산을 오르는 것도 큰 축복이라고 생각한다. 세상 사람들은 자신들의 행복했던 순간을 합치면 하루 치도

슬픔과 행복의 관계

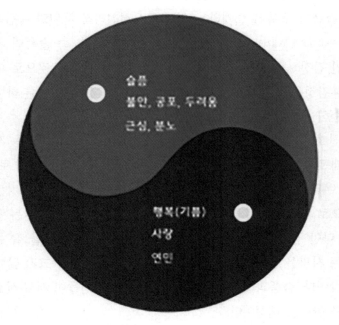

슬픔
불안, 공포, 두려움
근심, 분노

행복(기쁨)
사랑
연민

▲ 인간의 다중 감정은 태극(음과 양)과 같이 우리의 의지(will)에 의해 슬픔과 행복 관계가
반복된다.

되지 못한다는 사실에 안타까워하지만 나는 "헛되게 살지 않은
것 같다."라는 자기 연민에 빠지기도 한다. 우리는 고통을 달래고
치유하며 살아가는 존재들이 아닌가.

그런데 슬픔은 기본적인 감정인가, 아니면 사회심리적 요소인

가? 여기서는 우리들의 슬픔과 행복을 느끼는 감정은 별 차이가 없다는 개념으로 보는 기본감정이론(Panksepp, 2011)과 이에 대비되는 슬픔과 행복은 별개라는 의미의 사회심리적 차원의 독립적인 (긍정적인 영향과 부정적인 영향) 요소로 보는 견해가 있다. 즉 슬픔이 기본적인 감정(basic emotion, 슬픔, 공포, 분노, 혐오, 행복)과 관련된 것으로 이런 기본감정은 우리의 뇌세포와 관련이 있다는 것이고, 다른 하나는 단순히 사회심리적 구성요소라는 주장이다.

전자의 기본감정에 대해서 미국 신경과학자 자크 판셉은 '자연상태'로서 본질적으로 주변 환경에 반응하는 신경시스템으로 본다. 우리가 겪는 이별/사별로 인한 고독과 슬픔은 하나의 기본감정으로 표현되듯이 슬픔도 웃음, 유머, 기쁨과 같이 있다는 것이다. 다만 감정조절의 문제라는 것인데 이 논리는 마음을 잘 통제하는 사람은 말 그대로 행복과 슬픔 감정의 차이가 크지 않다는 주장이다. 슬픔과 기쁨, 두려움, 행복, 분노 감정들이 서로 상호작용을 한다는 해석이다.

반면에 후자의 경우는 왓슨과 텔레젠(Watson and Tellegen, 1985) 교수가 언급했듯이 "슬픔을 일으키는 원인은 기본감정이라기보다는 사회심리적 구성요소라는 것"이다. 슬픔과 행복함의 감정은 별개의 감정으로 보려는 입장이다. 심리적 구성주의자들은 슬픔이 다른 감정과 다른 것이 아니고, 특정한 범주에 속하는 것도 아니고, 복잡한 감정으로 연결돼 있다고 말한다. 신체의 변화, 심리적 상태에 따라 나타나는 주변환경과 인과적으로 연결돼 있다는 의미에서 슬픔은 사회를 반영하는 것이다.

어쨌든 나는 기본적인 감정 접근 방식과 사회심리적 입장에서 슬픔을 보는 두 개의 견해는 인간의 정서적 과정, 실례로, 정상적인 슬픔으로 외로움, 절망, 회피, 부정의식에 대한 더 나은 이해를 촉진한다는 보완적인 접근들이 아닐까 싶다. 정서적으로 두 가지 견해를 신체적 반응으로 수용해서 통합하는 것이 바람직할 것이다.

결국 행복하면 어딘가에 고통이 담겨 있을 수 있다. 행복이라는 말은 슬픔과 같이 있지 않으면 의미를 잃게 된다. 삶의 의미와 목적과 관련된 행복감이 생존 가능성을 더 높여 준다는 보고가 그렇다. (Steptoe et al, 2015) 독일 철학자 쇼펜하우어(Schopenhauer)는 고통을 피할 수 없으며 인간 존재의 핵심이라도 했다. 우리 존재의 정신적인 기본 모드는 때때로 고통을 느끼지만 그렇다고 행복이 방해받는 것은 아니라고 했다. 대신 우리 삶은 그 자체로 뼈 깊은 고통과 끝없는 애도라고 했다. 오늘은 나쁘고 내일은 더 나빠질 것이라는 것이다. 그런 사실에서 행복의 기준은 타인의 평가가 아니라 아닌 주관적인 내 생각이다. 칼릴 지브란(Khalil Gibran)은 "고통에서 가장 강한 영혼이 나타난다."라고 했다. 빅터 프랭클(Frankl)이 지난 2012년에 쓴 《죽음의 수용소》란 책에서 보면 피할 수 없는 삶의 고통이라도 그 시련의 원인을 제거하는 일이 더 의미 있는 행동이라고 말한다.

□ 슬픔의 극복과 치유를 위한 미학

슬픔의 극복과 치유를 위한 미학(aesthetic of sorrow)이란 무엇인가?

이 개념은 민족집단의 구성원이 슬픔을 이해하고 행동하는 신념을 포함하는 개념이다. 슬픔의 미학은 고통의 언어로서의 눈물과 결합되어 죽음과 상실의 의미를 전승해 가는 서정적 예술 장르로 자리 잡았는데 예를 들면 이스라엘 유대인들에게는 '통곡의 문화(wailing culture)'가 돼 있다. 예멘의 유대인 여성의 통곡의 문화를 기술한 이스라엘 인류학자 토바 감리엘(Tova Gamliel, 2016)은 이스라엘 민족공동체의 슬픔을 다루는 '민족지학'적 입장에서 접근했다. 죽음에는 통곡의 역할, 독특한 정서 메커니즘이 어떻게 전달되고 의례화되고 있는지를 밝히고 있다.

아우구스티누스의 《고백록》에서도 '눈물과 울음'을 얘기하는데 그는 울음을 긍정적인 것으로 본다. 울음은 인간으로서 '고백'의 한 종류라는 것이다. 오히려 울지 않으려고 하는 것은 하나님의 뜻을 어기는 것이다. 하나님은 우는 자를 위로한다. 어쩌면 슬픔도 생의 미학으로 슬픔이 곧 생의 현실적 표현이다. 울지 않으면 고통 슬픔에 대한 긍정적인 방어 메커니즘도 작동되지 않는다. 이해를 돕기 위해서 예를 들어보자. 우리의 장례식에서 동원되는 상여(喪輿)는 슬픔을 승화시키고 배웅하는 미학이요 의례이다. 이별과 슬픔을 아우르는 애도의 행렬이다. 한국인들의 극락왕생을 기리는 장례행사이다. 세상에서 잊혀지는 사람으로 사라지는 것이다.

장자(莊子)에 있어서 "슬픔이란 자기부정에서 나오는 표현"이라고 말한다. 장자 제5편 덕이 가득함의 표시, 즉 〈덕충부(德充符)〉에서 감정에 좌우되지 않는 경지를 말한다. 정신이 기쁠 때 기뻐하고 슬플 때 슬퍼하되 그 기쁨과 슬픔에 압도되어 헤어날 수 없을 정도로 되지 않아야 한다는 것이다. 공자 역시 기뻐하되 거기에 빠지지 말고, 슬퍼하되 정신을 못 차릴 정도가 되지 않는다고 했다. 슬픔의 모드는 우리가 망연자실하는 상태로 감수성이 날카롭게 버려지는 상태를 불러온다. 프랑스 작가 마르셀 프루스트(Marcel Proust, 2012)는 고통이 영감의 손상이라기보다는 생의 미학적 표상의 조건이라고 설명한다.

그렇다면 슬픔은 정말 모두가 나쁜 것일까?

슬픔은 우리들 마음속에 내재된 감정으로 '잠재적 미덕'으로 보는 견해도 있다. 팀 로마스(Tim Lomas, 2018)는 "미덕으로서의 슬픔에는 세 가지로 나눠볼 수 있다."라고 했는데, 우선 〈방어 보호 수단으로서의 슬픔〉이 있다. 이는 상대방으로부터 이해와 관용을 바라는 슬픔으로 자기보존 표현 방식이다. 두 번째는 〈돌봄 또는 보살핌으로서의 슬픔〉이다. 이는 사랑, 갈망 표현을 포함하여 남으로부터 관심을 이끌어내는 몸짓이다. 세 번째는 〈회복되는 슬픔〉이다. 이는 도덕적 감수성을 높이며 심리적 안녕을 추구하는 감정이다.

■ 방어수단으로서의 슬픔

자신을 보존하거나 보호하려는 슬픔이다. 슬픔에 빠지는 것은
상실에 대한 반응이다. 이때 가족 이웃들과 분리되거나 떨어질 경
우 상대방으로부터 돌봄 보호를 이끌어내고 간병인에게 도움을
받을 수 있는 계기가 된다. 이럴 경우 세 가지의 의미로 나타난다.
(Barr, Hopkins, 2000).

• 경고로서의 슬픔이 있다. 이것은 내가 이렇게 아프다는 경고
를 보내는 슬픔이다. 진화생물학적으로 아픔을 드러내 잠재적 적
응의 표시가 된다. 이럴 때 분리된 상태의 이웃과 가족과의 재결
합을 가져올 수 있다. 이런 것은 자기 소원에 대한 심리적 표현이
고 삶의 동기가 된다.

• 분리에서 오는 슬픔이 있다. 이것은 손실이야말로 자신이 사
랑하고 아끼는 사람들과의 분리되었을 때의 표현이다. 사별 이별
은 외로움을 느끼고 삶의 궤적을 잃어버렸을 때 오는 슬픔이다.
그러나 이때 사랑하는 사람의 사망으로 인해 회복되는 데는 몇
개월 몇 년이 걸릴 수 있다.

• 기억, 판단력으로서의 슬픔이 있다. 지나간 일들, 잃은 것, 언

은 것들이 새삼스럽게 떠오른다. 잊었던 이름들도 떠오른다. 어떤 기억은 자신을 일으킨다.

■ 돌봄(careing)으로서의 슬픔

배려와 사랑 연민과 관계된 슬픔이다. 자신의 슬픔이 다른 사람들로부터 연민적인 반응을 이끌어낼 수 있다는 암시의 눈물이다. 실제로 슬픔은 오랫동안 케어(care)의 의미로 인식되어왔다. 내가 아프다는 신호로서 고통받고 있음을 알리는 몸짓이다. 그럴 때 가족들은 물론 간병인 간호사의 도움을 받을 수 있다. 사망한 부모에게 직접 슬픔을 표현하면서도 그 자녀들에 대한 사랑, 안아주기 등 도움을 주는 슬픔에서 기쁨으로 바뀌는 경우이다. 고통받는 사람, 불쌍한 사람들에 대한 배려, 지원 등의 친밀관계를 유지하는 관계가 된다.

• 사랑으로서의 슬픔이 있는데 이는 애정 갈망 연민 그리고 안전한 보호를 포함한다. 사랑은 자신의 운명과 상대방과의 상호적인 관계이다. 깊은 사랑일수록 분리 시 더 큰 상실감을 느끼게 마련이다.

• 그리움으로서의 슬픔이다. 이는 누군가 또는 무언가와 분리된 슬픔을 느끼면서도 한편으로 재결합을 원하는, 떠나간 사람이

다시 돌아오기를 열망하는 슬픔이다. 이때 그리움의 대상은 꼭 사람만이 아니라 가지 못하는 고향 땅, 과거 시간에 대한 추억 등 육체적 정신적 거리를 없애려는 감정이다.

• 연민으로서의 슬픔이다. 슬픔과 연민은 밀접한 관계가 있다는 점에서 다른 사람의 고통에 감동을 느끼며 고통을 덜어주거나 함께하는 자비로운 반응의 슬픔이다. 일종의 이타적인 믿음 · 소망 · 사랑의 표현이다.

■ 회복되는 슬픔(sadness as flourishing)
일종의 심리적 발달 회복을 꾀하는 슬픔이다. 슬픔은 실제적으로 자기 고양의 기회가 된다. 영적으로 충만하고 더 나은 삶을 만들어가는 계기가 된다.

• 도덕적 감수성으로서의 슬픔이 있다. 이는 자기 이익에 관한 슬픔으로 어떤 목적에 도달하기 어려운 욕망인지 포기할 것인지의 관한 것이다. 도덕적 판단은 분노 실패와 같은 정서적 반응에 의해 좌우된다. 자신이 지나친 슬픔 고통이 타인에게 불편을 줄 수 있다는 생각이 들 때가 있다.

• 매력적인 개발로서의 슬픔이 있다. 이는 심리적 개발에 이어

영성 개발과 자아를 초월하는 고통의 근원을 뛰어넘는 힘과 의지를 고양하는 슬픔이다. 트라우마 등을 벗어나서 삶의 위기에 도전하는 긍정적인 변화를 경험하게 되는 슬픔이다.

• 미적 감수성으로서의 슬픔이 있다. 이는 미적 감수성을 의미하는데 슬픔 속에 매력이 있다는 것이다. 즉 도덕적 영적 감수성을 반영하는 슬픔 외에도 미적 감성과 세련미 형태의 슬픔을 말한다. 이를테면 뛰어난 혈통을 타고 태어났거나 낭만적 예술과 철학을 통해 자기 내면을 정화할 수 있다. 요새 사람들은 슬픔, 우울증에 대처하기 위해서 음악, 미술, 연극 같은 예술 활동에 참여하며 치유 받는다. 슬픈 영화 음악은 우리들에게 긍정적인 감정을 불러일으킨다.

이렇듯 성취감에서 오는 슬픔은 만족스러운 삶, 긍정적인 삶으로 풍성해지는 슬픔이다. 감성 스펙트럼 상에서 느끼는 다양한 감성은 경험적으로 실존주의적 관점에서 최고 가치를 향해 가는 계기가 된다. 슬픔의 경험 없이는 삶의 의미가 없다는 것처럼 행복은 슬픔을 통해서 느낀다는 사실이다. 슬픈 감정은 표면적으로 부정적이지만 그럼에도 불구하고 긍정적인 감성으로 이어지게 마련이다.

너무 확장되었지만 나는 이렇게 말하고 싶다. 슬픔을 잊으려고 애쓸 필요는 없다는 것. 그냥 슬픔을 안고 웃고 하며 눈물 한 방울 흘리면 슬픔이 행복만큼 삶의 일부라고 느껴질 것이다. 슬픔이나 기쁨은 모두 사랑의 표현으로 동전의 양면과 같다. 행복한 기쁨 슬픔과 고통은 대립되는 개념이지만 늘 쌍둥이처럼 붙어있다. 슬픔, 고통을 포함한 부정적인 기분은 사회적 심리적 감정을 동시에 가져온다는 슬픔의 열매다.

반대의 경우도 마찬가지이다. 사회심리학에서는 슬픔을 억제하거나 제거해야 하는 '문제의 감정'으로 보는 경향이 있다. 그렇게 밀려드는 슬픔을 억제하고 나쁘다고만 하면 수시로 다가오는 두려움, 분노, 혐오감 등의 부정적인 감정을 어떻게 해소할까? 그것은 결코 좋은 방법은 아니다. 단순히 슬픔이 문제의 감정이 아니라 우리들을 여러 가지로 돕는데 기여하기 때문이다. 행복이 중요하지만 슬픔은 따뜻한 가슴을 갖게 한다. 진화생물학자들은 뇌 연구를 통해 슬픔이 뇌에서 어떻게 우리의 생각과 행동에 영향을 미치는지를 연구해 왔는데 슬픔은 영적, 철학적 및 신경생물학적 분야 등의 다차원적 접근이 필요하다는 입장이다. (Juan, Arias. et al, 2020).

따라서 슬픔이 당신에게 왜 긍정적인지 몇 가지로 다시 요약해보자. 이와 같은 감정은 다음과 같은 발전적인 이유가 된다.

- 행복하면 어딘가에 고통이 담겨 있을 수 있다.
- 슬픔은 사회생활 참여를 촉진한다.
- 자기보호방식으로 자기에게 취약한 것,
  필요한 것을 찾는 계기가 된다.
- 슬픔은 주의력, 기억력을 향상시킨다.
- 슬픔은 더 정확한 판단, 편향적 결정을
  개선하는 데 도움이 된다.
- 슬픔은 인내를 높이고 동기부여의 기회가 된다.
- 슬픔은 상호작용을 통한 의사소통의 통로가 된다.

　　결국 슬픔을 많이 느끼는 사람들일수록 어려운 현실의 불가피성을 인정하며 잘 대처한다는 논리다. 물론 심각한 슬픔이 몸을 해롭게 할 수 있다. 그렇지만 그 슬픔에 대해 잘 대처하는 삶이 동기와 행동의 변화를 촉진한다. 그럴 때 희망이 없는 상황에서도 용기를 갖게 된다. 순간의 행복은 참된 것이 아니어서 늘 슬픔이 같이 있는 법이다. 위인들은 행복했던 순간들을 모두 합쳐봐야 채 하루가 되지 못했다고 말한다. 또 슬픔을 자주 겪는 사람들은 그 의미를 잘 인식하고 불편함 속에서도 긴장을 풀고 공감,

연민, 배려 등의 감수성이 높아지게 된다는 것이다. 붓다는 하늘
에는 길이 없다. 그렇지만 마음에는 길이 있다고 했다.

5-2. 슬픔에서 기쁨으로

요사이 왜 이렇게 힐링(Healing)이라는 단어가 온 사회를 휩쓸고 있을까?

아마도 그것은 세상 사람들이 자기 삶에 만족하지 못하거나 행복감을 느끼지 못하기 때문일 것이다. 존재론적 삶의 결핍감과 생로병사 과정에서 겪는 한없는 슬픔이 존재할 뿐만 아니라 어릴 적 꿈같은 동화를 잃고 살아가는 현대인들의 모습에서 그 슬픈 감정이 얼마나 깊은지를 짐작할 수 있으리라.

인간에게는 울기 위한 두 눈이 있어서 눈물이 나고 코끝이 시큰 해지며 입술이 떨리는 것이 보통이다. 울음은 호흡과 마찬가지로 인간의 바람직한 반응이다. 우리 몸은 감정을 억제할 수 없을 때 눈물을 통해 그 울분이 빠져나가게끔 만들어져 있다. 눈(眼)에 눈물이 없으면 그 안에 영혼이 없는 것이나 다름없다. 눈물로서 친밀감, 신뢰, 존중 관계가 유지된다. 눈물은 놀라운 신체의 기적을 가져온다. 그것이 철학에 필요한 슬픔으로 받아들여지는 이유다.

나는 슬픔이 영혼의 스트레칭이라고 생각한다. 나는 눈물의 힘을 믿는다. 눈물은 우리가 어떤 손실을 입었을 때 열린 마음으로 살아갈 수 있도록 도움을 준다. 슬픔 · 낙담 · 절망 · 흥분 · 자부심과 관련된 눈물은 놀라운 감정 반응을 일으킨다. 다른 사람을 위해 흘리는 눈물은 순수한 마음의 표시이며 상호 공감의 표시이다. 당신의 눈물이 당신의 미래에 행복의 씨앗이 될 수 있다. 우리가 경험하는 슬픔과 울음을 이해하고 대처하는 데는 감정장애 혹은 기분장애, 심리적, 사회적, 영적 차원에 대해 무시할 수 없는 일이다. 그러기에 슬픔도 일종의 생산적인 의미가 있다고 믿는다.

□ 슬픔과 눈물의 순기능

네덜란드 틸부르흐대학교 임상심리학과 에드 필헤르후츠(Vingerhoet, 2012)와 그 동료들은 "눈물이 카타르시스 역할을 한다."라고 했다. 요세프 브로이어(Josef Breauer, 1842~1925)와 프로이트도 처음으로 눈물에 의한 카타르시스에 대해 언급한 바 있는데, "마음속에 쌓여 있던 불안, 긴장감 우울증이 해소되고 마음이 정화되는, 즉 정신치료에 의한 카타르시스를 말한 바 있다. 찬반 논쟁이 있지만 유해물질의 배설, 울음으로써 정화작용을 한다는 것이다. 일종의 생리적 회복(Physiological recovery)으로써 원상회복을 의미한다. (Trimble, 2014)

또한 부정적으로 슬픔은 밑으로 가라앉아 앙금으로 남는 경우가 많다. 슬픔은 기쁨보다 오래 마음속에 남게 되는데 이를 '상처'라고 한다. 어떤 사람은 슬픔이 지나쳐 분노로 변하여 엄청난 화재처럼 번질 것이다. 그러나 슬픔과 눈물의 치유는 내 몫이다. 울음은 마치 끓는 물 주전자가 품어내는 김(氣)처럼 스트레스의 감소와 분노를 조절하는 당사자는 바로 자신이다. 울음을 실제로 끝내는 주체는 다름 아닌 내가 끝내야 한다. 가까운 예로 119 소방차로 눈물을 멈추게 할 수 없는 일이다.

어디 그뿐일까?

눈물은 스트레스, 슬픔, 불안, 좌절에 대한 신체의 해소통로이다. 때로는 어떤 이는 "뭐 눈물이 자기치료의 기회가 된다고?" 하고 야유하겠지만, 그러나 건강을 유지하고 스트레스를 해소하려면 크게 소리 내서 우는 것도 삶의 기술이다. (Orloff, 2015) 그러니 울고 싶으면 충분히 울어라. 눈물을 부끄러워할 필요가 없다. 눈물은 삶의 용기 도전 회복의 징표이다. 눈물을 흘린 후에는 기분이 좋아지고 긴장을 완화해 주는 것으로 나타난다. 눈물의 강이 기쁨의 바다가 되는 삶을 만들어가는 것이 나이 들어감의 지혜이다.

"고통의 쓴맛은 내 기쁨의 영원한 눈물로 변할 거야."

우리는 자주 슬픔을 나쁜 감정으로 피해야 한다는 메시지를 전달하지만 연구결과에 따르면 슬픔은 이점이 많은 감정이라는 점이다. 심리학자들은 부정적인 감정으로 여기는 슬픔의 순기능에도 주목한다. 특히 눈물을 흘릴 때 얻는 카타르시스 효과는 강력하다. 사람들은 자신의 솔직한 감정을 털어놓고 울음을 터뜨린 뒤에야 치유되는 모습을 볼 수 있다. 마음껏 슬퍼하고 또 슬퍼하는 사람이 있다면 함께 울어주는 것도 좋다는 얘기이다. "마음껏 울어도 괜찮아"로 위로하는 것은 슬픔을 달래는 소리다. 우리가 어린 시절에 기억하는 가장 행복했던 순간들은 슬픔에서 비롯된 것이 아니었던가? 그래서 나는 슬픈 사람들에게 이렇게 외치고 싶다.

슬퍼하라, 또 다른 새로운 기회가 올 것이다.
슬퍼하라, 또 다른 새로운 세상을 볼 것이다.
슬퍼하라, 또 다른 새로운 사랑을 만날 것이다.

결국 슬픔은 슬퍼해야 슬픔을 극복할 수 있다는 역설이다. 기쁨의 근원은 다름 아닌 슬픔이란 메시지다. 인간에게 있어서 기쁨과 슬픔은 결국 뗄 수 없는 소중한 감정들이다. 고통, 분노, 모두는 슬픔에 의해서 해소될 수 있다. 그게 사실이라면 슬픔은 새로운 창조를 위한 밑거름으로 받아들이는 태도가 중요하다. 슬픔을 무조건 피하는 것이 아니라 슬픔 속에서도 도전정신과 새로운 미래를 창조하는 것이다. (정근식, 2013). 그런 사실에서 모든 감정들이 공통적으로 원하는 것은 자신의 행복일 것이다. 슬픔은 우리들의 세상살이를 더 많이 이해하는 데 도움을 주기 때문이다.

이와 관련해 네덜란드 철학자 스피노자(Spinoza)의 설명을 참고할 수 있다. 스피노자는 데카르트가 주장하는 신체와 마음이 별개라는 '심신이원론'을 반박하며 마음과 몸이 하나라는 '심신동일론' 혹은 '심신 일원론'을 제시하면서 기쁨의 창조를 주장한다. 인간이 구원받고 행복해지기 위해서, 만족스러운 인생으로 변화시키려는 시도는 곧 고통과 슬픔, 죽음에 저항하는 것, 그리고 그것을 기쁨으로 대체하는 것이라고 말한다. 정서와 느낌에 대한 신경생물학에서는 슬픔 및 슬픔과 관련된 감정보다 기쁨 및 기쁨과 관련된 감정들을 더 중시하는 것도 같은 맥락이다. 우리의 기쁜 감정들이 건강한 삶과 존재의 의미, 창조적 번영에 더욱 크게 이바지한다는 사실을 암시한다. (Damasio, 2003).

따라서 스피노자는 고전이 된 《에티카》에서 기쁨과 슬픔, 그리고 욕망의 감정들이 인간이 갖는 모든 감정의 기본요소라고 보았다. 우리의 의식을 지배하는 정서, 느낌, 감정은 늘 우리 의식 속에서 상호작용한다. 최적의 신체 상태, 편안한 자세, 그리고 즐거움은 모두 이런 감정의 결과이다. 게다가 우리가 경험적으로 느끼는 기쁨과 행복감에 빠지게 되는 것은 늘 타자와의 관계에서 생긴다고 스피노자는 보았다. 기쁨을 경험할 때 이 기쁨을 소유하고자 하는 욕망은 그 기쁨을 주는 대상이 있어야 한다는 뜻이다. 예를 들어 어떤 사람을 보고 기쁘면 그 사람을 생각하게 되고 같이 있고 싶어지는데 이것이 바로 사랑이다. (이수영, 2013).

나아가 스피노자는 기쁨과 슬픔은 변화되는 정서라고 했다. 슬픔을 느끼면 증오하게 되는데 이러한 정서로부터 무엇을 하려는 의지인 욕망이 생긴다고 했다. 그리고 인간의 근본적인 정서를 기쁨과 슬픔이라고 본 스피노자는 슬픔은 신체의 능력을 감소시키는 반면, 기쁨은 신체의 능력을 증대시킨다고 했다. 다시 말해 영혼이 능동적으로 활성화될 때는 기쁨이고 수동적으로 되면 슬픔이다. 수동적 감정이면 외부로부터 오는 자극에 대한 무능력 내지 종속이라고 했다.

사실 우리 인생 여정에서 만나는 고통과 슬픔이 어둠의 존재로서 멀리 도망가지 않는다. 인간은 감정의 동물로써 뼈에 사무치는 슬픔, 슬픔의 무게는 결코 가볍지 않다. 슬픔과 기쁨은 서로 반대되지만 슬픔이 기쁨을 줄 수 있다고 생각한다. 슬픔이 단순히 에너지를 쓸데없이 낭비하는 것은 아니다. 왜냐하면 슬픔은 인간의 본질이고 인간이 되돌아갈 어떤 근원적 상태이기 때문이다. 슬픔은 여러 감정들 사이에서 쓸모없고 불편한 감정이지만 행복해야 하므로 슬픔은 기쁨의 영양소가 된다는 사실을 우리는 받아들여야 할 것이다.

□ 슬픔에서 깨어나기

사람들은 죽음과 상실을 과거 속으로 밀어내며 슬픈 나머지 "아니야, 아니야, 내 탓이야." 하고 부르짖으면서 점차 진정된다. 슬픔을 떨쳐버리고 빨리 잊으려고 노력한다. 그런데 문제는 사랑하는 사람의 죽음에 대한 비탄과 애도의 감정이 포함된 복합적인 만성적 슬픔은 일상적인 슬픔의 정도와 다르다는 점이다. 비탄(grief)은 슬픔이 포함되어 있다. 그렇지만 결코 상처를 되돌릴 수 없으며 상실감을 복원하려는 시도가 포기될 때에만 나타난다는 점에서 정상적인 슬픔과 다르다. 비탄의 핵심에는 슬픔 그 자체보다는 슬픔에 따라 괴로움과 고통이 더 큰 몫을 차지하고 있으며 이는 돌이킬 수 없는 상실 경험에 관한 것이다.

그런 의미에서 인간은 호모 센티멘탈리스트(Homo Sentimentalist)라고 한다. 모든 사람이 감정의 동물이라는 의미다. 그러므로 사실 세상적인 지식으로는 우리들의 고통과 슬픔을 있는 그대로 들여다보지 못하는 한계를 가지고 있다. 그 심연을 들여다볼 수 있는 힘을 가지고 있지 못하기 때문에 우리의 존재에 대해 올바른 솔루션을 마련하는 데 한계가 있다. 하지만 제한적으로 복합적이며 중증적인 비탄 감정에 대한 실용적인 이해가 필요하다. 그 내용을 간단히 찾아보면 아래와 같다.

첫째, 슬픔을 나눌 수 있는 관용적인 사회가 슬픔을 가능한 치유할 수 있다.

일본 정신병리학자 노다 마사아키는 지난 2015년 펴낸 《떠나보내는 길 위에서》라는 책에서 "슬픔의 치유로써 누구나 슬퍼하는 사회가 될 수 있어야 한다."라면서 슬픔을 억압하는 태도를 비판한 바 있다. 특히 대형사고는 현대사회가 만들어낸 사회적 사건으로 모두의 책임이라는 것이다. 어느 누구도 안전한 사람은 없기에 사고를 당하면 누구나 슬퍼하게 마련이다. 그러나 돌연한 사고로 사랑하는 사람들을 상실한 유족들의 슬픔을 치유하기 위한 사회적 지원과 배려가 필요한 것이다.

둘째, 개인적으로 슬플 땐 피하지 말고 한바탕 울음보를 터뜨릴 수 있어야 한다.

일반적으로 슬픔은 부정적인 감정이라고 인식하는 경향이 있지만 슬픔을 있는 그대로 받아들일 때 슬픈 감정이 정화될 수 있다. 이른바 '슬픔의 이점'(benefits of crying)이다. 미국 사우스 플로리다 연구팀은 사람들이 눈물을 흘린 사례 3,000건을 모아 분석한 결과 눈물을 흘린 후에 기분과 심리상태가 개선됐다고 했다. 실험참가자들은 눈물을 흘리는 동안 점점 호흡이 느려지는 진정효과를 보였으며 스트레스도 줄어들었다고 했다. 또 눈물을 흘린 상황을 긍정적인 순간으로 기억하기도 했다. (Byisma et al. 2008).

셋째, 정신 외상적 슬픔(Traumatic grief)을 치유하는 사회 심리적 노력이 필요하다. 사랑의 손실 후 슬픔의 증상이 남아 점점 쇠약해지는 경우가 생긴다. 복잡한 슬픔의 현상인 우울증 외상후 스트레스 장애를 겪게 된다. 특히 죽은 사람을 놓지 못하거나 자신이 자살할 생각도 하게 된다. 따라서 이런 사람들에 대한 치료 즉 정치경제적 사회적 과제이자 사회심리적 과제이기도 하다. 세월호 참사를 겪은 당사자들과 가족들, 코로나바이러스로 인해 고통받는 사람들에 대한 정신의학적 치유가 제공돼야 할 것이다. 잘못된 사회시스템에 의해 대형참사로 찢어진 유족의 마음을 한 번 더 보듬고 배려하는 국민적 관심이 필요하다는 얘기다.

넷째, 사회적 '의미 만들기'(Meaning-making)이다. 2015년 김학순 감독이 발표한 영화 '연평해전'에서 보인 병사들은 정신의학에서 말하는 '거절증', 즉 명령대로 실행하지 않거나 명령과 정반대의 반항적 행동을 보이는 증상을 볼 수 없다. 명령에 따른 그들의 숭고한 조국애를 볼 수 있을 뿐이다. 우리는 그들의 저승생활을 직접 눈으로 확인할 수 없지만, 그러나 사건 사고로 죽음 사람들의 죽음을 헛되게 하지 않는 사회적 역사적 교훈으로 삼아야 한다. 이태원 참사사건처럼 대형참사 유족들의 슬픔은 개인적 차원의 심리 처방과 재정지원만으로 치유될 수 없다. 사랑하는 사람을 상실한 사건 그 자체의 사회적 의미를 발견해야 한다는 뜻이다. 희생자의 죽음을 사회적 의미로 확장해 나가는 것, 즉 헛되지 않은 죽음으로 만들어 갈 때 사회는 한 발 더 진보하게 된다.

다섯째, 슬픔을 새로운 사회적 동력으로 전환하는 일이다.

울음을 터뜨리는 것은 슬픔을 직시하는 방법 중의 하나다. 하지만 우리는 대형참사 유족들의 슬픔의 성격, 고통의 정도, 그들이 겪어야 하는 장례과정에 대해 너무 소홀하거나 무지하다. 수많은 참사가 일어났다. 그렇지만 유족이 겪는 절망과 슬픔에 대한 이해가 부족하다는 얘기다. 슬픔의 치유는 자연스럽고 불가피한 방법이다. 이웃과 함께 사회적 슬픔을 나눌 때 유가족들은 하늘로부터 내려오는 위로로 받아들일 것이다. 슬픔의 치유는 실의에 빠진 유족들에게 용기를 줄 뿐만 아니라 새로운 출발의 동력으로 만들어가야 할 사회적 동력이다.

그런데 안타깝게도 우리에게는 슬픔을 피하는, 이른바 바이패스(Bypass) 하는 방법은 사실상 없다는 점이다. 육신의 질고가 우리를 슬프게 만든다. 심리적 차원에서 변화의 시련일 수 있다. 남자들이 눈물을 보이지 않는다고 해서 울지 않는 것은 아니다. 슬픔은 누구에게나 있는 것이다. 움직이는 모든 생물은 고통이 있고 슬픔이 있는 법이다. 그러기에 슬픔의 치유는 활동적이고 점진적으로 진행돼야 하고 장시간 요구되는 영역이다. 눈물은 슬픈 일을 극복하는 데 있어서 희망적인 삶, 지속 가능한 생활환경을 만드는 힘으로 작용한다. 슬픔이 커서 세상이 개똥 같을지라도 신선한 새로움을 발견하고 깨어나는 지혜를 찾아가는 것이 동물이 아닌 인간으로서 살아가는 기술이다.

□ 지금은 슬픔에서 기쁨으로 되돌아가야 할 시간

스위스 태생의 작가이자 '일상의 철학자'로 알려진 알랭 드 보통(Botton, 2009)은 '슬픔이 주는 기쁨'에서 평범한 이야기, 만남의 관계에서 혹은 우연 속에서 흥미 진지한 감정들, 즉 근심들, 슬픔들, 기쁨들을 끄집어낸다. 많은 예술 작품들을 통해 슬픔을 해소할 수 있고 위로를 받는다고 했다.

이런 감정을 잘 나타내는 애니메이션 영화를 나는 기억한다.

미국 디즈니 픽사(Disney-Pixar)가 지난 2015년 제작한 피트 닥터 감독의 애니메이션 영화 '인사이드 아웃'(Inside Out)은 인간의 마음속을 깊이 성찰할 수 있는 환상적인 세계를 보여준다. 우리가 누구인지 그리고 기쁨과 슬픔에 대한 이해를 돕는 영화라는 점에서 그 내용을 간단히 살펴보자.

영화의 배경은 미네소타 시골에서 도시(샌프란시스코)로 이사 온 11세 소녀 라일리(Riley)가 낯선 환경에 적응하는데 매우 힘들어하는 데서부터 시작한다. 소녀의 머릿속에는 다양한 감정을 조절하는 '감정컨트롤 본부'(Emotion's headquarters)가 있다. 뇌 속의 감정컨트롤 본부에는 기쁨(joy)·슬픔(sadness)·혐오(disgust)·분노(anger)·공포(fear) 등의 다섯 감정을 나타내고 있다. 이런 핵심 감정들은 라일리가 태어나면서 함께 생겨난 마음속의 감정이다. 영화에서는 이런 감정의 주인공들을 의인화하여 기쁨이, 슬픔이, 까칠이, 버럭이, 소심이라는 캐릭터로 나타난다.

라일리의 내면을 조종하며 리더 역할을 하는 기쁨이는 더 행복하고 즐거운 감정을 추구한다. 기쁨이는 "괜찮아! 다 잘 될 거야. 우리가 행복하게 해줄게." 하면서 주변의 슬픔이, 까칠이, 버럭이, 소심이를 다독거리며 리더 역할을 해낸다. 다섯 가지 감정은 라일리에게 행복을 되찾아 주기 위해서 모험을 벌인다. 예를 들어 슬픔이는 라일리의 휴식을 도와주고, 소심이는 위험한 전깃줄을 피할 수 있게 배려하고, 까칠이는 맛이 없는 브로콜리를 피하게 하고, 버럭이는 원치 않는 일을 막아주기도 한다.

이 애니메이션에 대해 다양한 코멘트가 나왔지만 영화 '인사이드 아웃'은 슬픔을 기쁨으로 완성해가는 훌륭한 작품이다. 심리적으로 인간의 기쁨을 어떻게 유지해 나갈 것인가를 문제 삼고 있다. 누구나 가지고 있는 기억의 핵심은 행복한 추억, 기쁜 추억, 슬픈 기억, 분노 기억을 가지고 있다는 점을 제시하며 극중 인물들로 하여금 잘 적응하도록 유도하고 있다.

그중에서도 인간의 정체성을 만들며 핵심기억을 관리하거나 감정조절을 주도하는 것은 늘 기쁨이다. 기쁨의 기억이 많아야 라일리가 예전의 모습을 되찾을 수 있고 행복할 수 있기 때문이다. 기쁨이는 라일리가 다시 행복해지도록 슬픔의 감정을 멀리 내보내려고 한다. '인사이드 아웃'은 우리들이 흔히 표출하는 슬픔, 기쁨이 대립된 감정이 아니라 같이 동반하는 상생관계로 묘사되고 있다.

다시 정리하자면 눈물은 치유의 기능을 한다. 미국 시카코대학 종교의학과 그렌저 웨스트버그(Westberg, 2011) 교수가 2011년에 쓴 《굿바이 슬픔》에서는 이를 뒷받침한다. 슬픔으로 인해 좌절하는 것이 아니라 이를 이겨내고 강인한 나로 거듭날 수 있다고 조언한다. 슬픔은 비를 잔뜩 머금은 시커먼 먹구름이 한바탕 빗줄기를 쏟아내고는 사라지는 것과 같은 이치다. 우리는 삶의 어느 순간에 먹구름 같은 슬픔의 굴레를 짊어지게 된다. 사랑하는 사람과의 이별이나 죽음, 오랜 꿈의 좌절, 인간관계의 파탄 등 슬픔이 몰려온다. 특히 극도의 애도 감정은 사랑하는 사람이 병으로부터 소생할 가능성이 없다고 포기하는 순간부터 시작된다. 서운한 감정, 우울함, 외로움에서 오는 슬픔은 한동안 계속된다.

그리하여 여러 감정 중에서 실제로 슬픔의 역할이 무엇인지 알 수 없다. 그렇지만 우리는 한바탕 격하게 울고 나면 정신이 맑아짐을 경험할 것이다. 뭔가 빠져나간 것을 느끼게 된다. 그런 점에서 슬픔은 카타르시스작용을 하는 의미의 '배설'의 의미가 있다. 열이 나는 사람에게 몸을 뜨겁게 만들어서 열을 배설하는 것과 같은 이치다. 실제로 정서적인 눈물에는 많은 단백질이 들어 있어서 잘 울고 난 뒤에는 기분이 좋아진다. 슬픔은 삶의 복구를 위한 '단맛의 정서'로서 남으로부터 동정을 이끌어내고 기쁨으로 바뀌는 감정으로 작용한다. (Mcdougall, 1994) 분석 심리학자인 이나미 교수가 2014년에 쓴 《슬픔이 멈추는 순간》에서도 슬픔은 고통의 과정을 통과한 후 비로소 빛을 발하는 순간을 맞이한다고 했다.

삶은 외양이 아니다. 내면이다. 슬퍼지면 더 슬퍼지고 기뻐지면 더 기뻐진다. 슬픔에 이름을 붙이고 의미를 부여할 때 자신의 고통을 극복하고 건강한 삶을 살아가는 계기를 만들 수 있다. 확실한 것은 지성은 언제나 상식적이고 반성적이다. 슬픔에서 기쁨을 되찾는 것이 올바른 삶이다. 인생은 커피처럼 달콤하기도 하고 쓴맛도 나고 향기롭다. 마찬가지로 슬픔에 빠져 살다가 기쁨으로 돌아오는 것이 정상적인 감정이다. 슬픔에서 벗어났다는 것은 자기 삶 속으로 옮겨지는 것이나 다름없다. 은유적이지만 좋은 일은 햇살처럼 스며들고, 나쁜 일은 바람처럼 날아가 버린다. 누군가를 대할 때에 자신 있게 활기차게 자기 '자아'을 찾는 것이고 잃어버렸던 내면의 시간을 회복하는 길이다. 슬픔의 순간들은 자기 스스로 자기 정신의 흐름을 조절하고 삶의 기술을 만들어가는 단계이다.

슬픈 자는 자기 자신을 볼 것이다.
기쁜 자는 슬픔을 모를 것이다.
하지만 슬픈 자나 기쁜 자나 둘 다 같은 운명에 빠질 것이다.

무슨 말인가? 슬픔과 기쁨이 시간 차이는 있지만 결국 둘 다 같이 온다는 뜻이다. 슬퍼하라, 울어라, 하지만 소망을 포기해서는 안 된다는 이야기이다. 이 말은 결코 헛된 조언이 아니라 "영원한 슬픔은 없다는 것. 진정할 수 없는 슬픔은 없다."라는 말이다. 더구나 슬픔은 매력적이지 않을뿐더러 영원히 지속되지 않는다. 우리는 더이상 잃을 것이 없을 때 비로소 해방의 길로 나갈 수 있지 않은가? 그래서 나는 '슬픔'이 믿을 수 없을 정도로 치유의 감정으로 변화될 수 있다고 본다. 역설적으로 슬픔의 경험은 기분 좋은 상태로 돌아가는 것이다. (Sachs et al, 2015) 예를 들어 슬픈 음

악을 듣다가 종종 즐거운 경험을 느끼는 것도 마찬가지이다. 우리
는 다시 예전의 삶으로 돌아갈 수 있다. 아니 돌아가야 한다. 그런
점에서 슬픔은 나를 돌아보는 기회가 된다.

5-3. 슬픔 극복을 위한 관리와 치유

매우 시사적이지만 삶으로서의 슬픔은 다양하다. 우리 모두가 공통적으로 행복한 삶을 추구하며 불행을 절대적으로 피하려 하지만 충분한 안전감, 행복감을 느끼지 못하며 살아간다. 모든 사람은 "나와 같은 핏줄이고 만물은 나와 함께 살아가는 존재들"이라고 하지만 많은 사람들이 슬픔의 한줄기 눈물이 뺨을 적신다. 마음 아픈 일, 슬픈 일이 계속 일어나고 있는 것이다. 게다가 우리 모두가 경험하는 슬픔은 대개 개인적인 것이 아니라 사회적이다. 우리의 슬픔의 배경이 되는 행동, 접촉, 소통, 갈등, 분노, 죽음 모두가 '밀집된 군중' 속에서 일어나는 사회적 문제들과 관련돼 있기 때문이다.

그래서 나는 묻는다. 벗이여, 정녕 슬프기만 한가? 그러면 인생을 포기한 것이다. 사회는 눈물 위에서 성장 발전한다. 분영된 마음을 추스려야 한다. 슬픔은 감정이다. 그렇다고 슬픔은 시적인 현상이 아니다. 우리는 "엉엉" 혹은 "어이 어이" 하며 구음(口音)으로 슬픔을 표현한다. 뜻을 알 수 없는 울음을 토해내기도 한다. 인간의 신음과 고통을 더 잘 전해주는 표현이 바로 울음일 것이다. 그리고 사람들의 눈가에 흐르는 미묘한 감정에서 기쁨과 슬픔, 무엇을 좋아하고 싫은지를 짐작할 수 있다. 슬픔을 숨기려 해도 얼굴 표정과 눈가에 눈물이 서려 있는 것이다. 옛날 어머니들이 보름달 뜨면 장독대에 정화수 떠 놓고 빌거나 요새 어머니들이 교회나 성당 사찰에서 자식들을 위해 기도하며 희망의 눈물을 흘리는 것도 같은 감정이다.

나는 자주 이런 생각에 잠길 때가 있다. "이 세상에서 끔찍한 슬픈 일을 당하지 않고 살아가는 팔자 좋은 사람이 어디 있을까?" 하고 말이다. 사실 슬픔 표현은 인간적인 면이 강하다. 타고난 본능은 슬픔을 느낄 때 진실해진다. 울음은 바로 상실 외로움에 대한 두려움을 나타낸다. 보는 이로 하여금 연민의 정을 표한다. 그럼에도 불구하고 슬픔에서 벗어나지 못한다면 얼굴에 흉터를 달고 살아가는 꼴이다. 슬픔이 회복되는 것은 비정상적인 상태에서 정상(正常)으로 돌아가는 것이다. 완전히 100% 정상화되는 것은 아니지만 정상적인 생활이 가능해진다는 얘기이다.

□ **슬픔의 극복과 치유는 어떻게**

그런데 우리가 겪는 슬픔에는 크게 두 종류가 있다. 울어서 해소되는 슬픔이 있고, 울어도 해소되지 않는 슬픔이 있다. 또 정상적인 슬픔과 복잡한 슬픔 있다. 문제는 울어도 해소되지 않는 슬픔, 복잡한 슬픔에 대한 치유방식이다. 내 불행이 "천사의 실수일까?" 하고 좌절 상태에서 몇 주 혹은 몇 개월 슬픔이 지속되는 경우가 그것이다. 사랑하는 사람의 상실, 사업의 실패로 인해 슬픔과 이로 인한 우울증의 그늘에서 벗어나지 못하는 사람들이 더욱 그렇다.

그렇다면 슬픈 감정의 관리는 어떻게 할까?

우선 데카르트가 보는 인간의 마음이 특별하다는 사실을 아래와 같이 제시한다. (Damasio, 2003).

- 우리 마음이 가진 쾌락과 고통을 느끼는 능력
- 다른 이의 고통과 쾌락을 인지하는 능력
- 사랑하고 용서하는 능력, 비범한 기억력
- 상징화와 서술능력
- 체계적인 언어 능력
- 우리를 둘러싼 우주를 이해하고 새로운
  우주를 창조하는 힘
- 개별 정보를 놀라운 속도로 처리하고 통합해서
  문제를 해결하는 능력

위와 같은 특별한 능력이 있어도 세계에서 슬픔과 불안이 없는 곳은 어디에도 없다. 모순을 느끼는 것은 고귀한 인간의 감정이다. 인간의 열정과 사회적 합법성 사이의 모순이 발생하는 것이 우리가 살아가는 사회다. 이런 사회적 모순은 봉쇄가 아니라 자주 느껴야 한다. 무엇인가 하고자 할 때 누군가 옆에 없으면 메마른 사막에 혼자 있는 것처럼 느껴지게 마련이다. 간혹 우리는 질병과 빈곤, 사업의 실패로 인해 삶의 의미를 상실했다는 느낌마저 들면서 좌절의 눈물을 흘릴 수 있다. 그래서 중세 이후의 신학자들은 이 세상을 눈물 골짜기로 보았던 모양이다.

　문제는 사람들이 흔히 겪는 악몽, 공포, 비행, 자살과 같은 행동을 동반하는 '과도한 슬픔'을 겪는 경우가 많다. 강렬한 정서적 고통 속에 죽은 사람과 함께 하고 싶은 갈망, 심지어 죽음을 받아들이지 못하는 무감각 상태에 빠지는 경우다. 과도한 슬픔이 계속될 경우 우울증이 생기면서 정상적인 생활을 하는 데 어려움을 겪게 됨은 물론이다. 경우에 따라서는 항우울제 처방을 받아 치료할 경우도 생긴다.

　이러한 슬픔의 진행 과정 및 고통을 이기고 슬픔을 극복하는 과정을 그린 헬렌 맥도널드(Mcdonald, 2016)의 '메이블 이야기'에서 찾아볼 수 있다. 영국의 사진 저널리스트인 맥도널드는 심장마비로 급사한 아버지를 잃은 후 상실감을 이겨내기 위해 야생의 참매(Mabel)를 길들여 사냥을 하며 고통과 슬픔을 이겨내는 모습이다. 그녀는 "슬픔은 길들지 않는다."라면서 애도자와 아기 참매가

친해지는 이른바 '치유자로서 동물'을 통해 상실감을 극복해 나간다. 새가 자유롭게 날듯이 자신의 상처를 날려 보내는 모습을 그려내고 있는데 참매는 그녀의 슬픔과 고통을 잊게 하는 선물이었다.

사실 인간의 감정은 매우 복잡하다. 찬란했던 아침이 저녁에는 슬픈 기분이 들기도 한다. 미국의 시카고 대학 철학 교수인 마사 누스바움(Nussbaum, 2002)은 "인간은 순수이성이나 욕망의 존재만이 아닌 감정의 동물"로 보았다. 인간은 감정의 동물이라는 점에서 '감정이 곧 인간'이라면서 감정이 단순한 자각이 아니라 사유 차원으로 끌어 올린다. 또 영국의 경제학자 애덤 스미스(Smith, 2009)는 '도덕감정론'을 얘기하고 있는데 그에 의하면 인간에게는 태어나면서부터 타인의 고통·슬픔·기쁨 등 다양한 감정을 이해할 수 있는 상상력이 내재돼 있다고 했다. 그밖에 슬픔의 치유자인 제임스와 프리드먼(James & Friedman, 2002)은 "상실감을 치유하는 데는 활짝 열린 마음과 굳은 의지와 용기가 필요하다."라면서 다음과 같은 방법을 제시한 바 있다.

• 상황파악하기:
  정리되지 않는 감정적 관계가 있다는 것.
• 책임의식 갖기:
  자기감정에 대한 책임을 일정부분 당사자에게 있다는 것.

- 의사소통방법 찾아내기:

  표현하지 못하거나 풀지 못했던 감정을 표현하는 방법을
  찾아내는 것.
- 행동에 옮기기:

  감정들을 제대로 소통하기 위해 행동에 착수하는 것.
- 상실감 치유하기:

  풀어내지 못했던 고통과 감정의 앙금과 작별하기.

〈도표-6〉 **슬픔의 극복과 치유를 위한 대처**

상황파악	신체·정신적 느낌	행동하기
• 사별 · 상실감의 정도	• 슬픔 · 비애 · 비통	• 다시 돌아보기, 회상
• 미처 생각하지 못했던 일	• 그리움, 갈망	• 홀로 있지 않기
• 타인으로부터 받은 아픔	• 분노, 좌절, 불안	• 일거리 찾아보기
• 어떻게 살아왔는지	• 죄책감, 무감각	• 집안 정리, 몸 가꾸기

현재 영어표현에서 케어(care)라는 단어는 고대 영어에서는 걱
정, 슬픔, 애도의 의미를 갖고 있다. 돌봄이란 말은 정신의 근본이

고 생명의 담보이다. 그러나 이런 슬픔의 케어는 사회개입을 포함하고 있지만 오로지 자신의 몫이다. 당신은 당신이 없는 사람이될 수 없다. 결핍감의 해소, 욕망을 실현함으로써 지금의 나와 다른 사람이 되려고 하겠지만 그것이 불가능해질 때 분노와 좌절, 슬픔을 느끼게 된다. 채움에 대한 욕망이 지나치면 슬픔의 원인이 된다는 의미다.

슬픔을 극복하고 치유하기 위해서는 무엇보다 슬픔의 원인과배경이 되는 손실을 인정하고 이로 인한 슬픈 감정을 표현할 수있어야 한다. 손실인정 후에는 이런 손실이 자신의 삶에 어떻게작용할 것인가를 알게 된다. 어떻게 생각하고, 행동하고, 그리고어떻게 치유해야 할지를 알아서 행동하는 일이다. 자신만의 치유방식으로 슬픔을 받아들일 때 앞으로 슬픔으로부터 벗어나고 대처해 나갈 수 있는 방법을 행동으로 옮기게 된다. 이런 힘은 자신과 가족, 나아가 사회와 하나가 될 때 비로서 치유가 가능해진다.

□ 슬픔 극복을 위한 사회적 차원의 치유

슬픔은 '사회적 발생'(Sociogenesis)의 한 형태이다. 사회적 행위자들의 실제 행동 즉 행위, 생각, 감성, 그리고 슬픔은 사회현실 속에서 지식의 대상이요 앎의 대상들이다. 추상적인 인간이 아니라실제 인간실존에서 출발해 각 사람의 운명, 자신을 명확히 아는 주체성 확립이 필요하다는 얘기다. 극단적으로 보자면 사람들이 정치 집단, 기술 관료 집단, 이념적 집단에 붙잡혀 있는 죄수들과 같은 상태에서 벗어나는 일이다. 지배층들은 은밀하게 시민들의 일상적인 삶에 개입해서 마술적으로 통제하려고 한다. 특히 정치는 사적인 권력추구에서 탈피해 공공의 이익을 실현해 나가는 것이 진정한 정치요 국민을 위한 것이다.

더구나 우리나라는 사회적으로 인구구조의 변화(고령화), 산업화 - 지식 정보화, 일자리 부족, 핵가족화, 전통가치관의 변화, 복지 연금재정의 압박 등 여러 요인들이 크게 작용하고 있다. 최근 들어와 경기침체와 청년들이 처한 현실은 어둡기만 하다. 삶의 가치까지 포기한 N포 세대라는 말이 나온다. 한마디로 불행지수(missry index)가 높은 사회이다.

이와 관련해 2015부터 등장한 신조어 중에서 '지여인', 즉 지방대학생, 여자, 인문대생이라는 말이 회자되거나 '문송', 즉 문과라서 죄송합니다의 준말로 인문계 90%가 논다는 뜻, '호모인터스', 즉 정규직이 되지 못하고 인턴 생활만 하는 젊은 세대, '빨대족', 즉 경제적 독립 없이 부모의 노후자금까지 빨아먹고 사는 젊은이, '화석 선배', 즉 취업이 안 돼 졸업을 미루고 도서관에 파묻혀 사는 고학번 선배 등의 온갖 부정적인 은어들이 우리 사회의 어려운 현실을 반영하고 있다.

결국, 사회가 건강해야 슬픔도 줄어들고 정신적 건강도 향상된다. 건강한 사회에 건강한 정신이다. 비슷한 맥락에서 슬픔에 따른 우울은 행복과 분리할 수 없다. 우울증을 극복하고 자신의 삶을 개선할 때 행복해진다. 그러므로 정치권 및 사회단체는 국민들의 일상적 좌절과 고통을 해소하기 위해 다양한 프로그램을 개발해 실천해야 할 것이다. 예를 들어 노동의 기회를 확대하고, 사회참여를 지원하는 한편, 주변과 더불어 공생하는 존재로 대접하는 행정서비스 제공이 필요해 지고 있다. 일과 삶에 대한 만족도, 사회적 신뢰, 정치적 안정, 포용성, 개선된 환경, 소득 등에 대한 행복지수를 높여가는 복지정책이 요구되는데 이에 필요한 몇 가지 대안을 성찰적 차원에서 찾아보면 다음과 같다.

◉ 정치권의 '행복 나눔' 정책이 요구된다.

백성들은 정치권이 어떻게 나라를 망가뜨리고 천민자본가들이 백성을 어떻게 취급하는지에 따라 슬픔의 깊이와 지속성이 달라진다. 다시 말해 정치권과 지배층들은 백성들이 얼마나 고통을 받고 있는지를 알아차리는 것이다. 빈부격차와 부(富)의 대물림, 지역감정의 만연, 좌우의 이념적 갈등, 후진적 정치 행태들은 가장 심각한 한국병들이요 슬픔의 배경이 된다. 무한경쟁 속에서 신뢰와 사랑 없이 살아가는 세상이 슬픈 것이다. 다시 말해 정치권은 국민행복시대를 열어가는 일이야말로 시급한 과제다. 행복은 즐거움, 기쁨, 흥분, 만족을 포함하는 개념이 아닌가. 슬픔과 행복은 동전의 양면과 같은 것, 아니면 서로 포개지는 구조이니 그렇다.

◉ 지역사회단체의 복지 차원의 도움이다.

정부와 지방자치단체, 기업 차원에서는 사회적으로 국민들이 하루 속히 슬픔과 우울증을 극복해 일상적 삶으로 회복되도록 돕는 일이다. 예를 들어 △시 · 군 · 읍 · 면 · 동 단위에서 고통 해소를 위한 질 좋은 서비스의 제공과 그 실현 가능성의 조사, △주민들의 건강과 웰빙에 대한 효과적인 대안 마련, △사회활동에 참여할 수 있는 일자리, 자원봉사 등의 기회마련, △사회적 지원 제도 확립, 다시 말하면 실천계획, 전문성, 예산, 자원의 확보 등이다. 그렇게 할 때 이웃이 사라진 공동체, 옆집 사람의 얼굴도 모르는 이웃사촌이 없어진 상태로 심지어 이웃을 무시하며 문을 닫고 살아가는 모습에서 열린 이웃으로 바꿔나갈 수 있을 것이다.

◉ 사회적 네트워크 유지다.

우리가 살아가는 지금의 사회는 하나의 선과 점으로 짜여저 있다. 인생은 선이 아니라 점들의 연속성 속에서 존재한다. 그래서 미국의 벤처기업가이며 작가인 리드 호프먼(Hoffman, Casnocha, 2012)은 '연결하는 인간'을 강조한 바 있다. 우리들의 미래는 네트워크 지능이 결정한다고 했다. 다시 말해 근로자 로봇 컴퓨터가 매일 매시간 연결되어 사회가 구성된다는 점에서 자신을 '삶의 기업'으로 삼아 자기역량을 끌어올리라고 조언한다. '나와 너'(I - Thou)의 관계로서 서로가 피상적인 대면이 아니라 실존적이며 인격적인 만남이 이뤄질 때 '너'로 인하여 '내'가 된다. 모두가 하나로 연결되어 있다는 뜻이다. 그런 점에서 슬픔의 유일한 치료제는 서로 사회와의 연결이요 나눔이다.

◉ **청년들의 고용절벽을 해소하는 일이다.**

청년들의 미래가 우리의 미래이다. 그런데 뭔 일인가? 청년들의 피로감은 깊어만 가니 말이다. 취업, 결혼, 학업에 성공하지 못한 사람을 지칭하는 '루저'들은 늘어나고 있다. 요새 젊은이들 사이에는 "나를 포기한다. 고로 나는 존재한다."라는 말에서 사회에 대한 좌절감의 수위가 적신호임을 보여준다. 본능적인 불안감에 휩싸여 있는 청장년층이다. 정부와 기업의 청년실업 문제에 대한 해결책이 쉽지 않지만 모든 수단을 동원해 청년고용절벽을 해소해야 한다. 일자리 창출은 물론 노동시장의 구조개혁들을 통해 한국이 싫어지는 현상을 막아야 할 것이다. 그렇게 못하면 분노를 토해내며 미천한 짐승의 본능이 활개 칠 것이다.

◉ **문학예술로 슬픔을 치유하는 프로그램을 마련하는 일이다.**

모든 것이 연결되는 세상에서 예술적 감각이 삶을 풍요롭게 한다. 오페라 '리골레토'는 사랑하는 딸의 비극적인 죽음에 비통해하는 아버지의 이야기다. '예술 같은 삶'(Life like arts)으로 사람들의 마음을 안정시키는 내용이다. 문학예술이란 우리 삶의 치료제로써 삶 전체를 성찰하도록 도와준다. 삶의 대안은 바로 문학이요 예술이라는 사실이다. 베토벤의 피아노 소나타 '비창'(悲愴)과 차이콥스키의 교향곡 '비창'에는 인간의 슬픈 감정을 녹여 내는 힘이 있다. 우리가 익히 알고 있는 《데미안》을 쓴 작가 헤르만 헤세(Hesse, 1877~1962)는 "나는 살아오며 한 번도 해보지 않은 그림을 그리면서 견디기 힘든 슬픔의 탈출구를 발견했다."라고 했다. 40살이 넘어서 그림을 그리기 시작한 그는 세상이 주지 못했던 예술적 위안으로 그림 그리기에서 자기 삶을 찾았다. 앞으로는 힐링의 문화산업, 피로산업 등 미술, 음악, 체육 등의 비중이 높아질 것으로 예상된다.

□ 슬픔 극복을 위한 개인적 차원의 대처

슬픔은 외로울 때 오는 경향이 있다. 외로움은 힘겨운 시련일 수 있다. 슬퍼하는 것은 사회적 과정이지만 우리 개인 각자의 생활 태도에 따라 다르다. 산업화 도시화 글로벌화 과정에서 풍요 속에 슬픔은 비례한다. 경쟁사회 속에서 인간관계의 분화에 의한 슬픔은 더욱 확대되고 있다. 물론 슬픔을 모르고 사는 사람도 있을 것이다. 그러나 슬픔을 느끼는 사람이 더 인간적이다. 기쁨보다는 슬픔의 눈물을 흘리는 시간이 길다. 슬픔을 느끼는 시간이 길어지면 영혼이 아프고 무감각해짐은 물론이다.

게다가 인간이 세상을 보는 관점은 자기 세계관에서 어떤 의미를 부여하느냐에 따라 해석이 달라질 수 있다. 슬픔 역시 개인 차원에서 자기 자신을 이해할 수 있는 도구가 된다. 같은 맥락에서 제각각 자신에게 필요한 만큼의 충분한 눈물을 흘릴 때 그 슬픔이 해소될 수 있다. 슬픔은 저마다 겪는 깊은 절망감, 자기비하, 우울증과 관련돼 있으므로 그 해소방법 역시 개인적이다. 슬픔이 심하면 뇌 기능 장애를 일으킬 수 있다는 점에서 질병 치료의 대상이 되기도 한다. (Kristen, et al, 2020).

일반적으로 슬픔을 극복하는 데는 개인적인 방식과 시간이 필요하다. 슬픔의 정도에 따라 다르지만 치유속도는 점진적으로 진행된다. 어떤 힘으로도 혹은 자기 스스로 빨리 회복되지 않는다. 더구나 슬픔을 치유하는 정상적인 시간 계획은 없다. 어떤 사람은 1주일 내로 회복되기도 하고 어떤 사람은 1개월 아니 그 이상 몇 년이 걸리기도 한다. 문제는 자신이 슬픔의 고통을 인식하고 자연적으로 서서히 치유 회복되도록 노력할 뿐이다.

또 내가 왜 슬프고 행복하지 않은가의 문제는 결국 사회문제와 연결된다. 개인 차원에서 사회 차원으로의 행복 찾기가 진정한 삶의 회복이다. 슬픔을 줄이기 위해서가 아니라 슬픔을 충분히, 그러나 슬픔을 극복하여 병적인 상태로 변하는 것을 방지하기 위해서는 스스로의 해결책을 찾는 것이 중요하다. (Davis, 2015).

따라서 진정한 해법은 못되지만 간단한 해결책이 있다. 나중에야 깨달을 때가 많지만 고통이 극단적이더라도 생존하는 방법은 있게 마련이다. 진짜 실패는 쓰러진 뒤에 일어나지 않고 주저앉는 태도다. 눈물을 흘리면서도 살아야 한다는 의지가 우선이다. 만약에 무엇을 추진하다가 실패하고 쓰러지더라도 다시 일어서는 용기가 진정한 삶이 아닐까 싶다. 야구에서 희생 플라이는 누가 봐도 아름다운데 말이다. 기쁨을 만들며 슬픔을 멀리 내보낼 수 있는 방법을 앞에서도 기술했지만 슬픔을 어떻게 견딜 것인지를 다시 요약해 보자.

◉ 슬퍼질 때는 많이 울어라.

상실을 충분히 슬퍼한다. 마음의 상처가 클 때는 남을 의식하지 말고 눈물을 흘려라. 사람들은 제각각 자신에게 필요한 만큼의 충분한 슬픔의 눈물을 흘려야 한다. 눈물을 흘리면 스트레스 호르몬인 카테콜라민(Catecholamine)이 밖으로 배출돼 울고 나면 개운하고 마음이 진정된다.

◉ 주어진 현실 속에서 삶의 균형을 이루는 일이다.

고통에서 완전히 눈물을 흘리면서도 살아야 한다는 의지에서 벗어날 수 있는 사람은 이 세상에 한 사람도 없다. 고통은 우리 삶의 일부분이다. 따라서 가능한 슬픔에서 벗어나 균형을 잡는 데는 아리스토텔레스가 말하는 중용(中庸)을 지키는 것이다. 한쪽에 치우치지 않고 지나치거나 모자람이 없는 것이 중(中)이다. 행복한 생활은 결핍의 수준과 과잉의 극단 사이에서 찾아야 한다는 뜻이다.

◉ 당신의 슬픈 원인을 이해하고 대처하는 일이다.

만 가지 슬픔 중에서도 예기치 않은 슬픔에 대처하는 일이 제일 중요하다. 예상됐던 슬픔은 그렇게 문제되지 않는다. 예상되었던 슬픔은 위험의 인지, 인과관계의 이해가 가능하고 스스로 통제할 수 있기 때문이다. 그러나 갑작스런 상실 혹은 치명적인 실패로 인한 슬픈 감정은 심리적 충격과 신체적 마비, 절망 고통, 분노로 이어질 수 있다. 즉 신경학적으로 슬픔과 비참함을 느끼는 정서감이 파괴될 수 있기 때문이다. 즐거운 감정, 행복한 순간, 그리고 무엇을 이룰 수 있다는 자신감의 유지가 필요한 이유다.

◉ 슬픔은 늘 우리 옆에 있다는 사실을 받아들이는 일이다.

직장을 잃거나 사랑하는 사람과의 사별, 질병 관계의 단절은 어느 때나 일어날 수 있다. 죽음과 사랑, 결혼과 이혼, 재혼이 우리 삶의 슬픔과 기쁨의 배경이 된다. 특히 고통과 슬픔은 늘 옆에 있다. 여기서 슬픔을 인정하고 이에 대처하는 방법을 스스로 터득해야 한다. 일상의 소중한 순간을 훨씬 더 온전하게 만족스럽게 보낼 수 있도록 자기치유 노력이 있어야 한다.

◉ 자기 강요에서 벗어나는 일이다.

자신이 무엇이 되고자 하는 '자기 강요'에서 벗어나는 것이 슬픔에서 벗어나는 일이다. 실제로 "나는 이것이 좋다. 나는 그것이 싫다. 나는 이것을 할 수 있다. 나는 그것을 원하지 않는다. 나는 이것을 꼭 해야 한다."라는 등의 자기 강요에서 벗어날 때 자신도 모르게 오는 슬픔을 이겨낼 수 있다. 실패, 상실감 등이 심한 사람은 병리적으로 신체적 질병, 신경증 등의 반응이 일어나게 된다.

◉ 슬픔 극복을 위한 우아한 미학(elegant aestheticism)에 잠겨보자.

가까운 예로써 기차 여행을 하면서 잠시 사색에 잠길 때 작은 가치를 발견할 수 있다. 매일의 파노라마를 종교적으로 미학적으로 경험하는 것이다. 한 인간이 되기 위해서는 지루한 한 장소를 벗어나 다른 곳을 여행할 때 슬픔이 즐거움으로 바뀔 수 있다. 다시 말해 많은 경험을 통해 진정한 자아(authentic self)를 발견할 수 있다. 박물관 혹은 오페라 극장을 찾아가 삶의 의미를 찾아보는 것, 흘러가는 세월 속에서 변하지 않는 우아함을 지키면서 신선한 비주얼을 즐기는 것도 슬픔을 극복하는 방법이다.

◉ 이웃과 슬픔을 나눠라.

다른 사람을 위해 흘리는 눈물은 자신의 약함을 보이는 것이 아니다. 슬픔은 순수한 마음의 순간적 표시다. 슬픈 사람에게 도울 수 있는 사람은 같이 울어주는 것 말고는 없다. 혹시 불편한 관계가 있었다면 먼저 사과하고 화해하라, 그리고 도움을 요청하라. 모든 생명을 내 몸처럼 사랑하고 존중하는 것은 삶의 기본적

보편적 가치다. 그러므로 누구든지 늘 이웃의 슬픈 자에게 어떻게 '위로의 도움을 줄까? 고민해 보라.

◉ 슬픔 뒤에 오는 우울증을 멀리하라.

정신과 의사 및 심리학자들은 우울증과 정상적인 슬픔과 구별해 접근한다. 로버트 버튼(Burton, 2011)은 "슬픔과 우울증은 상호보완 관계"로 보았다. 그리고 이들의 경계 역시 모호하지만 슬픔의 현상은 적어도 일상에서 가볍게 나타나는 현상이다. 반면에 우울증은 혼자 앓는 질병이다. 나와 너의 관계에 따라 내적으로 오는 고통이 우울증이다. 슬픔 자체를 뚜렷하게 왜 슬픈지를 알고 있지만 우울한 사람은 그 이유를 잘 알 수 없다. 우울증은 공허감 속에서 의식, 무의식적 감정이 혼재해 나타나는 현상이다.

◉ 마음 챙김(Mindfulness)의 수련이다.

전부는 아니지만 마음 챙김은 주변 환경에 주의를 기울이도록 스스로 통제하는 마음 훈련이다. 혼란한 정신상태에서 벗어나는 일종의 '깨어남'이다. 우리의 생각, 감정, 신체감각, 주위환경을 매 순간 자각하는 태도다. 계속되는 고통을 기도로 명상으로 보듬고 현실적 어려운 삶을 해결해 가는 자세다. 심호흡, 음악, 명상을 통해 자신을 다스리는 것이다. 요새 웰빙의 깃발로 요가, 단학, 명상과 같은 수행방법이 인기를 끄는 것도 같은 맥락이다.

◉ 자신을 사랑하는 일이다.

당신 스스로를 사랑(Self-love)하라. 사랑은 내가 존재하는 능력이다. 즉 현대는 자기(self)를 중시하는 시대이다. 자기만의 의식, 무의식을 포함한 마음 전체의 주인이 되는 것 말이다.

융(Jung)은 의식으로서의 나(ego)를 넘어서 자기 자신을 객체로써 파악한다. 동양사상가 양주(楊朱)는 대표적인 이기주의자로서 "내 행복이 먼저다."라는 메시지를 던진다. 살아가면서 내 몸을 잘 대접하는 일이다.

주역(周易)에 '자천우지'(自天祐之)라는 말이 있다. 하늘은 스스로 돕는 자를 돕는다는 말이다. 그러면 당신이 모든 이 앞에서 당당해질 것이다

이제 문제 해결점에 도달했다. 슬픔 속에는 아직 뭐라 말할 수 없는 미래의 삶을 향한 모색이 담겨 있다. 슬픔의 감정은 극복의 대상이 아니라 껴안고 가야 할 대상으로 삼아야 한다. 늙었다고 슬퍼할 일도 아니고 아름다움을 가지지 못했다고 슬퍼할 일도 아니다. 그럴 때 "아무러면 어때, 안 보이면 어때, 못 보면 어때, 이별이면 어때, 늙으면 어때, 이 나이면 어때, 못살면 어때, 초가집에 살면 어때, 죽으면 어때" 하는 낙관적인 마음을 소유할 때 슬픔은 떠나갈 것이다. 이런 낙관적인 마음으로 지금까지 살았다면 당신은 슬픔의 경로를 통과한 사람이다.

끝으로 당신은 타인을 위해 눈물을 흘린 적이 있는가? 지금은 우리 사회의 슬픔을 치유하는 다양한 방법을 동원해야 할 때다. 슬픈 사람들은 우리의 관심, 용서와 사랑, 많은 도움을 필요로 한다. 그리고 당신 스스로는 "아 이제는 내 삶을 미워하지 말아야지." 하는 자기 배려가 요구된다. '나'로부터 추방당했던 삶을 이제 다시 찾아와 있는 그대로 사랑해야 하겠다는 마음 챙김이 필요한 시점이다. 이를 위해서는 슬픔을 내 마음속에 간직하는 것이 아니라 슬픔과 같이 놀아주거나 아니면 내보내야 한다.

에필로그

내가 믿는 것은 누구나 마음속 가장 깊은 곳에 자신의 건강과 행복을 바란다는 점이다. 그런 의미에서 우리 모두는 건강, 행복의 길 위에 서 있다고 본다. 많은 성인들이 그렇게 말했다. 그런데 현실은 어떤가? 오히려 우리는 전 생애과정에서 불안전한 삶의 고통, 사건들로 가득차 있다. 어떤 이유들로 인해 슬픔의 눈물을 흘린다. 사랑하는 사람과의 관계가 끊어지면서 "숨을 쉴 수 없어." 하며 비통해한다.

나 역시 80 평생을 살아오면서 전쟁과 가난, 일과 성취, 질병에 시달리며 살아왔다. 암 진단을 받고 살짝 죽음이라는 의미도 느꼈다. 암 병동에서 죽어가는 사람들의 절망적인 눈물들도 자주 보았다. 건강하던 사람이 죽어서 화장장으로 끌려가 40g 정도의

한 줌의 재로 변하는 모습도 지켜봤다. 다행히 나는 지금 '암 생존자', 즉 암 유병자로서 암 치료 중이거나 완치된 사람으로서 건강하게? 조심스럽게 건강하게? 조심스럽게 살아간다. 사회학자로서 수많은 이론이 현실을 설명하지 못하고 사라지는 지식 세계, 그리고 그렇게 막강한 권력이 하찮은 일로 무너지는 것도 무수히 봤다. 모두가 일시적인 바람이었다. 덧없는 인생이라는 사실도 알게 됐다.

우리가 살아가는 현실의 '사회적 층위'는 복잡하게 형성되고 재구성된다. 우리 안에는 다양한 인간과 비인간이 공존하고 있다. 현대인들은 '가면증후군'에 싸여 있다. 실존적 고통과 슬픔이 곳곳에 만연돼 있다. 그런 가운데 세계는 가시적이고 물질적인 측면에서 사건과 변화, 파괴, 창조가 거듭되고 있다. 거기에는 쉽게 보이는 물질세계, 거기에는 홉스적인 권력 세계에 가리어진 또 다른 백성의 삶이 있다. 그 삶 속에는 불가역적인 고통과 슬픔을 안고 살아가는 '슬픔이' 들이 포함돼 있다. 그들 마음속에 녹이 슨 상처들이 쇳덩어리가 되어 응어리로 작용한다. 아니 말하지 못하는 슬픔은 얼마나 많은가?

이 책에서 끊임없이 반복되는 질문은 '슬픔이 없는 사람이 어디 있으랴?' 하는 것이다. 크고 작은 슬픔이 도처에 있음을 보게 된다. 다시 말해 우리들 삶 속에는 슬픔과 기쁨, 사랑과 상실이 같이 있다. 선과 악, 사랑과 미움, 아름다움과 추함의 극단 상태에서 슬픔과 기쁨을 느낀다. 특히 상대를 사랑하면 역설적으로 슬픔도 동시에 있게 마련이다. 슬픔은 우리가 사랑에 대한 대가이다. 웃음은 나를 위한 것이고 울음은 남을 위한 것이다. 부자의 작은 눈물, 가난한 자의 큰 눈물, 기뻐하는 사람의 반짝이는 눈물, 슬픈 자의 쓰디쓴 눈물 모두가 다양한 생물학적 사회적 환경적 요인이 작용하는 몸의 반응이다.

그러나 당신이 깊은 슬픔에 빠져 있을지라도 당신 스스로를 학대하지 말자. 슬픔을 겪는 사람들을 향해 비난할 수도 없다. 피곤한 나머지 우리에게 몰려오는 슬픔을 억제하거나 미루고 살 수 없는 일이 아닌가? 요는 자신의 몸에 대해 잘 먹이고 씻기고 움직여주는 것, 그것이 진정한 삶의 모습이고 슬픔을 극복하는 길이다. 푸코(Foucault)의 '존재의 미학'에서 말하는 자기 배려는 곧 신체의 존재론이다. 욕망과 후회를 내려놓을 때 자유를 얻는 것이다. 기쁨은 짧지만 슬픔은 가슴에 안고 견디는 것이다. 동시에 인생 길목에서 과연 나의 고통과 상처를 보고 슬퍼하며 안타까워할 사람이 누군가를 성찰해 보는 것도 슬픔을 피하는 방법이다.

우리가 살아가면서 느끼는 것이지만 슬픔의 문제는 인기 없는 모티브이다. 그런 주제를 내가 섣부른 지식으로 글을 쓰고 있는 것은 아닌지 늘 조심스럽다. 아니 위험하기도 하다. 내가 글을 쓰면서 늘 질문을 던지는 것은 내가 기억 상실증은 없는가? 과연 읽을 만한 가치가 있는가? 하는 물음이다. 그러면서도 독자들에게 밝혀두는 것은 내가 슬픔에 대해 논리적 철학적 논쟁을 벌이는 것은 아니다. 현상학적으로 눈물을 보려는 것이다. 그러기에 이 책은 흔한 교양서도 아니고 또 학술적인 교과서도 아니다. 다만 내 마음에 드는 주제인 '슬픔의 에세이'라고 할까. 슬픔과 눈물은 감정의 교환이라는 사실, 세상에서 고통이 있음으로 인해 슬픔이 온다는 것을, 그러나 슬픔의 의미는 생물심리학적으로 슬픔에서 치유되어 더 나은 존재로 변화되어감을 느끼는데 더 큰 의미가 있다.

아울러 나는 '슬픔의 사회학'이라는 측면에서 슬픔과 눈물을 보려고 했다. 일찍이 사회학자 뒤르깽(Durkheim)은 사회학적 개념으로 두 개의 존재를 말했다. 그것은 개인적 존재와 사회적 존재이다. 개인적 존재란 '나'에게 내재화된 삶이고, 사회적 존재란 사회적 동물로서 다른 사람과의 사회적 관계에 따른 것이다. 슬픔이나 사별은 개인을 우선시하는 개념으로 '개별적 인격'(individual personhood)의 문제이다. 그러면서도 슬픔이나 죽음은 사회적 환경과 밀접한 관계가 있다는 점을 간과해서는 안 될 것이다. 이런 사회적 요인으로 쌓여가는 울분과 슬픔은 얼마나 많은가. 슬픈 감정은 개인의 멘탈리티와 관련돼 있지만 사회적 상황에 따라 변할 수 있다는 점이다. 그리고 본질적인 슬픔의 치유는 영적 자유에 있다. 자유의 본질은 영적 자유에 있기 때문이다.

그런 점에서 나는 슬픔의 극복 방향도 곳곳에서 기술했다. 이제는 슬픔을 이해하고 이를 극복해가는 방법도 알아야 한다. 그런 사실에서 우리가 겪는 삶의 비극을 웃음의 예술로 승화시킬 수 없을까? 하고 상상해 본다. 우리는 '나' 아닌 다른 사람의 슬픔 혹은 죽음에서도 자신의 삶을 발견하고 마음과 행동을 배우게 된다. 상한 슬픈 감정은 새로운 삶에 영감을 주게 마련이다. 죽음까지도 우리를 절멸시키지 못한다. 슬픔으로 인해 뒤로만 가는 것이 아니다. 문제는 개인의 변화 문제이다. 더구나 당신은 당신 혼자가 아니다. 슬픔은 정상적이고 자연적인 과정이다. 이것을 증명한 사람은 광대 코미디언 찰리 채플린, 아니면 우리나라의 구봉서, 이주일 같은 코미디언들이 아닐까 싶다. 해학적이고 기쁨을 잃지 않은 그들의 모습이 세계인에게 감동을 주었던 것이다.

끝으로 내가 이 글을 끝내면서도 부족한 점이 많다. 글을 쓰고 팔아 용돈을 마련하는 것은 아니지만 책읽기의 끝은 어디이고 쓰기의 끝은 어딘지 혼란스럽다. 혹시 휴대폰 속에 떠다니는 '잡소리'만도 못한 것 같아서 하는 말이다. 다만 나는 우리가 처한 이 시대가 '슬픈 사회'라는 사실을 전하고 싶었다. 슬픔은 사회 곳곳에 만연돼 있기 때문이다. 곳곳에서 수탉처럼 운다고 할까. 아니면 소처럼 눈물을 흘린다고 할까. 그러나 슬픔을 통해 인간은 성장하게 마련이다. 슬픔은 현실을 인식하는 조건이다. 슬픔은 우리가 단순한 동물 이상이란 것 증명하는 징표다. 이것이 슬픔의 창조적 역설이다. 애들이 즐겨 타는 그네는 늘 출발이면서 다시 돌아온다. 슬픈 감정도 이와같이 다시 회복된다.

끝으로 나는 하나님께 간절한 기도를 올린다.

"쓸쓸한 이 땅에서 누구든지 울지 않게 해주시고 나를 미워하는 사람들에게 사랑하는 마음을 허락하소서. 이 땅에서 살지만 천국에 있는 것처럼 살게 하소서." (끝).

■ 참고자료

가토나오키(2015), 9월, 『도쿄의 거리에서: 1923년 간토대지진 대량
학살의 잔향』, 서울: 갈무리.

강정규(2006), 제망매가, 서울: 달리.

노자(1995), 『도덕경』, 오감남 풀이, 현암사.

노다 마사아키(2015), 『떠나 보내는 길 위에서: 대형참사유족의 슬픔
에 대한 기록』, 서혜영(역), 서울: 펜타그램.

디딤돌 편집부(2015), 『단권화: 국어영역고전문학작품단권화』 서울:
디딤돌.

니스벳 리차드(Richard Nisbett, 2004), 『생각의 지도』, 최인철 역,
김영사.

라깡, 자크(1995), 『욕망이론』, 권택영(역), 서울: 문예출판사.

로널드 보그(1989), 들뢰즈와 가타리, 이정우 역, 서울: 새길.

루투비히 비트겐슈타인(Ludwig Wittgenstein, 2015), 『비트겐슈타
인의 인생노트』, 서울: 필로소픽.

롤랑 바르트(2012), 『애도일기』, 김진영(역) 서울: 이순.

마르틴 하이데거(2015), 『존재와 시간』, 전양범(역), 서울: 동서문화사.

마르셀 프루스트(Marcel Proust, 2012), 『잃어버린 시간을 찾아서』, 김희영 역, 민음사.

박완서(2004), 『한 말씀 하소서』, 서울: 세계사.

베르나르 베르베르(Bernard Werber, 2011), 『상상력 사전』, 임호경 (역) 서울: 열린책들.

베르트랑 베르줄리(Bertrand Vergely, 2007), 『슬픈 날들의 철학』, 성귀수 역 서울:개마공원,

베레나 카스트(Verena Kast, 1999), 『애도』(Trauern), 채기화(역), 서울:궁리.

빅터 프랭클(Viktore Frankl, 2012), 『삶의 미래를 찾아서』, 이시형 (역), 청아출판사.

스피노자(Spinoza, B, 2006), 『에티카』, 조현진(역), 서울: 책세상.

수잔 손택(Susan Sontag, 2002), 『은유로서의 질병』, 이재원(역), 이 후.

새로운 사회를 여는 연구원(2014), 『분노의 숫자』, 서울: 동녘.

세네카, 루키우스 안나이우스(2014), 『세네카의 화 다스리기』, 정윤희 (역), 서울: 소울메이트.

시프테, 프레데리크(2010, 『우리는 매일 슬픔 한 조각을 삼킨다』, 이세 진(역), 문학동네.

슐링크(Schlink, Bernhard(2015)는 《과거의 죄: 국가의 죄와 과거청 산에 관한 8개의 이야기》, 권상희(역), 서울: 시공사.

쇼펜하우어(1989), 『사랑과 슬픔의 철학』, 김정우(역), 시간과 공간사.

아서 프랭크(Arther Frank, 2017), 『아픈 몸을 살다』, 메이(역), 봄날

의 책.

안 뱅상 뷔포(Vincent-Buffault, A, 2000), 『눈물의 역사』(18-19세기), 이자경(역), 서울: 동문선.

알렉산드로 솔제니친(2015), 『암병동』 홍가영(역), 홍인문화사.

오르한 파묵(Orhan Pamuk, 2017) 『내 마음의 낯섦』, 이난아(역), 민음사.

울리히 벡(Ulich Beck, 1997), 『위험사회: 새로운 근대성을 향하여』, 홍성태(역), 서울: 새물결.

이나미(2014), 『슬픔이 멈추는 순간』, 서울: 민음인.

이수영(2013), 『에티카, 자유와 긍정의 철학: 스피노자 철학 읽기』, 서울: 오월의 꿈.

이철원(1999), 『공무도하가』, 서울: 세훈출판사.

정근식 · 류시현(2013), 『우리시대의 슬픔』, 전남:전남대학교 출판부.

장폴 싸르트르(2003), 『존재와 무』, 정소영(역), 서울: 동서문화사.

정약용(2019), 『인간답게 산다는 것-다산 정약용 흠흠신서 편역』, 오세진(편역) 홍익출판사.

조르지 뒤비(Greorges Duby, 2006), 『지도로 보는 세계사』, 채인택(역), 서울: 생각의 나무.

조창인(2007), 『가시고기』, 서울: 밝은 세상.

칼릴 지브란(Gibran, 2013), 『예언자』, 강은교(역), 서울: 문예출판사.

최환석(2015), 『갑질사회』, 서울: 참돌.

토마스 피케티(Thomas Piketty, 2014), 『21세기 자본론』, 서울: 중

신출판사.

한병철(20120), 『피로사회』, 서울: 문학과 지성사.

Adam, K. Anderson, etal(2010), Minding One's Emotions: Mindfulness Training Alters the Neural Expression of Sadness, Emotion, 10(1), 25-33.

Anna Gotlib(2017) The Moral Psychology of Sadness, Rowman & Littlefield.

Attig, Thomas(1996), How We Grieve: Relearning the World, Oxford University Press.

Baar, R, Green J. & Hopkins B.(2000), Crying as Sign a Sympton, and a Signal, Cambridge: Cambridge University Press.

Bonanno, G.A., Malgaroli, M.(2020), Trajectories of Grief: Comparing Symptoms from DSM-5, and ICD-11, Diagnoses, Depression and Anxiety, 37(1), 17-25.

Bonanno, G. A., Wortman, C. B(2002), Resilience to loss and chronic grief: A prospective study from pre-loss to 18month post-loss, Journal of Personality and Social Psychology, 83, 1150-1164.

Bauman, Zygunt(2013), Moral Blindness: The Loss of Sensitivity in Liquid Modernity, New York: Wiley.

Bourdieu, Pierre & Loic, Wacquant(1992), An Imitation to Reflexive Sociology, Chicago: The University of Chicago Press.

Bowlby, John.(1982), Loss: Sadness and Depression. New York: Basic Book.

Boss, Pauline(2006), Loss, Trauma, and Resilience: Therapeutic Work with Ambiguous Loss, New York: Norton.

Botton, Alain de(2009), Pleasure and Sorrow of Work, Penguin Pub.

Brown, Jane C., and Nancy M. Krimbill.(1995), Widowing: Surviving the First Year, New York: Magoo.

Burton, Robert (2001), Anatomy of Melancholy, New York: The New York Reivew of Books.

Bylsma, L., Vingerhoets, A., & Rottenberg, J.(2008), When is crying cathartic? An international study, Journal of Social and Clinical Psychology, 27(10), 1165-1187.

Cheng, Joy., Lo RSK(2010), An exploration of anticipatory grief in advanced cancer patients, Psycho-Oncology, 19, 693-700.

Clara Moskowitz(2008), The Physics of Teardrops/live Science, http://www.livescience.com

Claudia Card(2003), Genocide and social death, Hypatia, 18(1), 63-79.

Coelho, Paulo(2007), Like the Flowing River: Thoughts and Reflections. London: Harper Collins.

Damasio, Antonio(2003), Looking for Spinoza: Joy, Sorrow,

and the Feeling Brain, New York: A Harver Book.

Darwin, C.(1872),The Expression of Emotion in Man and Animals University of Chicago Press.

Davis, William(2015), The Happiness Industry, London: Verso.

Doka, Kenneth J.(2002), Men Don't Cry, Women Do: Transcending Gender Sterotypes of Grief, New York: Routledge.

Doka, Kenneth J.(1989), Disenfranchised Grief: Recognizing Hidden Sorrow, New York: Lexington Books.

Doughty, E. A(2009), Investigating adoptive grieving styles: A delphi study, Death Studies, 33, 462-480.

Dreyfus, H(1991), Being-in-the-world: A commentary on Heidegger's Being and Time, Division 1, Cambridge: MIT Press.

Eckman, Paul(1999), Basic Emotions, in T. Dalgleish(Ed), Handbook of Cognition and Emotion. New York: John Wiley & Sons.

Elizabeth Kim(2002), Ten thousand sorrows: The extraordinary journey of korean war orphan, New York: Bantam Books.

Edgell, Beatrice(2015), Mental Life: An Introduction to Psychology, New York: Taylor & Francis Group.

Fitzgerald, Francis Scott(2004), All the Sad Young Man,

Cambridge University Press.

Frey, William H(1985), Crying: The Mystery of Tears, Winston: Later Printing Pub.

Frans de Waal(2019), Mama's Last Hug: Animal Emotions and What They Tell us About Ourselves. W.W. Norton & Company.

Forgas(2017), Can Sadness Be Good for You. Aust Psycho 50, 3-13.

Firestone, Robert W(2016), Overcomimg the Destructive Inner Voice, New York: Prometheus.

Greenfield, Emily A.(2010), Identifying Living Arrangements That Heighten Risk for Loneliness in Later Life Evidence From the U.S. National Social Life, Health, and Aging Project. Journal of Applied Gerontology, 30(4), 524-534.

Halt-Lunstad, Julianne(2015), Loneliness and social isolation as risk factor for mortality: a meta-analytics review, Perpect Psycho Sci, 10(2), 227-237.

Harris, S, etal(2009), The Neural Correlation of Religious and Nonreli-geous Belief, PLoS One 4(10).

Hasson, Oren(2009), "Science Daily, Evolutionary, Biologist Show Crying can Strengthen Relationships", www.sciencedaily.com/.(2009. 9.7) .

Hoffman, R. Casnocha, B(2012), The Start-Up of You. New York: Currency.

Horwitz, A. V., Wakefield, J.C.(2007), The Loss of Sadness: How Psychiatry Transformed Normal Sorrow into Depressive Disorder. New York: Oxford University Press.

Howard Zinn(2001), On War, New York: Seven Stories Press.

Horx, Mattias(2007), How we will live: A synthesis of life in the future, Newyork: Campus Verlag GMbH.

Hunter, Erick M.(2004), Little Book of Big Emotion: How Five Feeling Affect Everything You Do, Minnesota: Hazelden Foundation.

Hockenbury, Don H, & Sandra E, Hockenbury(2007), Discovering Psychology(4th Ed), New York: Worth Pub.

Ivan Nyklicek, Lydia Temoshok, A D, Vingerhoet(2004), Emotional Expression and Health, New York: Routledge.

Jacobsen, Michael(2019), Exploring Grief: Toward a Sociology of Sorrow), New York: Routledge.

James, John W.(2002), The Grief Recovery Handbook: The Action Program for Moving Beyond Death, Divorce, and other Losses. New York: Harper-Collins.

Jossellen, Ruthellen.(1996), Revising Herself: The Story of Women's Identity from College to Midife. Oxford: Oxford University Press.

Juan, Arias et al(2020), The Neuroscience of Sadness: A Multidisciplinary Synthesis and Collaborative Review,

Neuroscience & Behavioral Review(PDF) vol, 111., 189-228.

John Paul II(1984), Apostolic Letter, On the Christian Meaning of Human Suffering, Washington, D. C.: U.S. Catholic Conference National Center for Cultural Competence, Body/ Mind/Spirit.

Jossellen, Ruthellen(1996), Revising herself: The story of women's identity from collage to midlife, Oxford University Press.

Kalanithi, Paul(2016), When Breath Becomes, Penguin Random House.

Katherine Austen(2013) A London Widow Life).

Klein, Stefan(2006), The Science of Happiness: How Our Brain Make Us Happy-and What We Can Do to Get Happier. New York: Marlowe& Company.

Koenig, H.G.(2015), Religion, Spirituality, and Health: A Review and Update, Ave Mind Body Med, 29(13), 289.

Kottler, Jeffrey A.(1996), The Language of Tears, New York: Jossey-Bass.

Kristen, Smith V. etal(2020), Cognitive Predictors of Grief Trajectories in the First Month of Loss: A Latent Growth Mixture Model, Journal Consult Clin Psychol, 88(2), 93-105.

Kübler-Ross, Elisabeth(1969), One Death and Dying, New York: Simon&Schuster.

Kunzmann U, etal(2013), Stability and Change in Affective Experience Across the Adult Life Span: Analysis with a National Sample from Germany, Emotion, 13. 1086-1095.

Lange, Peter J(1994), The varieties of emotional experience: A meditation on Jmes-Lange theory. Psychological Review, 101(2), 211-221.

Luskin, Fred(2003) Forgive for Good, New York: Harper Collins.

Macdonald, Helen(2015), H Is Hawk, New York: Grove Press.

McDonald, Helen(2016), H Is for Hawk, Grove Press.

McFadden, S.H, Levin, J.S(1996), Religion, emotions, and health, in Handbook of emotion, adults development and aging, pp.349-365, Academic Press.

Myers, D.G(2004) Theory of Emotion, in Psychology(7th, Ed), New York: Worth Pub.

Masciandaro, Nicola.(2010), The Sorrow of Being, Quit Parle: Critical Humanities and Social Science, 19(1), 9-35.

Minkler, M. and Estes, C.(1984), Reading in the Political Economy of Aging, New York: Baywood.

Moors, Thomas(2005), Dark Nights of the Soul, New York: Gotham.

Milton Friedman and Rose Friedman(1990) Free to Choose, New York: Mariner Books.

McDougall, William(1994), Introduction to Social Psychology, Atlantic Pub, & Distributors.

Mruk, Christopher J.(2006), Self-esteem Research, Theory, and Practice. New York: Springer Pub.

Naomi Simon, et al(2011), Complicated grief and related bereavement issues for DSM-5. Depress and Anxiety, 28(2), 103-117.

Newberg, A.(2011), Transformation of Brain Structure and Spiritual Experience, in Oxford University Press. Handbook of Psychology and Spiritiality, Edited by Miller, L.(New York).

Nussbaum, Mortha C.(2006), Finding from Humanity: Disgust Shame and Law. New Jersey: Princeton University Press.

Nussbaum, Mortha C.(2003), Upheavals of Thought: The Intelligence of motions, UK: Cambridge University Press.

Neely, Kirk H.(2008), When Grief Comes: Finding Strength for Today and Hope for Tomorrow. MI: Baker Books.

O'Nan Stewart(2011), Emily, Alone, Penguin Books.

Orloff, Judith(2015), The Power of Surrender: Let Go and Energize Your Relationship, Success, and Well-Being, New York: Harmony Book.

Panksepp, J.(1999) The Neurobiology of Emotions: Sad of Animal Brains and Humam Feeling.

Peterson, Peter G.(1999), Gray Dawn: The Global Aging Crisis, Foreign Affairs, Jan/Feb 1999.

Plutchik, R(2002), Emotion and Life: Perspective from Psychology, Biology, and Evolution, Washington DC: American Psychological Association.

Riley, M.W., Foner, A.(1968), Aging and Society: An Inventory of Research Finding, New York: Rusell Sage.

Rene Girard(2003), Rene Girard: Desire is a desire for being, Penguin, UK.

Ronald Bogue(1989), Deleuze and Guattari, Routledge.

Roos, Susan(2002), Chronic Sorrow: A Living Loss, New York: Routledge.

Rottenberg, J., Gross, J.J.(2003), When emotion goes wrong: Realizing the promise of affective science, Clinical Psychology: Science and Practice, 10(2), 227-232.

Sachs, etal(2015), The Plessure of Sad Music: a Systematic Review. neurosci, 9. p.404.

Shell, Richard(2014), Springboard: Launching Your Personal Search for Sucess, New York: Portfolio.

Shoni Gelstein and Noam Sobel(2011), "Tears Are a Turn-off for man", Science Jan 6, 2011, news.discovery.com/human/psychology/tears.

Smith, Adam(2009), The Theory of Moral Sentiments, New

York: Liberty Fund.

Sissela Bok(2011), Exploring Happiness: From Aristotle to Brain Science. New Haven and London: Yale University Press.

Steptoe, A etal(2015), Subjective Wellbeing, Health, and Ageing, Lancet, 385. 640-648.

Strada, E. A.(2011), Complicated Grief, Qualls, S. H(eds), End of Life Issue, Grief, and Bereaverment: What Clinicians Need to Know.(pp.181-200), NJ: Wiley and Sons.

Thierry Bokanowski(2009), On Freud's Mourning and Melancholia. New York: Routledge.

Tim Lomas(2018), The Quiet Virtuse of Sadness: A Selective Theoretical and..(pdf), New ideas in Psychology, 49, 18-26.

Timothy, B, Smith etal(2003), Religiousness and Depression: Evidence and Stressful Life Events, Psychological Bulletin, 129(4), 614-636.

Temes, Roberta(2009), Solace: Finding Your Way Through Grief and Learning to Live Again. New York: AMACOM.

Tom Litz(2001), Crying: The Natural and Cultural History of Tears, New York: W.W.Northon & Company.

Tova Gamliel(2016), Aesthetic of Sorrow: The Wailing Culture of Yemanite Jewish Woman.

Trimble, Michael(2014), Why Human Like to Cry: Tragedy, Evolution, and the Brain, Oxford: Oxford University Press.

Tudor, Daniel(2012), Korea: The Impossible Country, VT: Tuttle Publishing.

Utz, Rebecca L., M. Caserta.(2012), Grief, Depressive Symptoms, and Physical Health mong Recently Bereaved Spouses, The Gerontologist, 52(4), 460-471.

Vingerhoets, J.J.M(2012), Adult Crying: A Biopsychosocial Approach, New York: Routledge.

Wakefield, J.C., Demazeux, S.(2019), Sadness or Depression?: International Perspective, Silver School of Social Work and .

■ 저자 소개

우 정(禹 晶)

사회학 박사.

황해도 연백에서 태어나 6.25 전쟁과 피난 생활, 산업화 민주화를 목격하며 70평생을 살아왔다. 현대노년사회포럼 대표 및 자유기고가로 활동하고 있다.

한양대학교 대학원에서 사회학으로 박사학위를 받고 국가정보대학원 교수, 한양대 겸임교수, 미국 유타대학 사회과학대학 연구원으로 활동했다.

은퇴 후는 하고 싶은 일만 한다는 집념 속에 제주에 칩거하며 노년의 문제를 다루는 노년사회학에 관심을 갖고 있다. 성공적인 노화와 관련된 이론과 방법론을, 그리고 건강을 돌보는 걷기. 숲 철학에 대한 글쓰기와 강의로 일상을 보내고 있다.

주요 저서로는 《걷기의 유혹》(2020), 《휴미락의 탄생: 쉬고(休), 먹고(味), 즐김(樂)의 인문학 수업』(2020), 《죽음의 인문학적 이해》(2018), 《인문학에 노년의 길을 묻다》(2015), 《북한 사회의 성과 권력》(2012), 《9988의 꿈과 자전거 원리》(2010), 《정보소비의 이해》(2009), 《정보경영론》(2008), 《북한사회구성론》(2000), 《분단시대의 민족주의》(1996) 등이 있다.

기타 블로그로 『네이버: 우정의 어모털 세상 읽기』를 통해 노년사회의 문제, 경험적인 걷기 철학, 숲과 야생의 위로를 폭넓게 소개하고 있다.

· 도로주소: 제주특별자치도 제주시 애월읍 고성 남4길 34
· 지번주소: 제주특별자치도 제주시 애월읍 고성리 963-19
· 연락전화: 010-2446-9039
· e_mail: neolamo@naver.com.

슬픔의 사회학: 슬픔의 미학과 치유

2023년 11월 01일 1판 1쇄 인쇄
2023년 11월 10일 1판 1쇄 발행

지은이 우   정
펴낸이 김 송 희
펴낸곳 도서출판 JMG(자료원, 메세나, 그래그래)

우편 21444
주소 인천광역시 부평구 하정로 19번길 39, B01호(십정동, 성원아트빌)
전화 (032)463-8338(대표)
팩스 (032)463-8339(전용)
홈페이지 www.jmgbooks.kr

출판등록 제2015-000005호(1992. 11. 18)
ISBN 979-11-87715-14-6   93330
ⓒ 우 정, 2023, Printed in Korea.

※ 이 도서는 한국출판문화산업진흥원의'2023년 중소출판사 출판 콘텐츠 창작
   지원사업'의 일환으로 국민체육진흥기금을 지원받아 제작되었습니다.